見て楽しむ
江戸時代の暮らしと文化の絵事典
成美堂出版
JN240026

はじめに

日本の歴史のなかでも、江戸時代はテレビや映画などの時代劇で取り上げられることの多い時代です。江戸の生活文化は現代の生活文化につながる面が多々あり、その意味ではたいへん身近な時代と言えます。現代人には親しみのある時代であるからこそ、時代劇で取り上げられやすいのかもしれません。

実際、江戸時代に生まれたものが数多く残されています。特に食文化の面で顕著で、現在の寿司・蕎麦・天ぷらなどはそのシンボルでしょう。

このように、江戸の生活文化は現代人には身近なものですが、明治以降の時代とは異なり、江戸時代の様子は幕末を除いて写真では残されていません。浮世絵などの絵画史料で知るしか、その術はありません。

よって、カラフルな浮世絵などは江戸の生活文化を知る上で貴重な史料となっています。江戸の暮らしと文化が鮮やかに浮かび上がってくるのです。江戸の衣食住、すなわち江戸の人々がどんな衣服を着ていて、どんな食べ物を食べ、どんな所に住んでいたのかを浮世絵に代表される絵画史料は教えてくれます。

本書では、江戸城の将軍から裏長屋住まいの庶民まで、江戸で生活する様々な人々の暮らしや享受した文化について、浮世絵などの絵画史料はもちろん、イラストを多用しながら解説しています。江戸時代の暮らしの背景となった社会のシステムやルールにも留意しながら、江戸時代に生きた武士や町人たちの生活を復元していきます。活き活きとした江戸時代の暮らしと文化をお楽しみください。

安藤優一郎

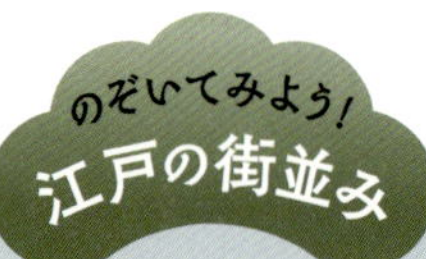

のぞいてみよう！
江戸の街並み

百万都市江戸を俯瞰する

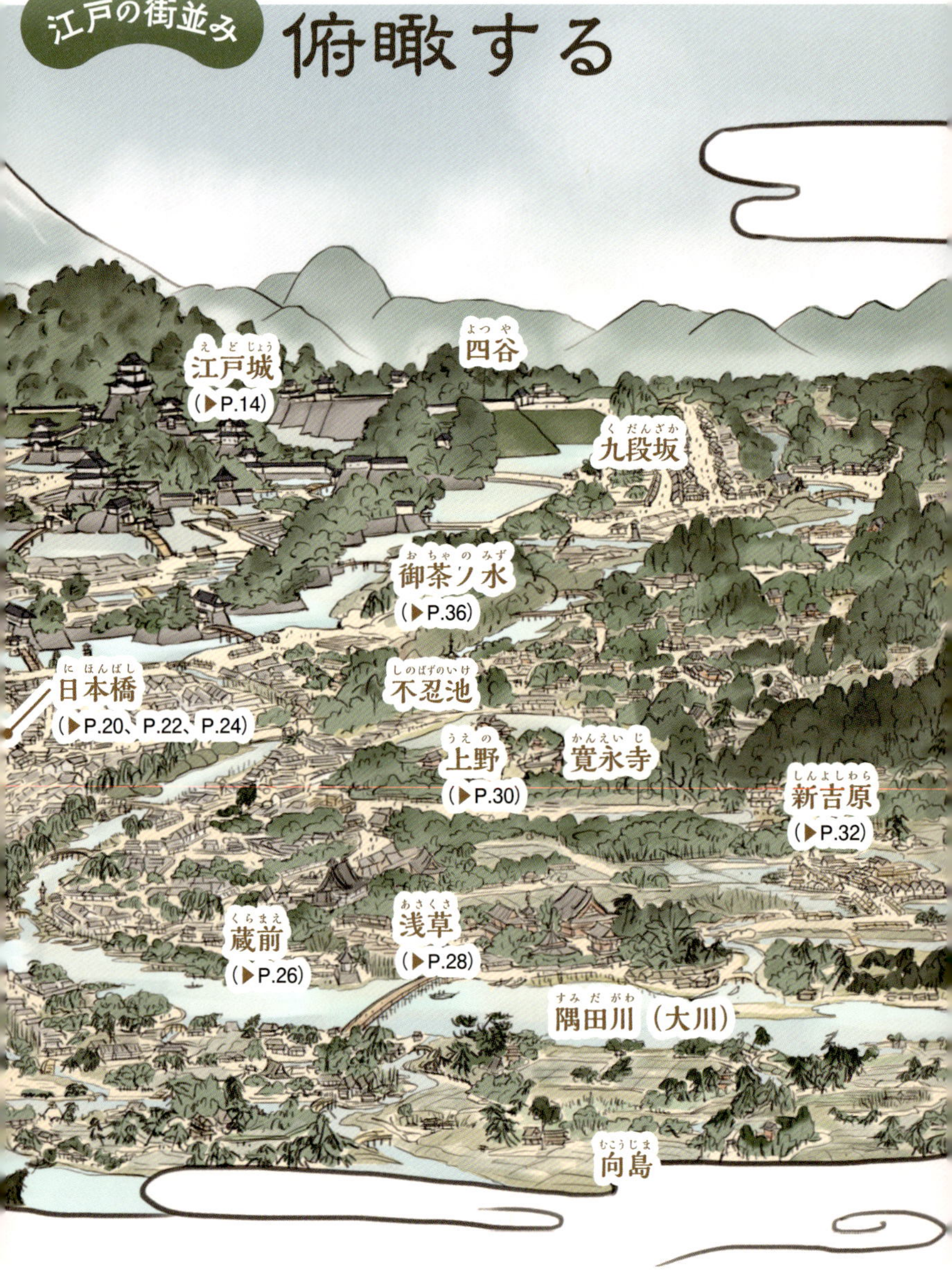
よつや
四谷
えどじょう
江戸城
（▶P.14）
くだんざか
九段坂
おちゃのみず
御茶ノ水
（▶P.36）
しのばずのいけ
不忍池
にほんばし
日本橋
（▶P.20、P.22、P.24）
うえの
上野
（▶P.30）
かんえいじ
寛永寺
しんよしわら
新吉原
（▶P.32）
あさくさ
浅草
（▶P.28）
くらまえ
蔵前
（▶P.26）
すみだがわ
隅田川（大川）
むこうじま
向島

戦国時代、小田原北条氏領の一城下町にすぎなかった江戸は、天正18年（1590）の徳川家康の関東国替えによって大きく姿を変えていく。江戸は拡大を続け、八百八町と呼ばれた町並みは、いつしか100万人を超える世界屈指の大都市へと成長していった。

寛政12年（1800）の江戸を隅田川の東岸上空から見晴らした俯瞰図から、世界最大の百万都市の姿を押さえよう。

5分でつかむ

江戸時代260年

歴代将軍

初代 家康（いえやす）
在職 1603年～1605年

関ヶ原の合戦で豊臣家を弱体化させたのち江戸幕府を開いた。将軍職はすぐに秀忠に譲り、徳川家による世襲を世に示す一方、豊臣家を滅ぼして戦国の世に終止符を打った。

2代 秀忠（ひでただ）
在職 1605年～1623年

家康から将軍職を受け継ぐと、多くの大名を改易する一方、禁中並公家諸法度によって天皇・公家を統制。徳川家による幕藩体制の安定化を図った。

江戸時代のできごと

年	できごと
慶長8年（1603）	徳川家康が征夷大将軍に任命され、江戸幕府を開く
慶長9年（1604）	貿易船に朱印状を下付する
慶長10年（1605）	家康、将軍職を辞す
慶長10年（1605）	徳川秀忠が2代将軍に就任する
慶長14年（1609）	薩摩藩、琉球（りゅうきゅう）に侵攻する
慶長18年（1613）	慶長遣欧使節が派遣される
慶長19年（1614）	全国に「禁教令」が発布される
慶長19年（1614）	大坂冬の陣が勃発する
元和元年（1615）	大坂夏の陣で豊臣家が滅亡する
元和元年（1615）	「一国一城令」が制定される
元和元年（1615）	「武家諸法度（ぶけしょはっと）」、「禁中並公家諸法度（きんちゅうならびにくげしょはっと）」が制定される
元和2年（1616）	ヨーロッパ船の寄港が長崎と平戸に限定される
元和8年（1622）	元和の大殉教が起こる

世界のできごと

年	できごと
1618年	ドイツで三十年戦争が始まる

3代 家光

在職 1623年～1651年

実弟との後継争いを制して将軍職を受け継ぐ。参勤交代の制度を定める一方、鎖国体制を確立させた。また、家光の治世に春日局によって大奥の制度が整えられた。

元和9年(1623)	徳川家光が第3代将軍に就任する
寛永6年(1629)	紫衣事件が起こる
寛永9年(1632)	加藤清正の子・忠広、改易される
寛永12年(1635)	武家諸法度の改定により「参勤交代」が制度化される
寛永14年(1637)	島原・天草一揆が起こる
寛永18年(1641)	平戸のオランダ商館を長崎の出島に移す

4代 家綱

在職 1651年～1680年

家光の時代までの将軍による専制政治から幕閣による合議制に転換。末期養子の禁を緩和するなど、大名に一定の配慮を行った。また、この時期には伊達騒動や越後騒動など大名家の御家騒動が続発した。

慶安4年(1651)	徳川家綱が第4代将軍に就任する 末期養子の禁止の緩和
明暦3年(1657)	明暦の大火が発生。江戸城天守が焼失
明暦4年(1658)	定火消の制ができる
寛文9年(1669)	アイヌの首長シャクシャインが決起し松前藩との間で闘争を繰り広げる
寛文11年(1671)	河村瑞賢、東廻り航路を拓く

5代 綱吉

在職 1680年～1709年

文治政治への転換を図り、治世前半は天和の治と呼ばれて善政の評価を受ける。だが、大老・堀田正俊が刺殺されると迷走。生類憐みの令や貨幣の改鋳を行って社会の混乱を招いた。

延宝8年(1680)	徳川綱吉が第5代将軍に就任する
貞享元年(1684)	大老・堀田正俊が若年寄・稲葉正休に殿中で殺害される
貞享2年(1685)	最初の生類憐みの令が出される
元禄15年(1702)	赤穂浪士の吉良邸討入り事件が起こる
宝永4年(1707)	富士山が噴火する。(宝永大噴火)

年	世界の出来事
1642年	イギリスでピューリタン革命が始まる
1644年	明が滅び、清による中国支配が始まる
1661年	フランスのルイ14世が親政を開始する
1688年	イギリスで名誉革命が起こる
1700年	ロシアとスウェーデンとの間で北方戦争が始まる
1701年	スペイン継承戦争が始まる

歴代将軍	6代 在職 家宣（いえのぶ） 1709年～1712年	7代 在職 家継（いえつぐ） 1713年～1716年	8代 在職 吉宗（よしむね） 1716年～1745年
	将軍就任後、生類憐みの令を廃止すると、側用人に間部詮房、侍講として新井白石を登用して政治を担当させ、正徳の治と呼ばれる善政を展開した。	父・家宣の急死を受けて将軍職を継ぐも、幼少のために政治は新井白石と間部詮房が担当した。絵島・生島事件が知られる。	尾張藩を抑えて紀伊藩主から将軍に就任すると、質素倹約を旨とする享保の改革を断行。定免法や上米令による財政収入の安定化を図り、足高の制の制定等、官僚制度の改革を行った。

	年	江戸時代のできごと
6代	宝永6年（1709）	徳川家宣が第6代将軍に就任する 新井白石らによる正徳の治が始まる
7代	正徳3年（1713）	徳川家継が第7代将軍に就任する
	正徳4年（1714）	大奥を揺るがす絵島・生島事件が起こる
	正徳5年（1715）	海舶互市新令を定め、金銀流出を防ぐ
8代	享保元年（1716）	徳川吉宗が第8代将軍に就任。享保の改革（1716～1745）に着手する
	享保2年（1717）	大岡忠相を江戸町奉行に任命する
	享保4年（1719）	相対済し令が出される
	享保5年（1720）	江戸町火消いろは47組を創設する
	享保7年（1722）	上米の制により参勤交代が緩和される
	寛保2年（1742）	公事方御定書が制定される

世界のできごと	
1740年	オーストリアでマリア・テレジアが即位し、プロイセンなどとの間にオーストリア継承戦争が勃発する

9代 家重（いえしげ）

在職 1745年～1760年

資質に不安を指摘されながら、大きな事件もなく動揺の少ない治世であった。木曽川分流治水工事に際しては薩摩藩に多大な出費と、八十数名におよぶ犠牲を出させてしまう。

10代 家治（いえはる）

在職 1760年～1786年

田沼意次を側用人に登用して政治を任せ、趣味に没頭する治世を送る。意次のもとで重商主義への転換がはかられたが、災害などにより頓挫した。

11代 家斉（いえなり）

在職 1787年～1837年

将軍就任後、陸奥白河藩主の松平定信を老中首座に任命し寛政の改革を推進。多くの側室を持ち、のちにオットセイ将軍と呼ばれるほどの子だくさんであった。

延享2年（1745）	徳川家重が第9代将軍に就任する
宝暦3年（1753）	幕府、木曽川分流治水工事の手伝い普請を薩摩藩に命じる
宝暦8年（1758）	郡上（ぐじょう）一揆に関連し藩主・金森氏が改易される
宝暦10年（1760）	徳川家治が第10代将軍に就任する
明和4年（1767）	田沼意次（たぬまおきつぐ）が政治の実権を握る
天明2年（1782）	天明の大飢饉が起こる
天明3年（1783）	浅間山が大噴火する
天明6年（1786）	将軍家治の死に伴い、田沼意次が失脚する
天明7年（1787）	徳川家斉が11代将軍に就任する
	松平定信が老中に就任し、寛政の改革に着手する
寛政4年（1792）	ロシアのラクスマンが漂流民・大黒屋光太夫（だいこくやこうだゆう）とともに根室に来航する
寛政5年（1793）	松平定信が失脚する
文化元年（1804）	ロシアのレザノフが長崎に来航し、通商を要求する
文化4年（1807）	幕府、松前奉行を置く
文化5年（1808）	フェートン号事件が起こる

年	世界の出来事
1756年	プロイセンとオーストリア、フランス、ロシアの間に七年戦争が始まる
1775年	アメリカ独立革命が始まる
1776年	アメリカ独立宣言
1789年	フランス革命が起こる
1798年	フランスのナポレオンがエジプトに遠征を行う
1804年	ナポレオンが皇帝に即位する
1805年	トラファルガーの海戦でフランスがイギリスに敗れる
1806年	ライン同盟が成立し、神聖ローマ帝国が滅亡する
	ナポレオンが大陸封鎖令を出す

歴代将軍	江戸時代のできごと		世界のできごと	
11代 家斉	文化6年（1809）	間宮林蔵、間宮海峡を発見	1812年	ナポレオン、モスクワ遠征に失敗する
	文政4年（1821）	伊能忠敬らにより『大日本沿海輿地図』が完成する	1814年	ナポレオンが退位し、エルバ島へ流される ウィーン会議が開かれる
	文政8年（1825）	幕府が異国船打払令を出す	1815年	ワーテルローの戦いに敗れたナポレオンがセント・ヘレナ島へ流される
	文政11年（1828）	シーボルト事件が起こる	1821年	ギリシャ独立戦争が始まる
	天保4年（1833）	天保の大飢饉が始まる	1830年	フランスで七月革命が起こる イギリスでマンチェスター・リヴァプール間に鉄道が開通する
	天保8年（1837）	大塩平八郎の乱が起こる モリソン号事件が起こる		
12代 家慶（1837年〜1853年 在職）	天保8年（1837）	徳川家慶が第12代将軍に就任する	1840年	アヘン戦争が勃発する
	天保10年（1839）	蛮社の獄で高野長英らが弾圧される	1848年	アメリカでゴールドラッシュが始まる フランスで二月革命が起こる ドイツ・オーストリアで三月革命が起こる
	天保12年（1841）	水野忠邦によって天保の改革が始まる（1841〜1843）		
	嘉永6年（1853）	アメリカのペリーが浦賀に来航し、開国を要求		
13代 家定（1853年〜1858年 在職）	嘉永6年（1853）	徳川家定が第13代将軍に就任する	1851年	清で太平天国の乱が起こる
	嘉永7年（1854）	日米和親条約が締結される	1852年	ルイ・ナポレオン（ナポレオン3世）が皇帝に即位する
	安政3年（1856）	ハリスが米国総領事として下田に来航		
	安政5年（1858）	日米修好通商条約が締結される		

治世前半は大御所家斉の影響下にあったが、家斉の没後、老中首座・水野忠邦を重用し、家斉派を粛清して天保の改革を行わせた。最晩年にペリー来航に直面する。（12代 家慶）

ペリー来航に揺れるなか将軍に就任。健康に不安を抱えながらも難局に対応した。継嗣問題に揺れたが、家茂を後継に指名して死去した。（13代 家定）

江戸幕府最後の将軍。倒幕勢力が力をつけるなかでフランスの力を借りて軍事改革に着手したが、時代の流れには抗えず大政奉還を宣言して武士の時代に幕を下ろした。

ペリー来航以降、尊攘派・公武合体派の入り乱れる激動の時代に譜代大名勢力に推されて将軍に就任。皇女和宮の降嫁など公武合体の象徴となったが、早世した。

14代 家茂（いえもち） 在職 1858年〜1866年

安政5年（1858）	徳川家茂が第14代将軍に就任する 大老・井伊直弼（いいなおすけ）、安政の大獄を断行し、反対派を弾圧する
万延元年（1860）	桜田門外の変で井伊直弼が暗殺される
文久2年（1862）	坂下門外の変、生麦事件が起こる
文久3年（1863）	薩英戦争が勃発する 八月十八日の政変が起こり、京から長州藩および尊攘派公卿が追放される
元治元年（1864）	新選組が池田屋を襲撃し尊攘派志士を多数殺害する（池田屋事件） 禁門（きんもん）の変が起こる 第一次長州征討が行われる
慶応2年（1866）	薩長同盟が締結される 第二次長州征討が行われる

15代 慶喜（よしのぶ） 在職 1866年〜1867年

慶応2年（1866）	徳川慶喜が第15代将軍に就任する
慶応3年（1867）	討幕の密勅が出される 徳川慶喜が大政奉還を奏上。江戸幕府倒れる 王政復古の大号令が出される

年	世界の出来事
1853年	クリミア戦争が始まる
1856年	アロー戦争が勃発する
1857年	インド大反乱（インドでセポイの反乱）が起こる
1861年	イタリア王国が成立する アメリカで南北戦争が勃発する
1863年	アメリカで奴隷解放宣言が出される
1866年	普墺戦争が勃発する ノーベルがダイナマイトを発明する

天下普請

徳川三代による大規模工事により、百万都市の基礎が築かれました。

五度の天下普請を経て世界最大の軍事都市へ

徳川家康が**豊臣秀吉**から関東への移封と、新拠点としての**江戸**を提示されたのは、**小田原北条氏**征討時のことだ。

江戸は北条氏による関東経営の重要拠点であり、簡素ながら軍事施設も備えていた。

また、東に江戸湾が開け、北・南・西に広大な平野を有する関東の東に位置したことで、水上・陸上交通の両方に恵まれており、周囲の原野を開拓すれば農地拡大も可能だった。豊臣政権第2位の家康が拠り、豊臣政権に反感を持つ関東・奥州ににらみを利かせるには絶好の位置にあった。

小田原滞陣中に北条勢の籠もる江戸城を攻略した家康は、小田原城陥落後、関東移封に伴い江戸城を受け取り、秀吉の意に従って江戸城に入城した。

慶長8年（1603）、家康は**征夷大将軍**に任じられ、江戸に幕府を開く。江戸ではそれ以前からライフラインの建設などは進められていたが、家康は江戸が政庁を擁する町になったのを機に、諸大名を動員して**天下普請**を断行した。

都市の拡張は渦巻き状に広がる形で家康の死後も続き、3代将軍**家光**の代に都市としての体裁を整えた。

後に世界最大級の人口を擁する巨大都市がここに誕生したのである。

COLUMN

江戸の庶民学

江戸を造った代官・伊奈忠次

江戸時代初期の代官頭。民政の実務能力に卓越し、家康の関東移封に際しては、「関八州を己の物のごとく大切にすべし」と言われるほど厚い信頼を得た。関東では検地・知行割・治水・新田開発などで目覚ましい成果をあげ、家康による関東支配を強化した。江戸が巨大都市化する下準備を整えたのである。

忠次の最大の事績は、利根川と荒川の改修である。当時の関東平野は縦横に川が流れ、至るところに沼沢があり、開発の障害となっていた。

そこで忠次は現在の埼玉県羽生市のあたりで分流していた利根川の南東に流れる川を塞いで、東に流れる川を主流とした。

一方、荒川は、現在の埼玉県桶川市で2つに分かれていたが、忠次は現在の綾瀬川筋を流れていた東側の流れを閉め切り、西側を主流とした。これにより、武蔵国の東部から下総国の西部にかけての広大な新田開発が可能となり、多くの村が生まれた。

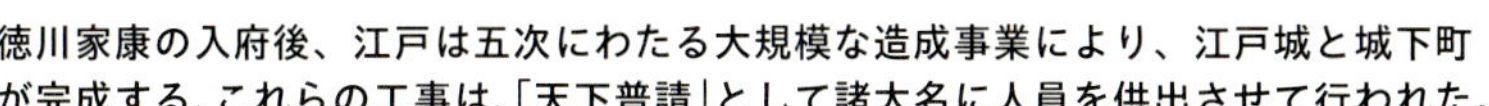

徳川三代と江戸の成り立ち

徳川家康の入府後、江戸は五次にわたる大規模な造成事業により、江戸城と城下町が完成する､これらの工事は､｢天下普請｣として諸大名に人員を供出させて行われた。

秀忠時代
（1615年～1620年頃）

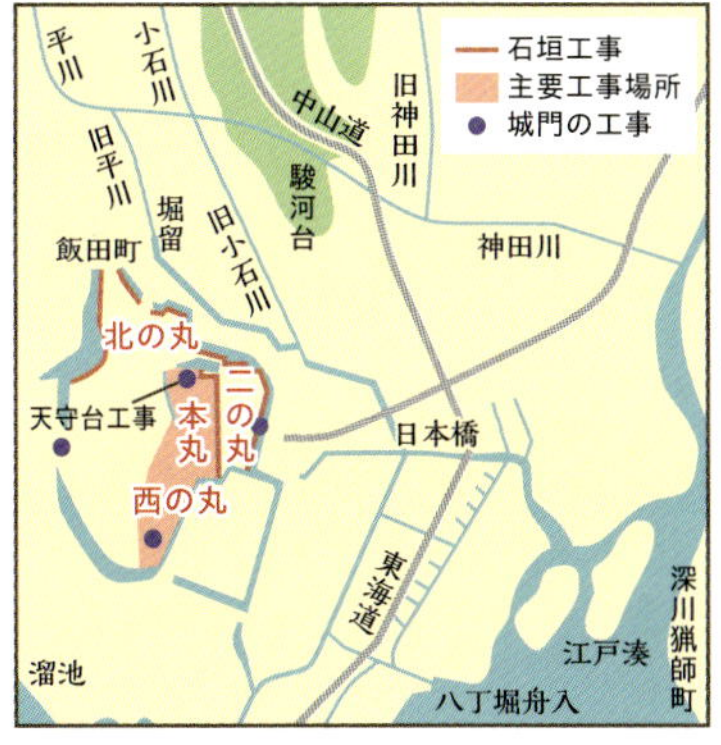

日比谷入江を整備し、西の丸下と大名小路を開通させる。また、八丁堀舟入を開削する。第三次では江戸城の天守、北の丸などの石垣を築き、平川と小石川を神田川に接続した。

家康大御所時代
（1607年頃）

江戸城は本丸、北の丸などの工事を行う。一方、神田山を切り崩して日比谷入江と江戸湊の一部を埋め立てた。神田山は駿河台として武家地となる。

家光時代
（1636年頃）

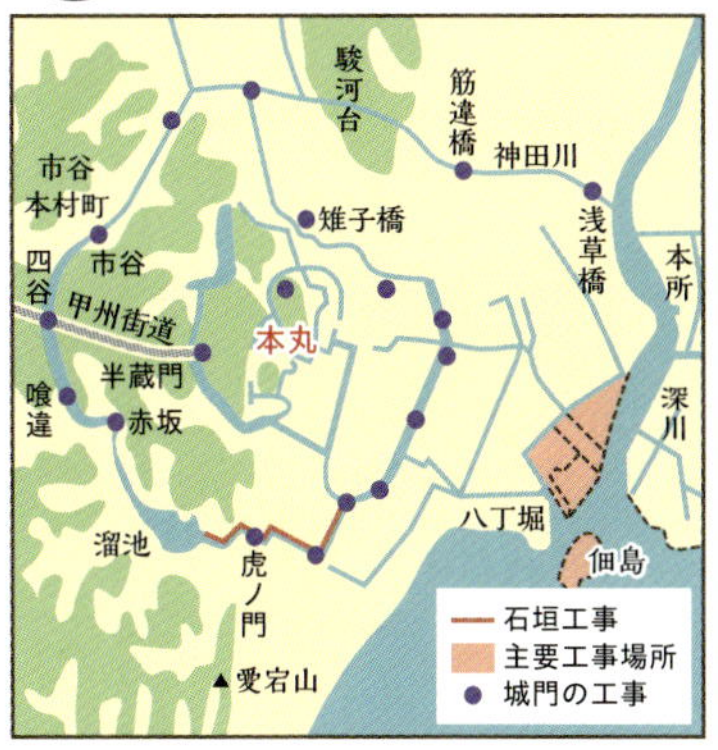

江戸城の石垣、城門の工事を進める一方、海岸の埋め立てを行い、佃島を出現させた。また、牛込から市谷・四谷を経て溜池に至る広範囲を整備し、西の防備を完成させた。

寛永度天守

家康の築いた慶長度天守は3つの小天守が連結していたが、寛永度では小天守が付属しない独立式の天守となった。

江戸城の天守は3度にわたって建て替えられた。最後の天守は寛永13年（1636）から翌年にかけて完成した寛永度天守であったが、明暦の大火で焼失。以後再建されることはなかった。

のぞいてみよう！
江戸の街並み

江戸城

二度の建て替えを経た天守は明暦の大火で焼失。その後は再建されることなく、戦う城から平和の城へと変貌しました。

征夷大将軍になって江戸に幕府を開いた**徳川家康**は、慶長11年（1606）から**江戸城本丸**の拡張工事を開始。同年に**本丸御殿**が、翌年には**天守**が完成した。本丸には将軍職を継承した**秀忠**が移っている。

家康が創建した天守に関して『見聞軍抄』は「殿主は雲井にそびえておびただしく、なまりかはらをふき給へば雪山のごとし」と記し、『慶長見聞集』も「夏も雪かと見えて面白し」と記す。

これらの記述から屋根瓦として鉛瓦を葺いた天守は、白亜の**白漆喰総塗籠**で、全体が雪のように白く輝い

天守台

徳川家康による白亜の天守建設後、秀忠、家光がそれぞれ大幅に改修したが、明暦の大火（1657年）で焼失。以後、再建されることなく巨大な天守台のみが残る。

大奥

御台所や将軍の側室が居住する将軍のプライベート空間。

平川門

三の丸

※イラスト作成にあたり、『図説日本史通覧』（帝国書院）掲載の香川元太郎氏のイラストを参考とさせて頂きました。

ていたことが窺い知れる。

慶長16年（1611）には西の丸工事が、同19年（1614）には、石垣工事が行われ、城域は現在の本丸・二の丸・三の丸・西の丸・北の丸・西の丸下まで拡張された。広大な城域を有する「将軍の城」の誕生であった。城の拡張はその後も行われ、家光の治世にほぼ完成して現在の姿となった。

城のシンボルというべき天守は、秀忠の代と**家光**の代に建て替えられた。家光時代の天守は、高さ60m近くあった。この壮麗な天守は**明暦の大火**で焼け落ちるも、「平和になった世に天守は不要」という理由で、再建されることがなかった。

江戸城はここにおいて戦うための城から、泰平の世を具現化した城になったのである。

富士見櫓
高さ約16mの櫓。明暦の大火での天守焼失後は、その代わりとされたという。
松之廊下
御休息之間
黒書院
白書院
表
幕府の中央政庁となる一画。
本丸
中奥
将軍の政務の場。
桔梗門（内桜田門）
大手三の門
大手門
江戸城の正門で、江戸に滞在する大名たちが新年や月次で登城する際に通った。築城の名手・藤堂高虎の設計といわれ、左右の石垣は伊達政宗による築造とされる。現在の門は、昭和42年（1967）に復元されたもの。
二の丸

のぞいてみよう！江戸の街並み

大名小路

江戸城の内堀周辺に立ち並んだ大身大名の拝領屋敷

江戸城内堀の周辺には、**大名小路**を挟んで大身の大名たちの**上屋敷**が立ち並んでいた。

上屋敷とは大名が住まう**拝領屋敷**をいう。

大身の大名となると上屋敷のほかに**中屋敷**・**下屋敷**を拝領した。この2屋敷の使用法は大名によって異なるが、中屋敷は跡継ぎや隠居した大名が住み、郊外にある下屋敷は倉庫や別荘として使うケースが多かったようだ。

城に近い上屋敷は敵が迫った際の防衛ラインともなるので、守りは堅固であった。

長屋
通りに格子窓が開いた長屋には江戸勤番の藩士たちが暮らしていた。

櫓
大名屋敷の四周には、櫓風建築がそびえ、戦国時代の余韻を伝えていた。

大名行列
江戸時代の大名は、義務づけられた参勤交代や、登城などの公式の外出の際には、格式に応じた規定の人数・装備を整えて行列を組み移動した。

大名小路
日比谷入江の埋め立てによって生まれた一画で、現在の丸の内にほぼ該当する。江戸時代、この一画には諸大名の上屋敷が立ち並んでいたことからこの通称が生まれた。

大名屋敷

江戸時代初期の大名屋敷。白壁に囲まれた広大な敷地に桃山風の豪壮な建築が立ち並んでいたが、明暦の大火で焼失。以後は質素な建物となっていく。

台所門と呼ばれる大名屋敷の正門。家格によって建てられる形式が定められていた。藩主はこの門から出入りし、藩士やその他の者は普段東や北にある小門を利用した。

御成門

将軍の御成の際に使用される豪華絢爛な門。

大名屋敷の間取り（福井藩上屋敷）

江戸城大手門近くにあった親藩の越前福井藩上屋敷の間取り図。大名が江戸滞在時に暮らす上屋敷は、将軍の来訪を受けることもあり、最上級の接待空間となっている。

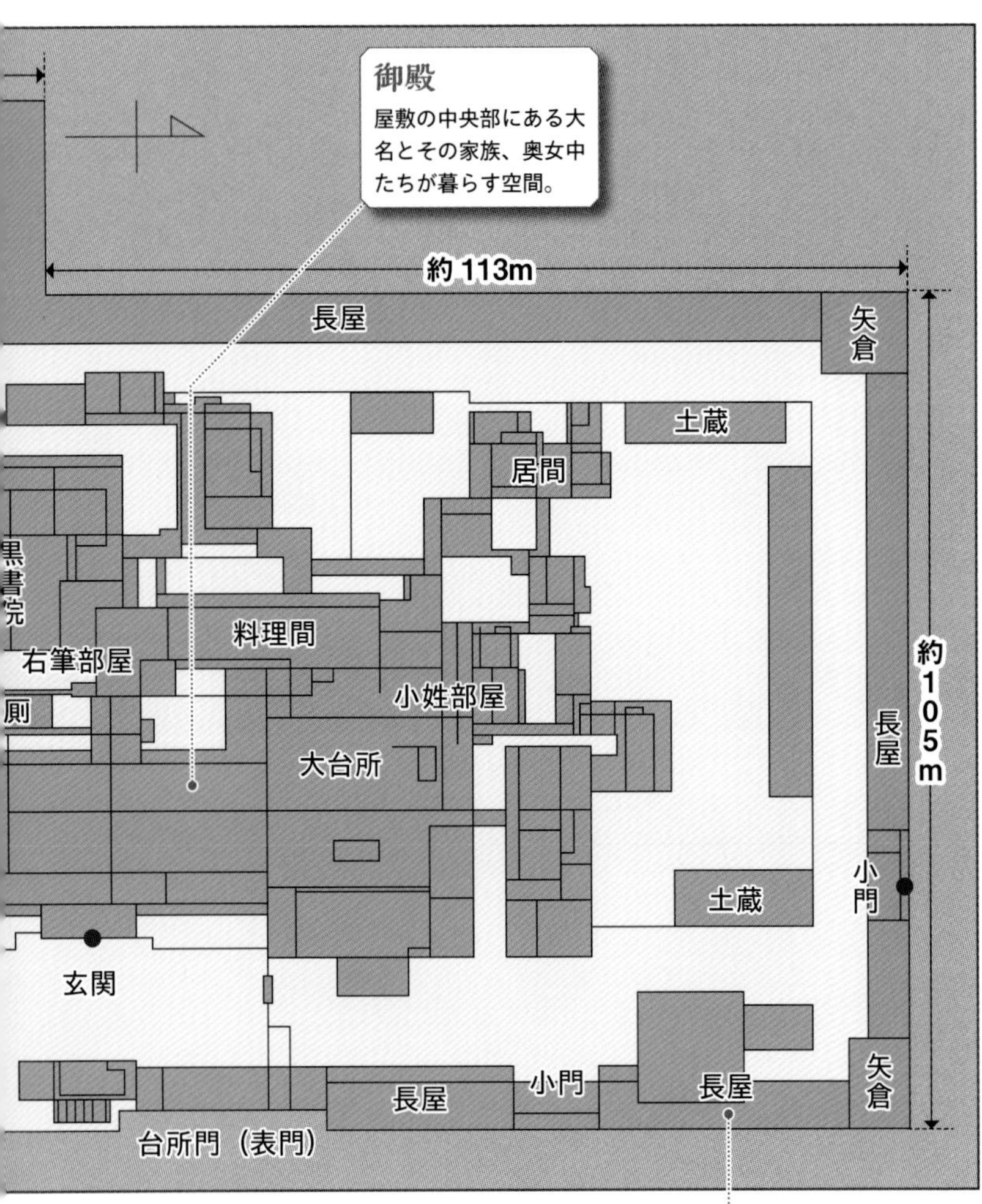

長屋
江戸勤番の藩士が居住する建物で、通りに面して格子窓の開いた2階建ての長屋が屋敷の周囲を囲む構造。万一の場合、藩士たちは藩主の盾となって戦うこととなる。

家格による大名屋敷の門構え

大名屋敷の門構えは家格や石高によって細かな規定があり、門を見ればその家の格式を把握することができた。

10万石以上

門の両側にある番所の屋根が破風(はふ)造になっている。

5〜10万石

門の両側にある番所の屋根は、庇(ひさし)がつくのみ。

5万石前後

番所は門の両側にあるが、片側は片庇の屋根、もう片方は出格子タイプの番所となっている。

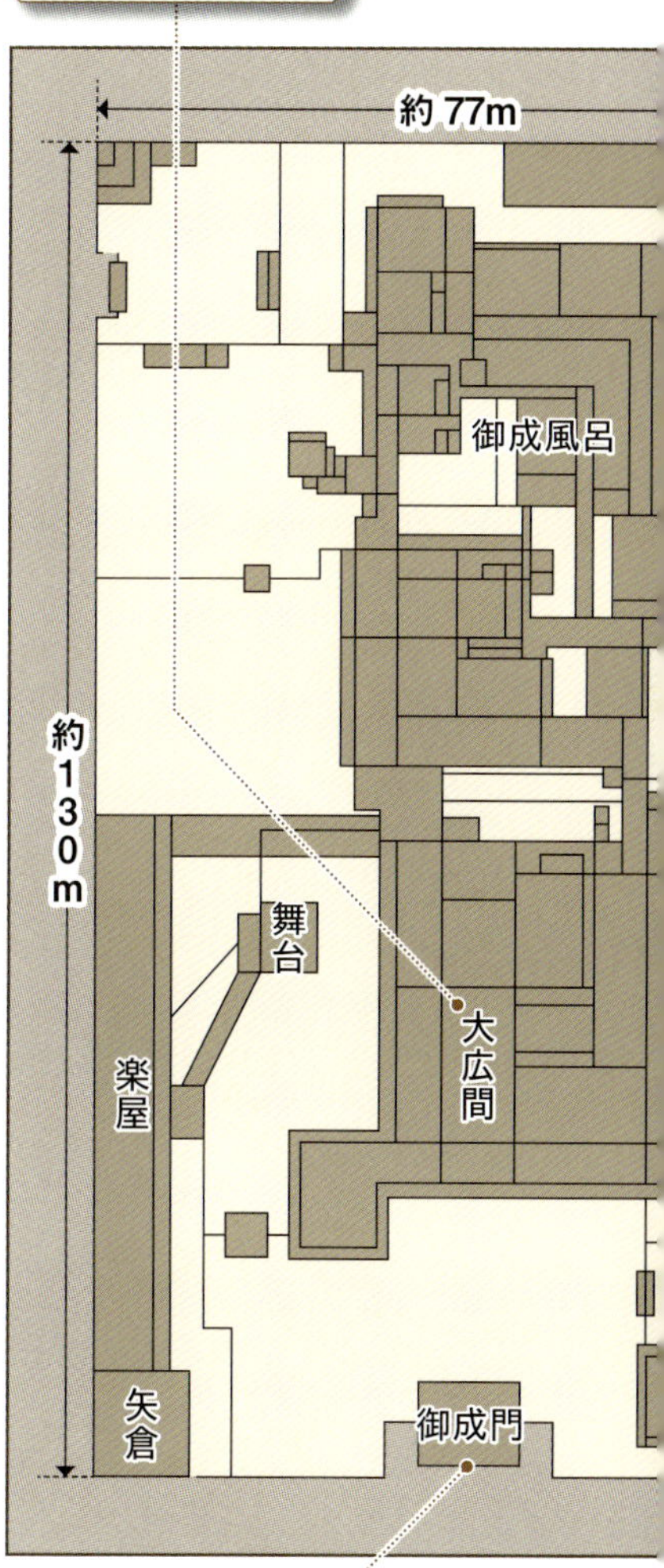

大広間
藩士が大名に謁見する場。

御成門
将軍の出入り口。江戸初期には将軍の御成が多く、贅を凝らした造りになっている。

日本橋方面から見た江戸城。丸の内側の景観が見えたことになる。

日本橋

江戸発展の原点となった五街道の出発点

――**お江戸日本橋七つ立ち**と歌われる**日本橋**は、慶長8年（1603）に架けられた橋で、翌年には幕府によってこの橋を起点とする「**東海道**」「**中山道**」「**日光道中**」「**奥州道中**」「**甲州道中**」の**五街道**が定められた。

あわせて全国に通じる街道の**里程元標**（距離を計測する際の起点）が同橋に設置された。日本橋が街道の中心点となったことで、日本の街道は、すべて「日本橋に通じる」状況になったのである。現在も日本橋中央部に「日本国道路元標」と記したプレートが埋め込まれている。

橋の袂には幕府の最重要政策を一般に知らしめる**高札場**と、社会秩序を乱した者を処罰してさらす**晒場**が設けられた。

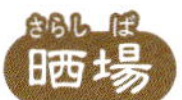

晒場

人通りの多い日本橋の南詰には罪人の晒場が置かれていた。

大名行列

大名行列は経費節約のため、出発が許された最も早い時間である七ツ時に日本橋を発った。ゆっくり進むのは、人目の多いところのみ。宿場や城下町を出ると経費節約のために速度を上げて移動していく。

高札場

幕府の重要政策を庶民に告知する場所。木の板札が数多く掲げられている。

猪牙舟

押送舟

後方に漕ぎ手を集中させた快速船。江戸湾の漁船から魚を受け取り、魚河岸へ運んでくる。

魚河岸

日本橋北詰にあった海産物の取引所。（▶ P.22）

日本橋

日本橋の長さは 28 間（約 50m）と規模こそ小さいものの、五街道の起点として、橋の欄干に擬宝珠がつけられるなど、凝った意匠が施された。

のぞいてみよう!
江戸の街並み

魚河岸(うおがし)

新鮮な魚介類の陸揚場
江戸っ子たちの台所

各地から大型船で運ばれてきた産物は、**江戸湊**(えどみなと)で小舟に積み替えられると、日本橋川を進んで日本橋界隈に設けられた河岸に陸揚げされた。日本の中心地・日本橋は、諸国から様々な産物が到着する一大集積地でもあった。

このうち江戸前の新鮮な魚介類は鮮度保持のため、「**押送船**(おしおくりぶね)」という高速船で、江戸湾域の漁村から、日本橋北詰の**魚河岸**へと運ばれた。このため魚河岸には夜も明けやらぬ時刻から鮮魚の仲買人や行商人が押し寄せ、その喧噪(けんそう)ぶりは「一日千両の金が動く」と形容された。魚河岸は関東大震災後、市場機能の築地(つきじ)移転まで活況を呈した。

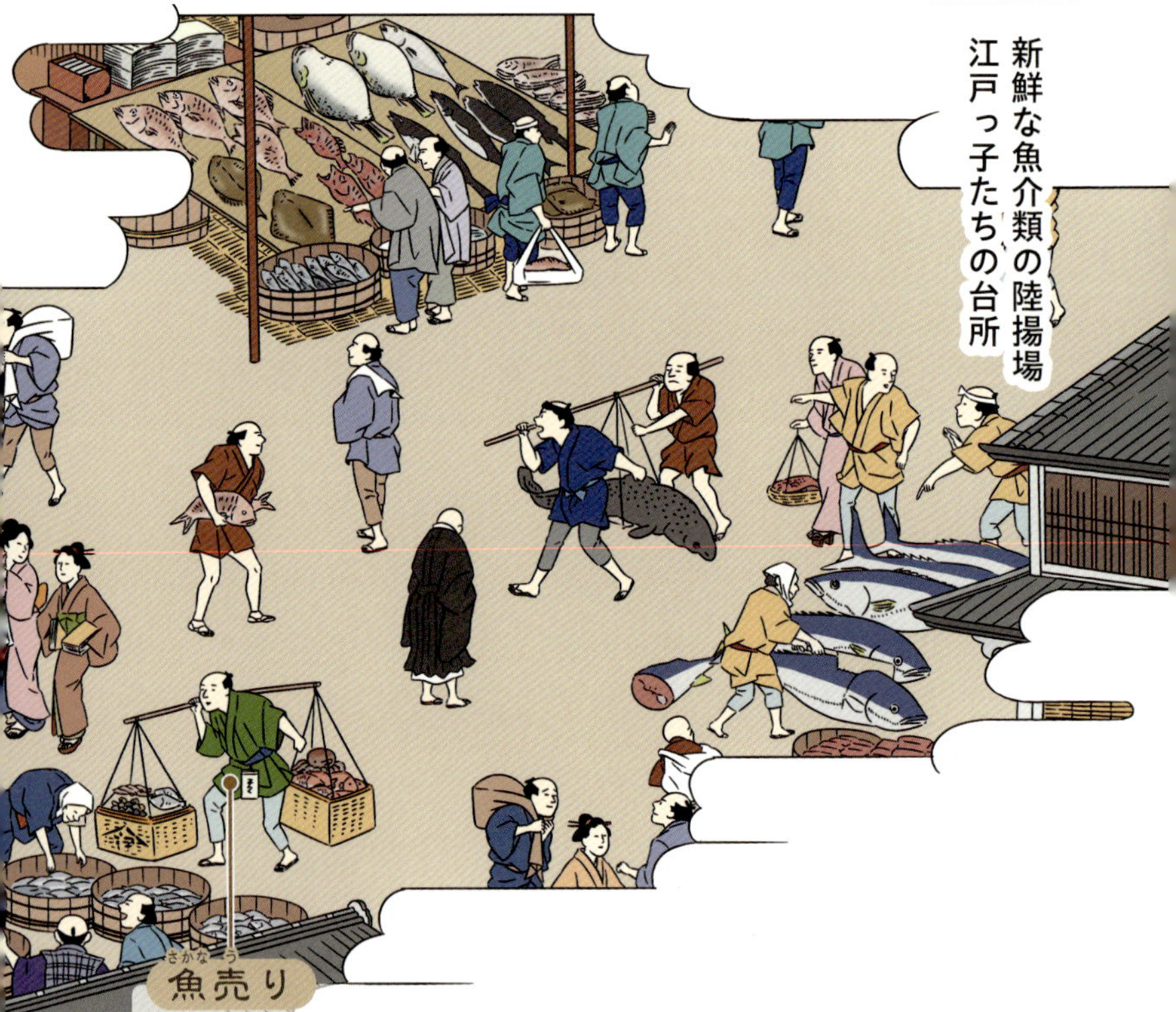

魚売り(さかなうり)

魚を仕入れた振り売りが、江戸市中に魚を売りに行く。

平田船
全長15～24mほどの舟底が広く喫水の浅い船で、海産物を水揚げする際の艀として活躍した。
魚河岸
魚
庶民は鰹や鯖、秋刀魚などを食べ、武士は鯛や平目、白魚など白身の魚を食べた。
魚市
魚河岸沿いに問屋が並ぶ魚市は、佃島の漁師が幕府に納めた残りの魚を売ったのが始まりと伝わる。
仲買人
水揚げされた魚は、仲買人に渡り、小売を担う振り売り（P.58）らは、ここから魚を仕入れる。

のぞいてみよう！ 江戸の街並み

日本橋通り

江戸のメイン・ストリート 現代まで続く大店も繁盛

日本橋界隈の様相に関して、江戸時代前期に記された**浅井了意**の『**江戸名所記**』は、「橋のうへは貴賤上下のぼる人くだる人ゆく人帰る人高のり物人の行通ふ事蟻の熊野まゐりのごとし」と活写している。また、「日本橋は江戸の中心で、四方の道もここから始まる。初めて江戸に来る人は皆、日本橋を見ると左右を見回して驚きあっけにとられる」とは、江戸時代後期の天保3年から7年（1832〜1836）にかけて刊行された寺門静軒の『**江戸繁昌記**』中の文言だ。浅井了意の記述とあわせて、喧噪ぶりが伝わる。

日本橋を南北に横切る道は、「**日本**

越後屋

百貨店「三越」の前身となった呉服店。延宝元年（1673）の開業後、天和３年（1683）に駿河町へ移転。「店前売り」「現銀掛け値なし」などの画期的な商法で大繁盛した。

［駿河町］

三井越後屋のあった街で、この通りからは江戸城越しに駿河の富士山を眺めることができた。

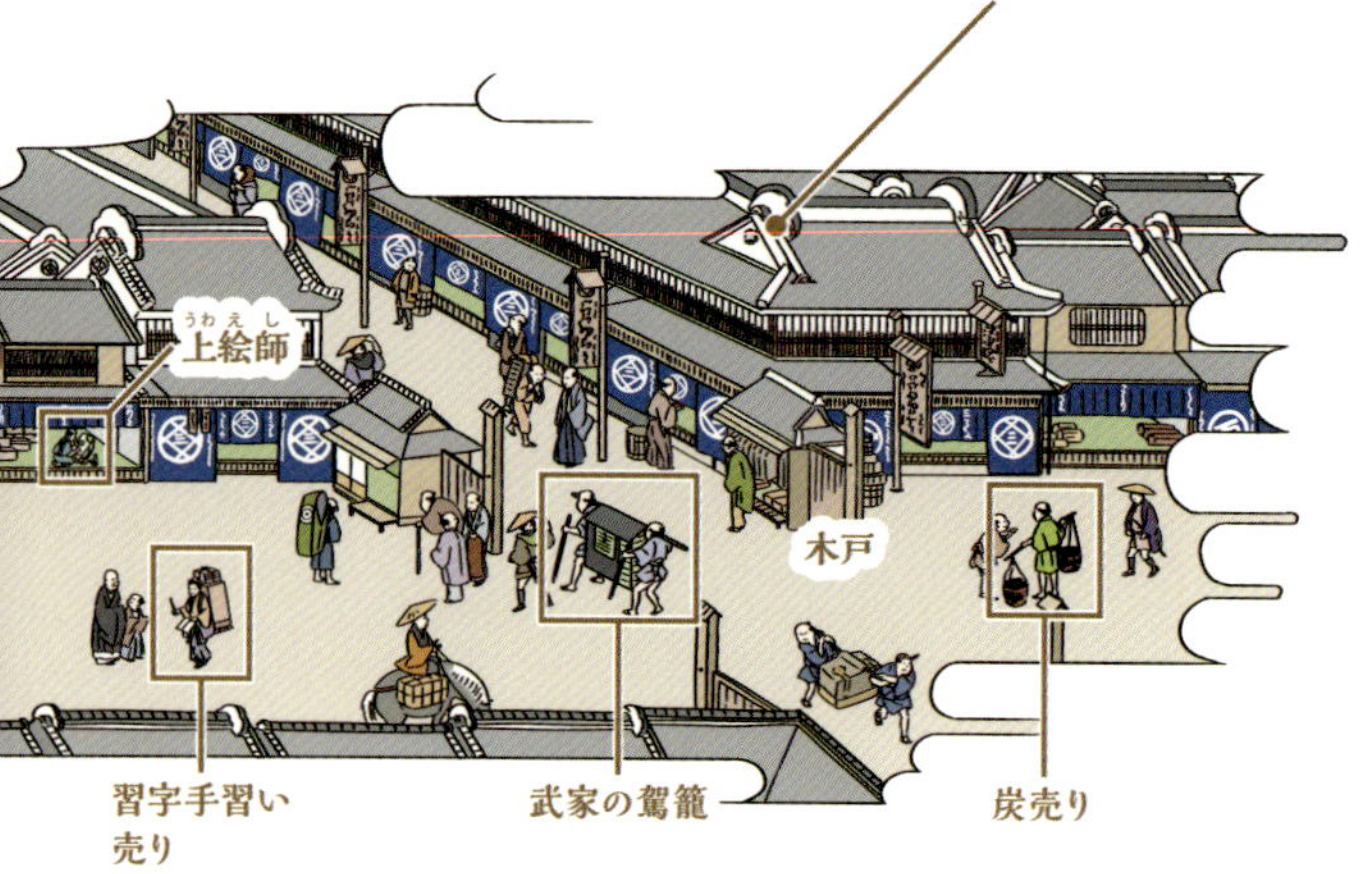

橋通り」（現・中央通り）と呼ばれ江戸のメイン・ストリートとなっていた。この通りは京阪神地域と江戸を結ぶ東海道につながることもあり、日本橋界隈でも特別の賑わいを見せていた。

この日本橋通りの喧噪を視覚的に確認出来るのが、文化2年（1805）に描かれた**『熈代勝覧』**である。この絵巻には馬にまたがった武士、武家の駕籠、医者、僧、巡礼、炭売りなど各種の行商人、赤ん坊をあやす男女など、ありとあらゆる人物が描かれている。

江戸の商業の中心地であったこともあり、老舗百貨店**三越**の前身となった**越後屋**、**大丸**、日本橋**木屋**の前身となった刃物店の**木屋**、書籍問屋の**須原屋**などの大店が、商いに勤しむ様子も描かれている。日本橋通りは地理的要衝であるのと同時に、経済と文化の発信地としての役割も担っていたのである。

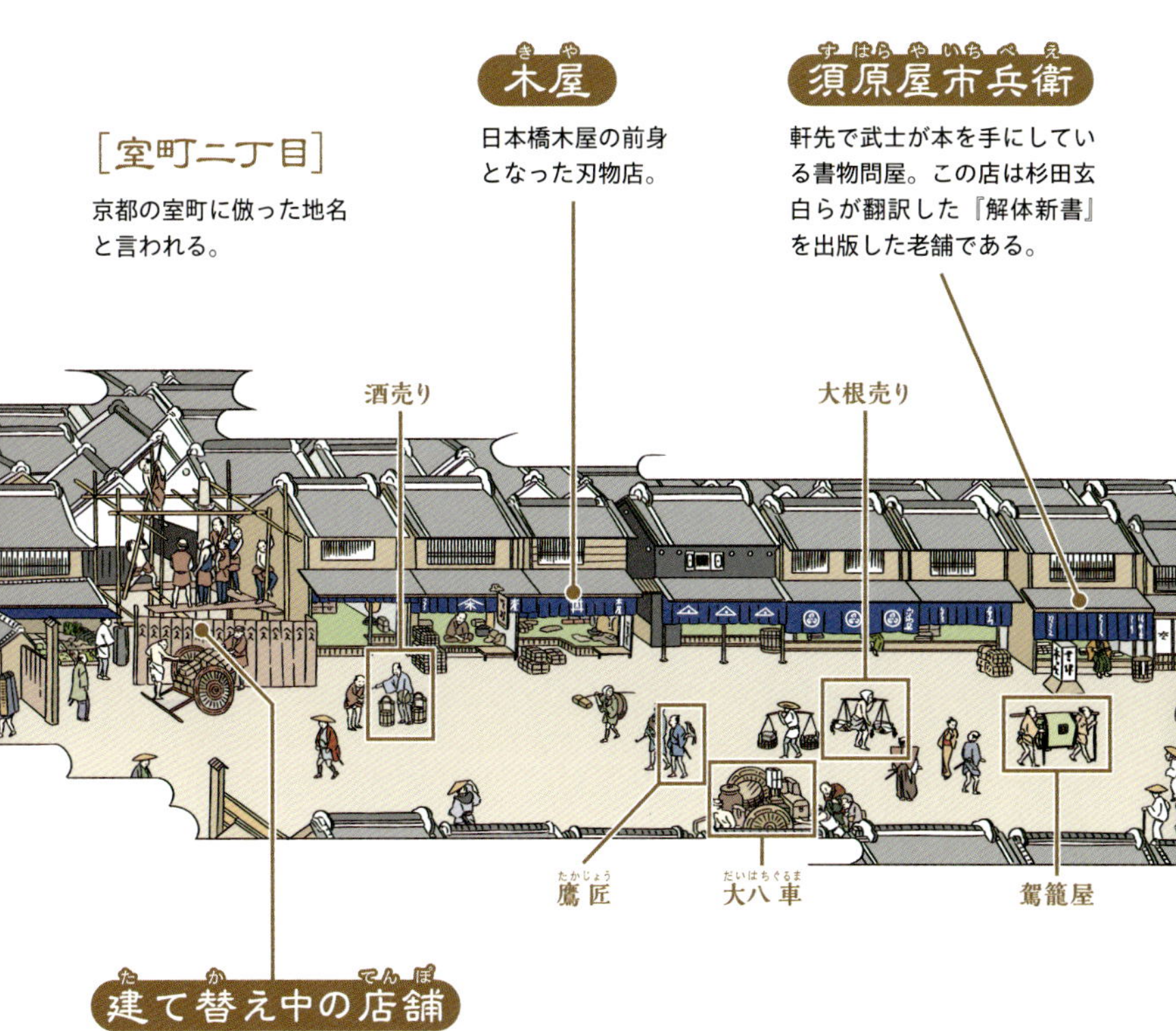

のぞいてみよう！江戸の街並み

蔵前

江戸時代の経済の繁栄 年貢米を集積した蔵が並ぶ

埠頭
隅田川に面して、一番から八番までの堀が造成されて埠頭になっており、大量の米を運び込みやすいようになっていた。
隅田川
船頭

かつて国技館が置かれていた**蔵前**。この地名は江戸時代の経済体制に由来している。この時期、社会の支配層は武士であり、彼らの収入源は農民から徴収される**年貢米**であった。これらの米は、武士に給料として支給された。当然ながら、米だけで生活はできないから、武士階級はこれを現金化する必要があった。

この際、換金は「**札差**（P.79）」という商人によって代行された。幕府の米蔵は浅草橋付近の隅田川沿いにあり、札差の店もその周辺に集中していたため、同地は蔵前と呼ばれたのである。

浅草御蔵
年貢米や幕臣たちに俸禄として供用される米を保管・管理する蔵。敷地内に立ち並ぶ御蔵の数は18世紀後期で51棟あり、254万石の米が収蔵されていた。
札差
武士に下された俸禄米は、食べる分を残して換金された。こうした俸禄米を武士に代わって受け取り、販売までを請け負った業者が札差。御蔵周辺に居を構えた彼らは、金融業も手掛けて巨万の富を築いていく。
首尾の松
御蔵の前に生えていた松は、「首尾の松」と呼ばれ、吉原へ向かう遊客がその晩の首尾を祈ったという。

浅草

推古天皇の御代に開創し、観音信仰の高まりで繁栄した行楽地

現在、多くの観光客で賑わう浅草は、**浅草寺**の門前町である。

浅草寺の開創について、『**浅草寺縁起**』は「推古天皇の御代三十六年（628）」と伝えている。檜前浜成・竹成兄弟が隅田川で漁をした際に網に引っ掛かった観音像を、主の土師真中知の邸宅に祭祀したのが始まりという。

開創以降、観音信仰の高まりのなかで門前町として繁栄した。江戸時代には庶民信仰の要となり、寺域内に**見世物小屋**や**茶屋**が建ち並んだ。

さらに新吉原が近隣に移転してくると、江戸屈指の信仰地・歓楽地になったのである。

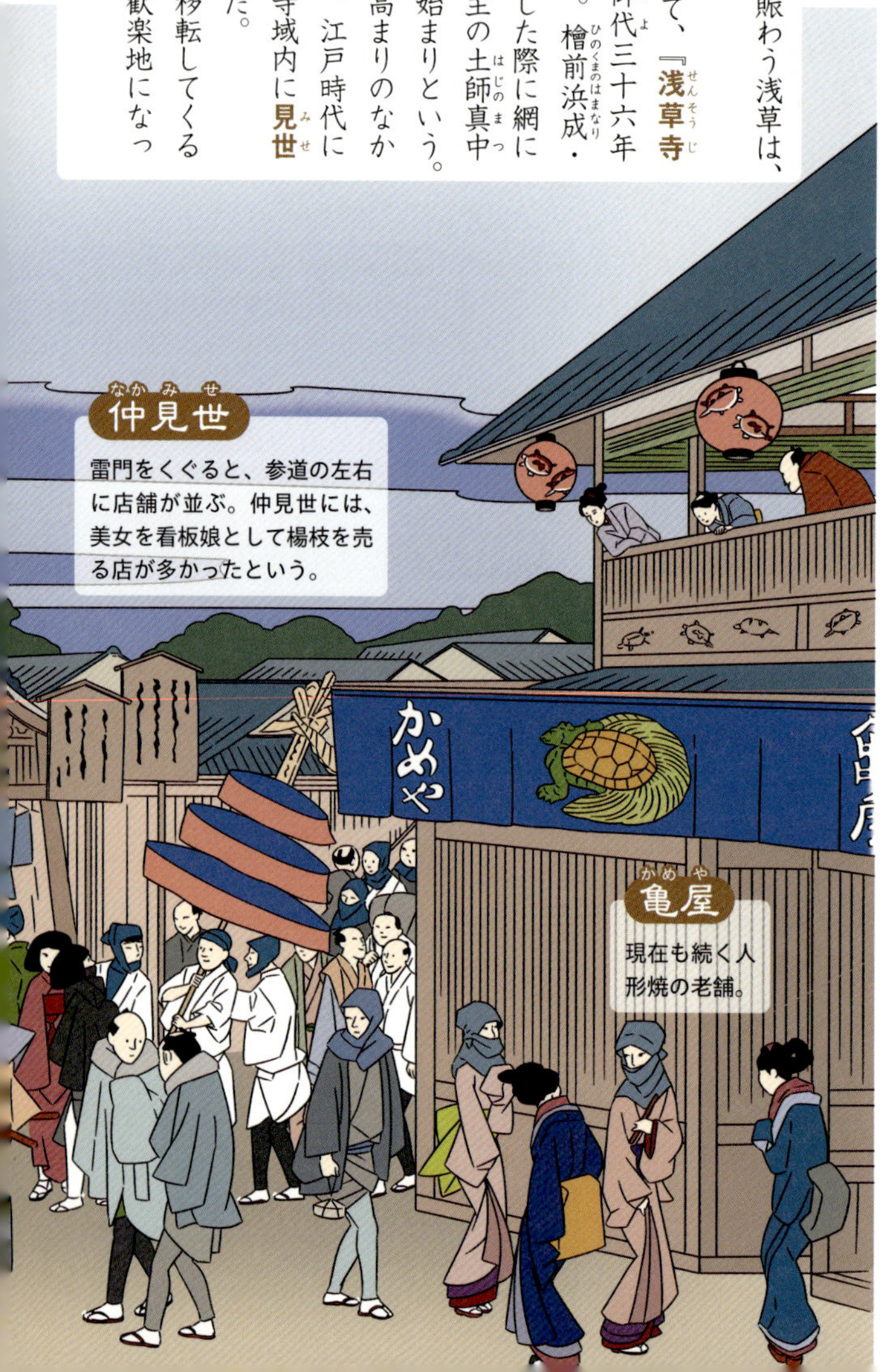

仲見世

雷門をくぐると、参道の左右に店舗が並ぶ。仲見世には、美女を看板娘として楊枝を売る店が多かったという。

亀屋

現在も続く人形焼の老舗。

雷門

今と変わらぬ浅草のシンボル。当初左右に風神・雷神があることから風神雷神門と呼ばれていたが、いつしか雷門となった。

大提灯

信徒から奉納された大提灯。この頃はまだ「志ん橋」となっており、「雷門」となったのは、戦後に再建されてから。

金龍山
浅草寺五重塔
当時の五重塔はこの位置。空襲によって焼失後再建され、現在は雷門を潜って左手に見える。
浅草寺仁王門

のぞいてみよう！江戸の街並み

上野

江戸城の鬼門の守り、火除地に江戸有数の盛り場が広がった

現在「上野恩賜公園」と呼ばれる一帯は、江戸時代、**寛永寺**の境内であった。

寛永寺は寛永2年（1625）、天台大僧正・**天海**の建言によって、3代将軍徳川家光により上野台地に創建された。目的は江戸城の**鬼門**の守り。山名を「**東叡山**」というのは、**比叡山延暦寺**が京都御所の鬼門を守っていたことに由来し、東の比叡山を意味する。

寛永寺の境内は、最盛期に約30万5000坪に達し、現在の上野公園噴水広場にあたる竹の台に高さ32m、間口45m、奥行42mもの巨大な本堂（根本中堂）が建立された。その他境内には、五重塔や大仏殿、山門などの

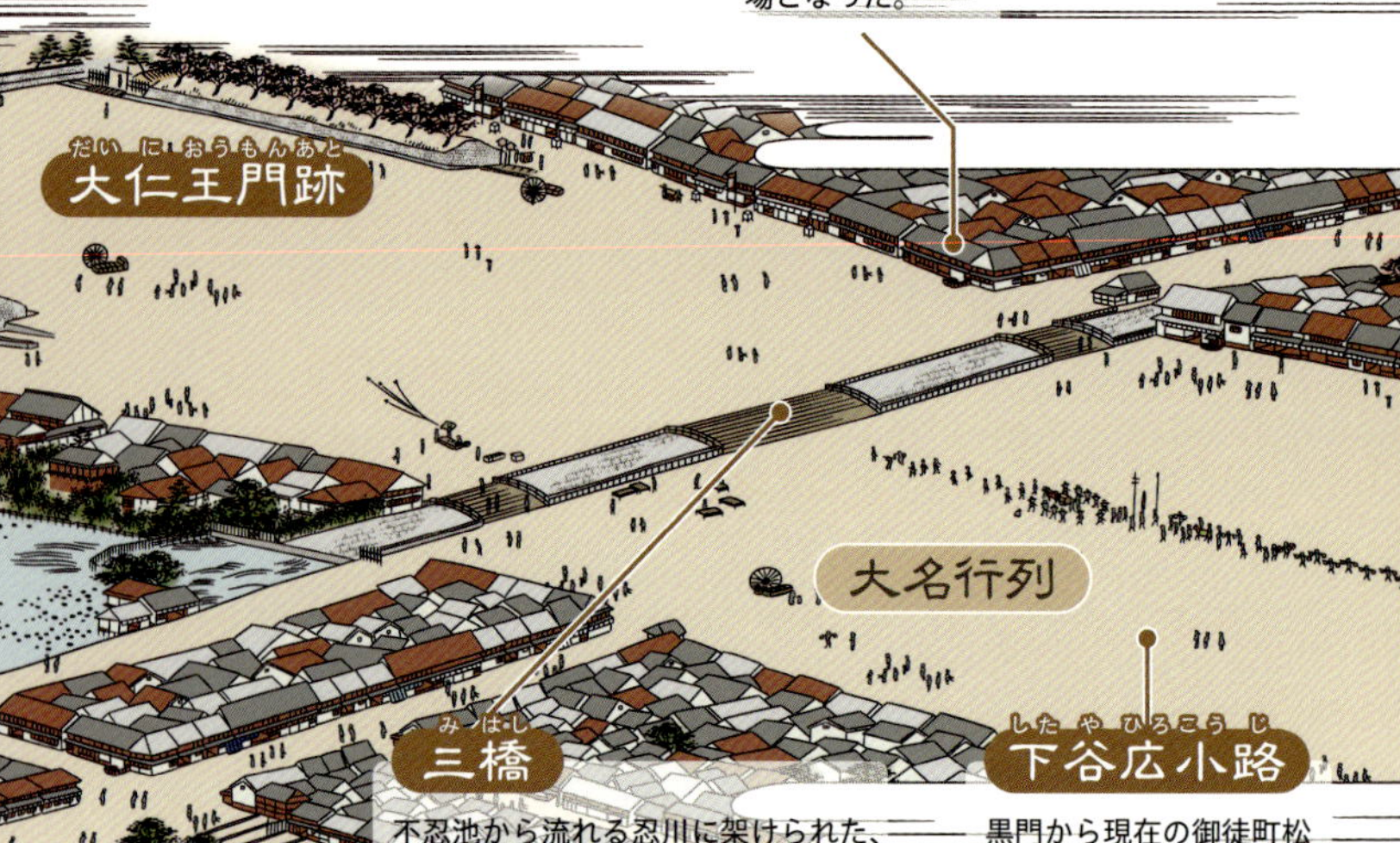

山下
見世物小屋が立ち、大道芸や辻講釈などが行われる盛り場となった。
大仁王門跡
大名行列
三橋
不忍池から流れる忍川に架けられた、寛永寺に参詣するための橋。中央が将軍専用で、庶民は左右の狭い橋を渡ったとされるが、実際は庶民も中央の橋を渡っていたらしい。
下谷広小路
黒門から現在の御徒町松坂屋までの幅広い道に当たる。火除地として設けられた。

建物が立ち並ぶ大伽藍を形成していた。

寛永寺の創建に伴い、上野台地の南麓一帯は門前町となり、寛永寺を火災から守るための空き地「**広小路**」も設けられた。

広小路は敷地面積が広いため、元禄年間（1688～1704）頃から**盛り場**となった。各種の店が軒を連ね、寛永寺の参拝客や行楽客を相手に熱心に商売を行った。

寛永寺

天台宗の僧・天海によって創建された鬼門封じの寺。将軍家の菩提寺で輪王寺宮が代々山主を務める。かつては本堂をはじめ無数の堂宇が立ち並んでいた。

山門

「吉祥閣」と呼ばれ、毎年春と秋の２回、および涅槃会の日のみ、一般の登楼が許可された。

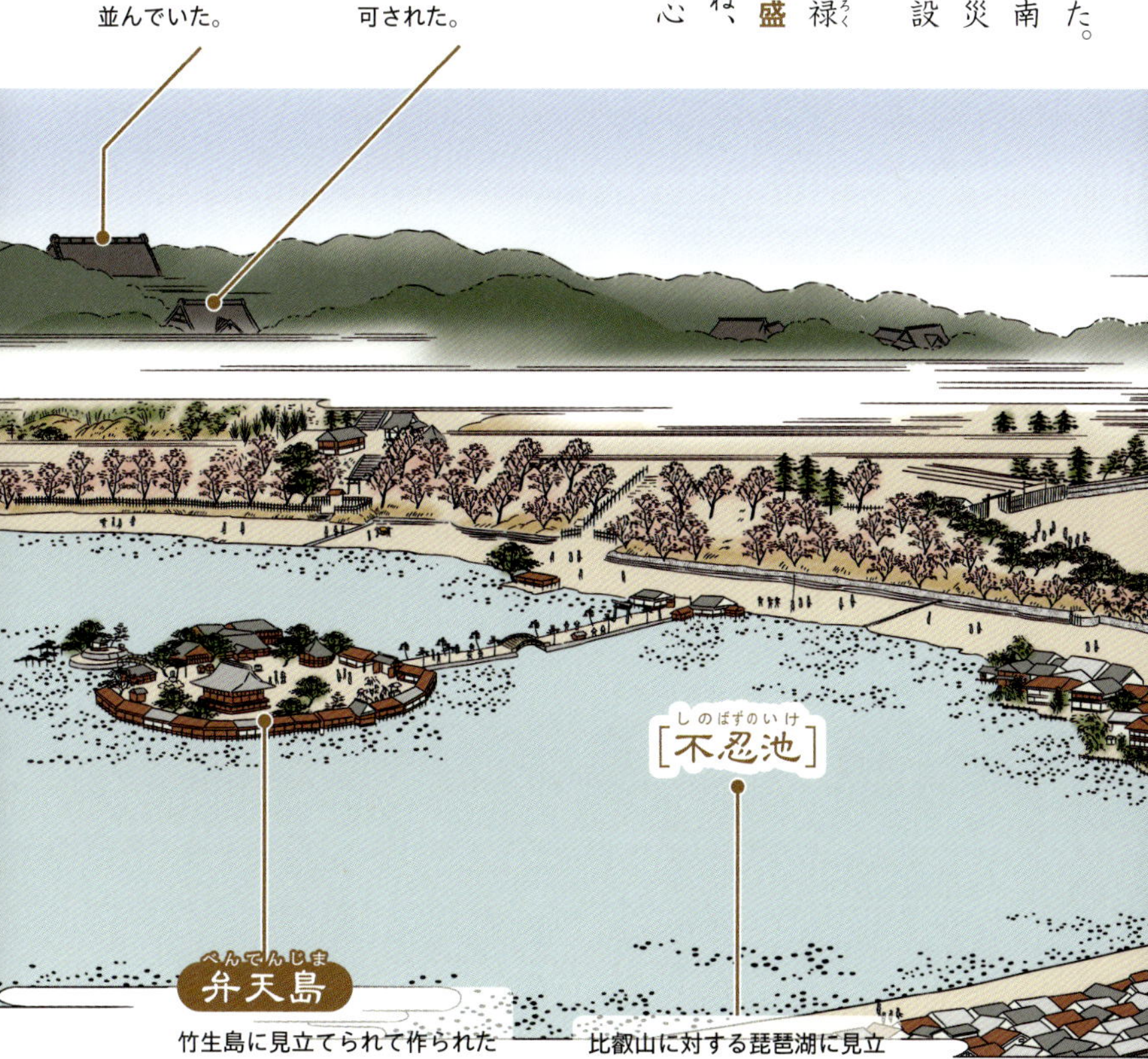

不忍池

比叡山に対する琵琶湖に見立てられた池。江戸随一の蓮の名所として知られ、池の周囲には出会茶屋が軒を連ねた。

弁天島

竹生島に見立てられて作られた弁天島（中之島）。弁天堂が建てられて弁財天を祀る。当初は舟で渡っていたが、寛文 12 年（1672）に石橋が架けられた。

のぞいてみよう！
江戸の街並み

新吉原

流行の発信地ともなった幕府公認の遊郭街

妓楼
どの建物も2階建てで、通りに面した1階に遊女が格子越しに座った。

日本堤
船着場である山谷から吉原を経て三ノ輪へ続く堤防。すれ違う遊客は互いに知らぬ顔をするのがマナーだった。

大門
吉原唯一の出入り口で、くぐった左側には町奉行配下の番所が、右側には吉原の監視所があった。前者は不審者に目を光らせ、後者は遊女の脱走を防いだ。

番頭新造
年季明け後も吉原に残った新造。

遣手
遊女や禿を管理する。
（▶P.139）

『吉原細見』
遊客が手にするのは、吉原のガイドブック。江戸後期の版元・蔦屋重三郎は吉原の茶屋の出身で、『吉原細見』から出版活動を本格化させた。

花魁
吉原の遊女。
（▶P.142）

禿
花魁の世話をする6～14歳の少女。
（▶P.139）

振袖新造
禿上りの見習い遊女。
（▶P.139）

吉原は幕府公認の遊廓であり、元和3年（1617）の創業から明暦3年（1657）の**明暦の大火**で灰燼に帰するまで日本橋葺屋町（現在の人形町）にあったものを「**元吉原**」、日本堤へ移転してからのものを「**新吉原**」と呼ぶ。

新吉原は当初、元吉原の伝統を受け継いで、大身の武士や富裕な町人層を相手にしていたが、非公認の遊廓「**岡場所**」の台頭などもあって大衆化路線にシフトチェンジする。

吉原の遊女は昼と夜の2度、客を取った。昼の営業（「**昼見世**」）はお昼から午後4時頃、夜の営業（「**夜見世**」）は、午後6時から午前0時〜2時頃だった。

新吉原は**魚河岸**や**芝居町**（堺町・葺屋町・木挽町、天保13年からは**浅草**の猿若町）とともに、「一日千両の金が動く」場所として賑わった。

花魁道中

着飾った花魁が、新造や禿らを引き連れて客のもとへ向かう。遊女は三枚歯に塗下駄で八文字を踏みながらゆっくり進む。最高位の花魁だけが花魁道中を踏めた。

両国(りょうごく)

明暦の大火の教訓から架けられた橋の袂が、江戸屈指の繁華街に発展

明暦3年(1657)に起こった**明暦の大火**は、江戸市中で10万人の死者を出す大惨事となった。

燃え盛る炎から逃れようと、隅田川に追い詰められた犠牲者が多かった。幕府は軍事都市という性格上、江戸の河川に架橋することは極力避けてきたが、明暦の大火を反省し、隅田川に橋を架けることを決定。万治(まんじ)2年(1659)、あるいは寛文(かんぶん)元年(1661)に**両国橋**が架けられた。

橋の両岸に設けられた火除けのための空き地「**広小路**」には、各種の出店(でみせ)が軒を連ね、江戸でも有数の**盛り場**として賑わいを見せた。

[西詰]

両国広小路(りょうごくひろこうじ)

両国橋西詰に広がる火除地には、見世物小屋や食べ物屋などがひしめき合っていた。ただし、火除け地のため建物はすべて仮小屋であった。

回向院

両国橋東詰には明暦の大火の犠牲者を弔う回向院が建立された。諸宗山無縁寺を山寺号とし、のちに無縁仏も弔う場となる。境内では「勧進相撲」が開催された。

両国橋

明暦の大火で川を渡れずに逃げ遅れるものが続出した教訓から架けられた橋。橋の名称は武蔵国（現在の東京都と埼玉県）と、下総国（現在の千葉県北西部と茨城県南西部）を結んだことに由来する。

両国の花火

川開きの日には、玉屋・鍵屋などの花火船が繰り出して水上から花火を打ち上げた。

のぞいてみよう！
江戸の街並み

御茶ノ水

上水供給の重要地点は、風光明媚な江戸の名所

江戸は水の質が悪く、飲料水確保のために、近郊から飲料水を引いてくる必要があった。調査の結果、井の頭池の湧水が発見されると、幕府はこの湧水を「**神田上水**」として、人口が密集する日本橋・神田方面へと導水した。

上水は御茶ノ水の「**懸樋**」を通って神田川を渡り、暗渠で江戸市中に入って神田小川町、京橋、浜町あたりまで水を供給した。

上水とは飲料水・生活用水に用いられた江戸の水道で、埋め

神田上水

天正 18 年（1590）に開設された小石川上水を前身とする上水である。以降整備され続け、1629 年頃に井の頭池などの湧水を水源とする形で完成した。

立て地が多く水の確保に困難を極めた江戸において、生活用水確保のために開削された水路である。神田上水をはじめ、千川上水や玉川上水などが江戸の拡張に伴い順次開削されたが、江戸時代の後半は、神田上水と玉川上水の2上水が江戸市中に水を供給した。

御茶ノ水は、神田川渓谷一帯の台地、湯島台（文京区）と駿河台（千代田区）にかけての総称である。地名は神田川渓谷の近くに将軍献上用の名泉があったことによる。一帯は、樹木が鬱蒼と茂る風光明媚な観光地として人気であった。

もくじ

はじめに……2

のぞいてみよう！ 江戸の街並み
百万都市江戸を俯瞰する……4

5分でつかむ
江戸時代260年……6

江戸の成り立ち
・天下普請……12

のぞいてみよう！ 江戸の街並み
・江戸城……14
・大名小路……16
・日本橋……20
・魚河岸……22
・日本橋通り……24
・蔵前……26
・浅草……28
・上野……30
・新吉原……32
・両国……34
・御茶ノ水……36

覚えておきたい
江戸の豪商
・紀伊国屋文左衛門……52
・淀屋辰五郎……52
・三井高利……53
・高田屋嘉兵衛……53
・飯田新七……53

覚えておきたい
江戸の版元
・蔦屋重三郎……66

第1章 江戸の人々

—江戸の町を行き来した江戸っ子たちの姿を知る …… 43

江戸の主人公たち

・江戸の人々 …… 44

江戸っ子の仕事

・江戸の商人① 大店(おおだな) …… 46
・江戸の商人② 商人の出世 …… 50
・江戸の商人③ 小商(こあきない) …… 54
・江戸の職業① 花形三職 …… 56
・江戸の職業② 行商 …… 58
・江戸の職業③ 屋台 …… 60
・江戸の職業④ 煮売屋と居見世 …… 62
・江戸の職業⑤ 出版業 …… 64
・江戸の職業⑥ 絵師 …… 68
・江戸の職業⑦ 貸本屋 …… 74
・江戸の職業⑧ 読売(よみうり) …… 75
・庶民の仕事アラカルト …… 76
・江戸の職業⑨ 札差(ふだざし) …… 79

江戸庶民のファッション

・江戸庶民の服装① 女性の着物 …… 80
・江戸庶民の服装② 男性の着物 …… 82
・江戸庶民の服装③ 子供の服装と髪型 …… 84
・女性の髪型 …… 86
・江戸っ子の化粧 …… 88
・男性の髪型 …… 90
・着物の柄 …… 92

覚えておきたい江戸の絵師

・葛飾北斎(かつしかほくさい) …… 70
・歌川豊国(うたがわとよくに) …… 71
・歌川国芳(うたがわくによし) …… 71
・歌川広重(うたがわひろしげ) …… 71
・喜多川歌麿(きたがわうたまろ) …… 72
・菱川師宣(ひしかわもろのぶ) …… 72
・東洲斎写楽(とうしゅうさいしゃらく) …… 72
・月岡芳年(つきおかよしとし) …… 73

第2章 江戸の生活

―300年前の東京で繰り広げられた江戸っ子たちの日常生活をのぞく …… 93

江戸の街づくり
・江戸の町並み① 江戸の町の構造 …… 94
・江戸の町並み② 大木戸と木戸 …… 96
・江戸の町並み③ 江戸の時刻 …… 98
・江戸庶民の住居① 長屋の外観 …… 100
・江戸庶民の住居② 長屋の内部 …… 102
・江戸っ子の24時間 …… 104
・江戸っ子の一生 …… 106

江戸っ子の一生
・江戸っ子の成長① 寺子屋 …… 108
・江戸っ子の成長② 江戸っ子の恋愛 …… 110
・江戸っ子の成長③ 江戸っ子の結婚 …… 112

江戸っ子の娯楽
・相撲 …… 114
・歌舞伎 …… 116
・見世物小屋 …… 120
・富くじ …… 121
・寄席 …… 122
・旅 …… 124
・湯屋 …… 126
・ペット …… 128
・釣り …… 130
・園芸 …… 131
・学問と手習い …… 132

江戸のアンダーグラウンド
・吉原① 吉原の歴史 …… 136
・吉原② 吉原の遊女たち …… 138
・吉原③ 吉原の遊び方 …… 142
・江戸の歓楽街① 岡場所 …… 146
・江戸の歓楽街② 水茶屋と矢場 …… 147
・江戸の怪異 …… 148

江戸のレジャー
・江戸の寺社 …… 150

覚えておきたい名力士・名役者
・雷電為右衛門 …… 118
・谷風梶之助 …… 118
・初代 市川團十郎 …… 119
・5代 市川團十郎 …… 119

覚えておきたい作家・教養人
・平賀源内 …… 134
・山東京伝 …… 134
・曲亭馬琴 …… 135
・十返舎一九 …… 135

覚えておきたい有名太夫
・高尾太夫（2代） …… 140
・勝山 …… 141

・玉菊（たまぎく） 141
・花扇（はなおうぎ）（4代） 141

江戸の年中行事
・江戸の暦 152
・江戸の歳時記❶ 花見 154
・江戸の歳時記❷ 花火 156
・江戸の歳時記❸ 夏祭り 158
・江戸の歳時記❹ 月見 160

江戸の食卓
・庶民の食事 162
・料亭の味 164
・江戸のファストフード 166
・江戸の和菓子 168
・江戸の酒 170

第3章 武士の暮らし

—名誉と格式を重んじる支配階層の日常生活を垣間見る 171

江戸の武士の生活
・武士の住居❶ 旗本の屋敷 172
・武士の住居❷ 御家人の屋敷 174
・武士の仕事 176
・武士の内職 178

武士の一生
・生涯と通過儀礼 180
・武士の教育機関 182
・剣術道場 186
・仇討ち 188
・家督相続 190
・隠居生活と死 192

藩主・藩士の江戸生活
・大名の仕事 194
・江戸勤番侍の生活 196

武家の装い
・武士の正装 198
・武士の略装 200
・女性の装束 202

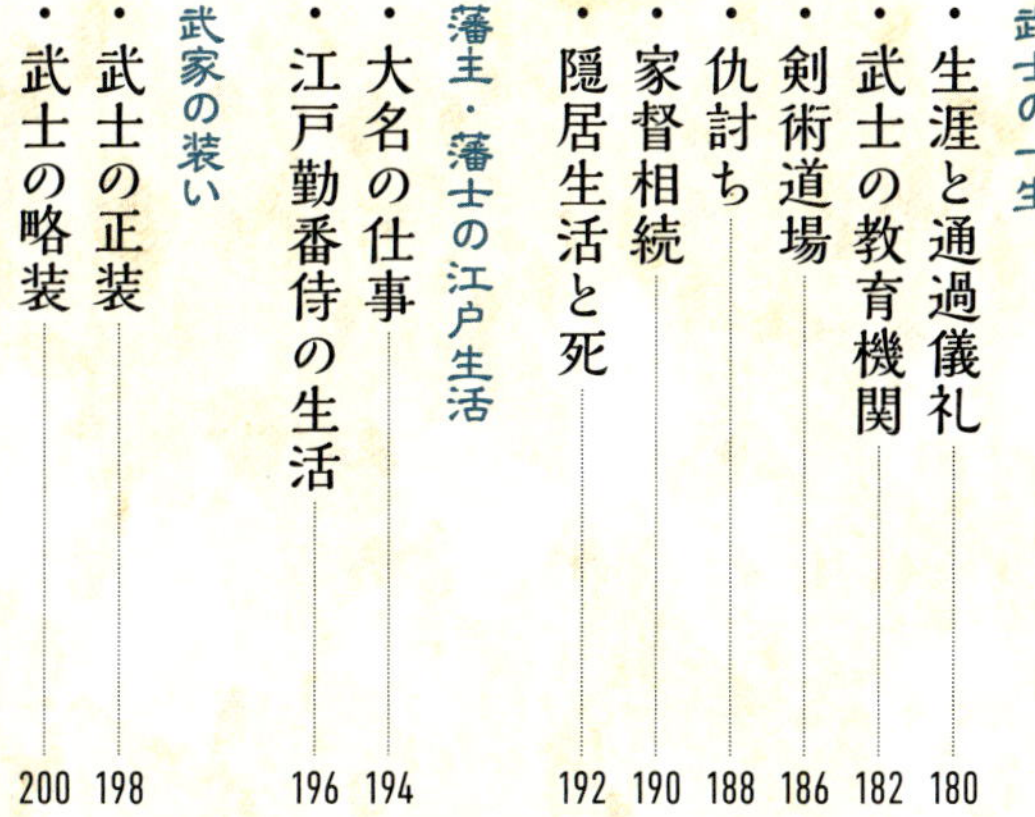

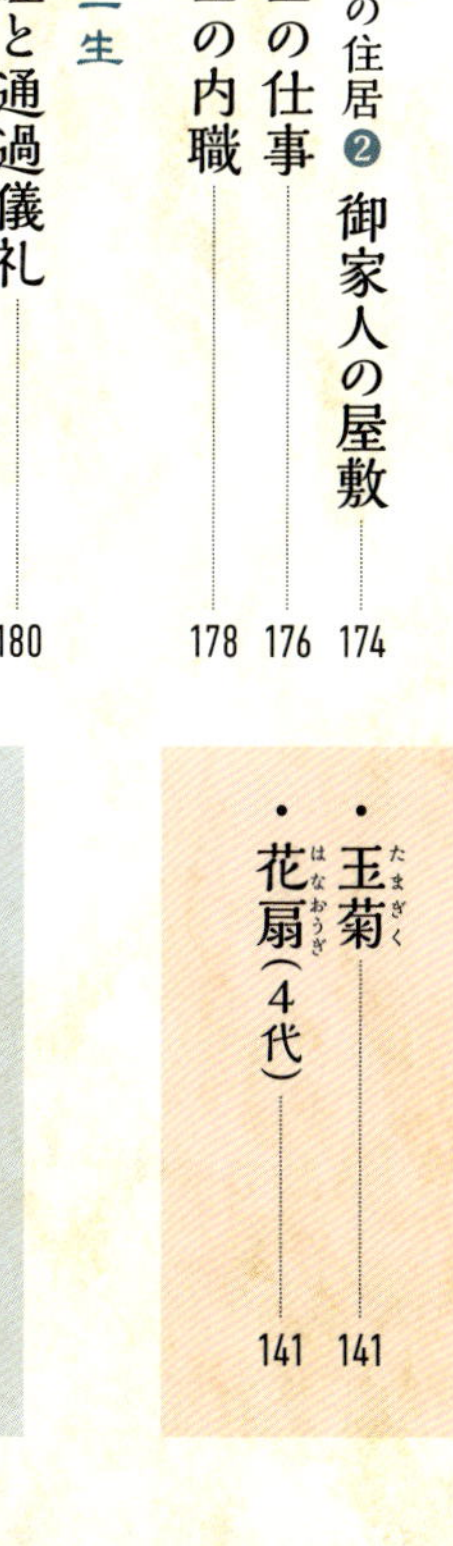

覚えておきたい江戸の名学者

・伊能忠敬（いのうただたか） 184
・塙保己一（はなわほきいち） 184
・杉田玄白（すぎたげんぱく） 185
・青木昆陽（あおきこんよう） 185
・華岡青洲（はなおかせいしゅう） 185

第4章 江戸の仕組み

―八百八町の秩序を守った統治システムの謎を解く 205

江戸の統治システム
・身分制度 206
・町奉行 208

江戸の統治システム
・町政 212

江戸の治安維持
・捕り物 214
・取り調べ 215
・江戸の刑罰 216
・江戸の牢獄 218
・切腹 220
・火消制度 222

幕府の統治と代官
・代官 224
・年貢 226

江戸のインフラ
・五街道と宿場 228
・関所 229
・海運 230
・貨幣制度 232
・度量衡 233

幕府の仕組み
・将軍の仕事 234
・将軍の食卓 236
・将軍と大奥 238
・幕府の要職と幕閣 240
・大名統制 242
・参勤交代 244
見物してみよう！参勤交代の大名行列 246
・御三家と御三卿 248

覚えておきたい名役人
・大岡忠相（おおおかただすけ） 210
・長谷川平蔵（はせがわへいぞう） 210
・遠山景元（とおやまかげもと） 211
・井戸正明（いどまさあきら） 211

さくいん 254

参考文献 255

※本文の日付は、とくに断りのない限り旧暦の日付になります。

※本書の貨幣換算については、物価が比較的安定していた文化・文政年間（1804～30年）を基準としました。幕府の基準である1両＝銀60匁＝銭4000文とし、1文＝30円、金1両＝12万円と設定して、現代の価格に換算しています。

第1章
江戸の人々

江戸の町を行き来した
江戸っ子たちの姿を知る

江戸の主人公たち

江戸の人々

江戸に暮らした人々は、商人・職人から成る町人と武士。士農工商の序列はありませんでした。

町　人

町屋敷を所有して「町」に属し、国役や労役を負担する人々で、生業によって商人と職人にわかれる。

商人

物を売ることを生業とする人々。店を持つ者。その従業員である奉公人。店舗を持たず野菜や魚介類、様々な物品を売り歩く行商人などにわかれる。

職人

手作業で物を作り出す職業。外で仕事をする出職（でしょく）と、自宅で仕事をする居職（いじょく）があり、①自立した親方、②親方ではないが直接注文を受ける独立した職人、③親方から仕事をもらう職人、もしくは親方のもとに住み込みで働く職人、④親方のもとで修業する職人、⑤日雇で雇われる職人などにわかれる。

農　民

農業生産に従事し、年貢や労役を負担する人々。一般に百姓と呼ばれ、江戸時代の人口の大半を占める。一定以上の農地を所有する本百姓と、わずかな農地を所有する小前百姓、農地を持たない水呑み百姓にわかれる。毎年秋に収穫した米の約半分を年貢として納める。

武士

武家の棟梁である将軍と、大名家のトップである藩主を務める大名、さらに幕府や大名に仕え、石高や俸禄に応じて軍役を果たす一般の武士を含む支配階層。

将軍・大名

将軍（征夷大将軍）は徳川宗家の主によって世襲される江戸幕府の絶対権威者で、武家の棟梁。大名は将軍に仕える武家で、1万石以上の領地を与えられた者を指す。将軍家との関係が近い順に親藩、譜代、外様の3つに区分され、参勤交代制度によって江戸と領地を行き来する生活を送った。

大名の家臣

大名家に仕える家臣。

藩士（江戸定府）

大名家に仕える武士のうち、江戸に常駐して働く家臣。江戸の政務を仕切る江戸家老や、その下で働く留守居役などがあった。

藩士（江戸勤番）

参勤交代に従って江戸へ上り、一定期間江戸詰となる家臣。単身赴任であり、各藩邸の長屋で生活を送った。

幕府直参

徳川将軍家に仕える直属の家臣。

旗本

知行1万石未満で、将軍に拝謁（御目見）できる武士。過半が知行500石未満で、一般に旗本の下限は100石とされた。

御家人

将軍への御目見が許されない、主に知行100石未満の下級武士。

※1石＝2.5俵（1俵は60kg）

浪人

仕えていた大名家の改易や、自らの不始末・失態などで禄を失った武士。再仕官の機会をうかがいつつ、内職や寺子屋の師匠、道場主などに従事して生計を立てた。ほかの武士と同様、苗字帯刀は許されるが、庶民と同じく江戸町奉行の支配下に置かれた。

江戸の商人①

大店（おおだな）

江戸の大店舗は、地方の大商人の江戸支店でした。

江戸の大店は江戸支店 本店は地方の大型商家

江戸の商家は「**表店**（おもてだな）」と「**裏店**（うらだな）」に大別される。

表店とは町人地の表通りに面した店で、たいていは1階が店舗で、2階が居住スペースとなっていた。裏店とは表店の裏にある庶民の店舗で、表店の間にある路地を入ると、軒を連ねていた。表店と裏店の2タイプがある商家中、表店の代表格といえるのが**大店**だった。

これは店構えが大きい立派な大型商店のことで、日本橋などの繁華街には、大店が隙間なく立ち並んでいた。

これら大店の大半を占めたのは、**上方**（かみがた）（京阪神地域）、**伊勢**（いせ）（現在の三重県）、**近江**（おうみ）（現在の滋賀県）といった、古くからの商業先進地域に本拠を置く商人たちだった。これは江戸が一大消費地であり、関西方面が物資供給地となったことによる。

彼らは各々の根拠地に本店や仕入れ店を置いたうえで、江戸に進出していた。江戸の大店は要するに、地方の大商人の江戸支店だったのである。

現在の老舗百貨店は、江戸の大店がルーツ

江戸ではとくに伊勢商人が多く、大道寺友山（だいどうじゆうざん）が著した『**落穂集**（おちぼしゅう）』では、「町屋ができて以来、表通りに面した店舗の暖簾（のれん）を見ると、一町のうちの半分は『**伊勢屋**』と記されている」と述べら

COLUMN

江戸の庶民学

年に2回の付け精算

飲食代は例外として、江戸時代の売買は、ほとんどが掛け売り販売だった。

「掛け」とは掛け値で販売する方式で、売買の現場では取引を帳面に記載するのみで、買い手は帳面の記載をもとに年に2回、売り手に現金を支払う方法である。

ただ、掛け値の場合、現金化されるまで手数料が上乗せされるため、実際の販売額より値段が高くなり、買い手にとっては負担が大きかった。

この掛け売り販売を止め、「現銀掛け値なし」の商法を採用したのが、伊勢松坂出身の商人三井高利だった。

手数料を上乗せせず、大幅に値段を下げて売る新商法は江戸市民に大歓迎され、彼が経営する越後屋呉服店江戸支店は、大繁盛した。

日本橋界隈の老舗

日本橋周辺には、今も江戸時代から続く老舗が数多く点在する。

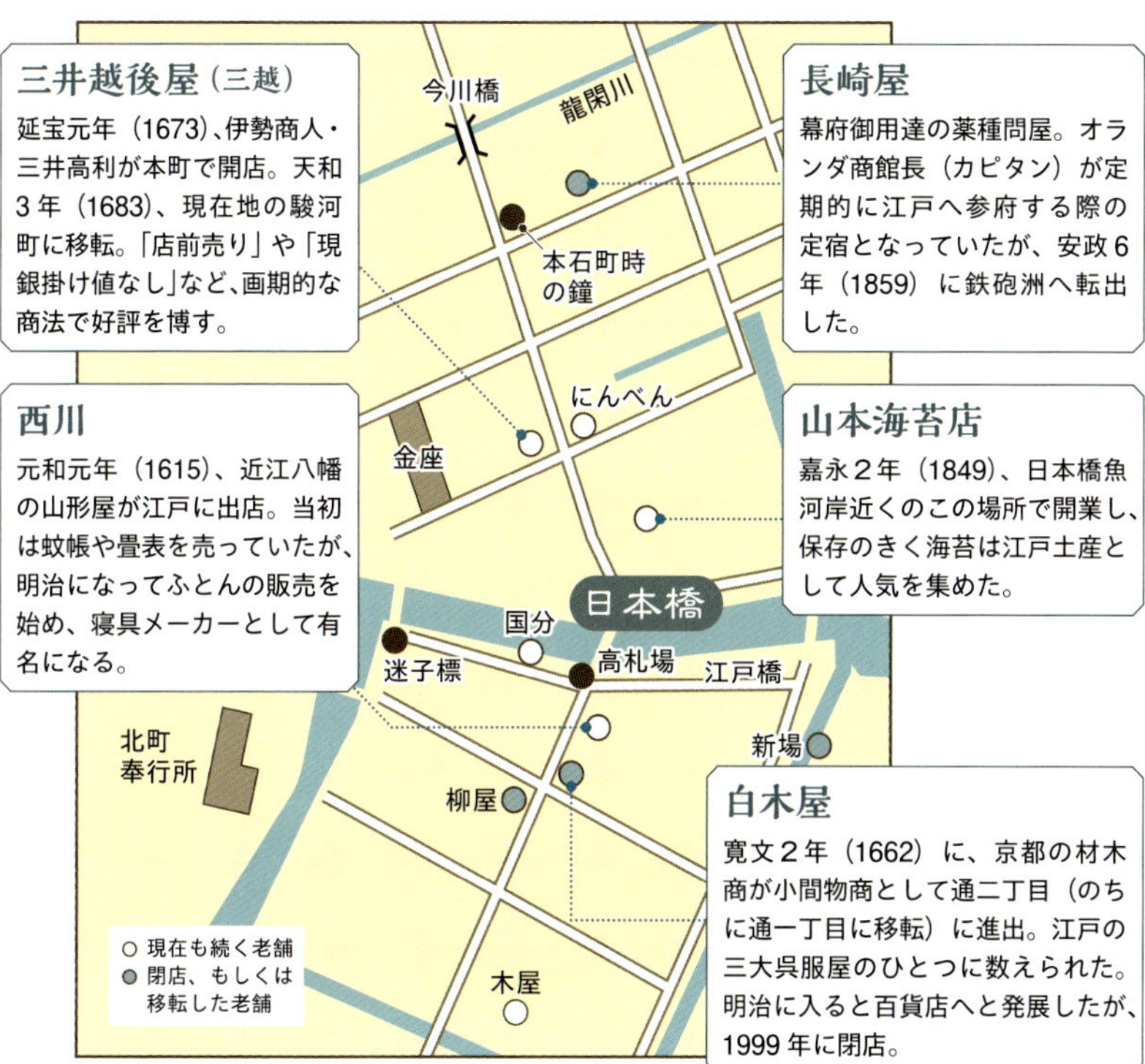

三井越後屋（三越）
延宝元年（1673）、伊勢商人・三井高利が本町で開店。天和3年（1683）、現在地の駿河町に移転。「店前売り」や「現銀掛け値なし」など、画期的な商法で好評を博す。
西川
元和元年（1615）、近江八幡の山形屋が江戸に出店。当初は蚊帳や畳表を売っていたが、明治になってふとんの販売を始め、寝具メーカーとして有名になる。
長崎屋
幕府御用達の薬種問屋。オランダ商館長（カピタン）が定期的に江戸へ参府する際の定宿となっていたが、安政6年（1859）に鉄砲洲へ転出した。
山本海苔店
嘉永2年（1849）、日本橋魚河岸近くのこの場所で開業し、保存のきく海苔は江戸土産として人気を集めた。
白木屋
寛文2年（1662）に、京都の材木商が小間物商として通二丁目（のちに通一丁目に移転）に進出。江戸の三大呉服屋のひとつに数えられた。明治に入ると百貨店へと発展したが、1999年に閉店。
今川橋
龍閑川
本石町時の鐘
にんべん
金座
日本橋
国分
迷子標
高札場
江戸橋
新場
北町奉行所
柳屋
木屋
○ 現在も続く老舗
● 閉店、もしくは移転した老舗

れている。

古くから木綿の生産地だった伊勢では、東海地方産の木綿の染加工も行っていた。

これらの品々は大量の衣服を必要とする江戸に、続々と運ばれた。これらを売りさばくために、彼らは江戸に支店を構えたのだ。伊勢商人の大店は伊勢店と呼ばれ、紙、荒物雑貨、茶、呉服なども扱っていた。

近江からの出店は木綿や呉服に加え、近江特産の畳表を取扱う店が多く、近江店と呼ばれて繁盛した。

また、高級織物を取り扱う京都の商人は、「**江戸店持京商人**」と呼ばれ、大店のなかでも特別の存在感を放っていた。

大店のなかには現在に至るも経営を存続している店が多い。三越（旧越後屋）、上野松坂屋、大丸などの老舗百貨店はその代表格である。

越後屋本店と働く人々

伊勢松坂の商人・三井高利が日本橋駿河町に開いた呉服店「越後屋」。新しい商法で大繁盛し、三井家は江戸を代表する豪商となった。天保３年（1832）の図面によると、本店の建坪は700坪（約2310㎡）におよび、多くの売り場があった。

看板

「現銀掛け値なし」と書かれた看板。それまでは、あとで精算する約束で商品を売買（掛け売り）していたが、そのやり方だと売り手にとっては現金になるのが遅く、資金繰りにも苦労する。そこで三井越後屋では、現金取引に限定し、掛け売りで生じる手数料を省いて商品を提供した。

長暖簾

紺地に白く商標を染め抜いた暖簾。

商品

客の家に出向いて着物を売る従来のスタイルをやめ、店内に商品を並べて販売した。また、当時は反物１反を単位として売るのが習慣だったが、それを客の要望に合わせて切り売りし、より安く、気軽に買い物できるようにした。

主人

商家の主。町役人などの公務を持つ顔役でもあり、袴を穿いている。脇差の帯刀を許されることもあった。

手代（てだい）

番頭の下で働く奉公人。店に認められれば、丁稚から手代となった。丁稚同様、店で共同生活を送り、年に２回店から「お仕着せ」という着物を賜った。

若旦那

次期当主となる予定の主の息子。10代の頃からほかの店に奉公に出て商売を学び、やがて実家に戻って商売を手伝う。ただ、放蕩息子もいて遊びに凝る者もいた。

番頭

手代から出世したいわゆる支配人格の使用人。店の経営や従業員の指導・監督が仕事。また、妻帯も許されており、店の外で生活することも許された。

丁稚（でっち）

商家に勤める10～14歳くらいの奉公人。口入屋（P.76）などを介して親と年季奉公の契約を結び、本人は商家に住み込み無給で働く。商売の基本を叩き込まれながら育ち、見込みのある者は店で出世していった。

穴蔵

床下には穴蔵が配され、火災の際には商品である反物を避難させる場となっていた。店舗の背後にも土蔵があり、商品が収納されていた。また、店の裏手には、台所や使用人の宿舎なども配されていた。

江戸っ子の仕事

江戸の商人②

商人の出世

お店者（たなもの）たちはどのような一生を送ったのか？

江戸商人の一生〜お店者（たなもの）の出世双六（すごろく）

10〜14 歳の頃に国許や江戸で採用され、江戸の大店に住み込みで勤務。採用の際、お仕着せと名前が与えられる。

業務はお使いや掃除などの雑用が中心で、夜は先輩の手代などから読み・書き・そろばんを習い、商売のための基本を仕込まれていく。

無給だが、衣食住は店持ち。時々小遣いをもらえることもあった。

15〜18 歳 になると元服し、前髪を落とす。若衆と呼ばれ大人の名前に改める。

5〜10 年ほどの丁稚奉公を経て一人前と認められると手代となる。商品の仕入れや集金などに従事し、掛け売りの仕方を覚える。

丁稚（でっち）から番頭へ 商才ある者が歩む独立の道

商人を志す者は、10代前半のうちに商いの道に入った。

大店での商いは叩き上げが基本。このため最初は店舗に住み込み、店の雑務に従事した。店によっては些少の褒美銀支給があったが、通常は無給である。ただし、衣食住は店が面倒を見てくれた。この段階を**丁稚奉公**（でっちぼうこう）と呼ぶ。勤務は激務のため、丁稚期間中に脱落する者も少なくなかった。

この下働き期間を勤め上げると**手代**（てだい）に昇進し、商い自体をサポートするようになる。

やがて手代としての勤務成績が良いと**番頭**（ばんとう）に昇格して、店の切り盛りを任され、最終的には店舗のマネージャーとなるか、**暖簾分け**（のれんわけ）によって独立を果たした。

20歳くらいになると、「初登り」が許され、江戸を離れて国許の主人に挨拶する。親元に戻ることも許され、その後、江戸へ戻る。その際、いったん退職の形を取り、商売に不向きと判断された者や、素行不良の者は江戸へ戻ることができない。

能力のない者は容赦なく脱落させられる。途中で健康を損ねて倒れる者も多くいた。

初登り後、江戸へ戻ると一目置かれる存在に！

2回目の国許行きである中登では、伊勢参りも行う。初登り同様、いったん退勤する形を取り、戻れない者もいた。

小頭などの役職を得て店の業務に従事。重役への道を進む。

3度目の国許への旅。本店での挨拶を終えると江戸へ戻って再勤し、組頭となって仕入れの責任者となる。

番頭になると日常的に羽織を着るようになる。

支配人となって店を切り盛りする存在に。それまでは店で共同生活を送っていたが、妻帯して店の外で生活することも許された。

商才に秀でた番頭は、支店の開業を認められ、独立が許される。

覚えておきたい江戸の豪商

紀伊国屋文左衛門

幕閣に取り入りつつ巨大な富を築いた投機型商人

◆生没年
1669年？〜1734年？
◆本名
五十嵐文吉
◆通名
紀文
◆号
千山

紀伊国屋文左衛門は、現在の和歌山県有田郡湯浅町別所の出身と推定される。江戸時代初期を代表する投機的商人であり、最初、紀州のみかんを江戸に大量輸送し、江戸の塩鮭を上方にもたらして、莫大な利益をあげたという。

貞享年間（1684〜1688）に江戸に出て、材木商に転身。江戸が大火に見舞われるたびに、再建用の材木を売りさばいた。一方で**幕府の御用達**商人としての地位も手にし、**上野寛永寺**の普請用材木調達などで巨利を得た。

図解 紀伊国屋文左衛門

豪遊伝説

巨利を得た文左衛門は、吉原の大門を閉め、一晩貸し切ったという伝説を持つ。晩年は第一線を退き、ため込んだ道具類を売りつつ、俳諧を専らとして余生を過ごしたと伝わる。

財を成す

紀州みかんなどで富を築いたといわれる一方、幕閣に賄賂を贈って接近し、幕府から十文銭（宝永通宝）の鋳造を請け負ったという。

淀屋辰五郎

土木工事で財を成すも、5代目で没落の憂き目を見た政商

◆生没年　?〜1717年
◆本名　岡本広当
◆通名　三郎右衛門
◆号　故庵

淀屋辰五郎は、大坂で繁栄を誇った豪商「**淀屋**」の主である。

淀川の築堤工事などで財を成した初代以来、巨額の富を蓄え、金融業を営んで莫大な利益をあげたが、5代目の時代の宝永2年（1705）に、財産没収のうえ、上方から追放処分となった。

処分の理由に関しては従来、「豪奢が過ぎたため」とされてきたが、手代などの監督不行き届きゆえの処罰であった。

追放処分後は隠棲して、12年後に没している。

三井高利（みついたかとし）

革命的商法を生み出したアイデアマン

◆生没年 1622年～1694年
◆本名 三井八郎兵衛
◆号 宗寿

江戸時代前期に活躍した豪商・**三井高利**は、伊勢松坂の富裕な商家に生まれた。

生来、商才に富んでおり、金融業で資金を蓄えると、52歳で江戸の本町一丁目に「**越後屋八郎右衛門**」の暖簾を掲げて、呉服業を創業。店頭での販売である「**店前売り**」、掛け売りをしない「**現銀掛け値なし**」の新商法によって店を大繁盛に導いた。

その後、店舗を駿河町に移転し、さらに両替商にも進出した。京都・江戸・大坂の三都に呉服店・両替店を構えて世間の評判となった。

高田屋嘉兵衛（たかだやかへえ）

北前船交易で活躍し、日露の懸け橋となった商人

◆生没年 1769年～1827年
◆本名 嘉兵衛

高田屋嘉兵衛は江戸時代後期の海運業者。寛政2年（1790）に**樽廻船**の船乗りとなって以降、海運業に従事。西廻り航路を使って上方の商品を東北や蝦夷地（現在の北海道）に運び、代わって同地の物産を上方に運ぶ**北前船**交易で活躍した。

国防上の理由から東蝦夷地（のちに蝦夷地全域）が幕府の直轄になると、幕府の物資輸送に尽力した。択捉島から蝦夷地に戻る途中、ロシア船に拿捕されカムチャツカに連行されるも、抑留中、日露間の紛争調停に奔走している。

飯田新七（いいだしんしち）

幕末維新の動乱のなか、高島屋を後世に伝えた創業者

◆生没年 1803年？～1874年
◆本名 鉄次郎

飯田新七は江戸時代後期の商人で、現在の福井県敦賀市に生まれた。

長じて京都の呉服商に奉公し、商人としてのスタートを切ると、文政11年（1828）には商才を見込まれて、米穀商・高島屋飯田儀兵衛の娘婿となり、古着の行商を開始。天保2年（1831）になると、古着木綿商人として独立し、「**たかしまや**」を創業した。

優良品の薄利多売を経営方針に幕末維新期の動乱を切り抜け、新時代の商人としての地位を確立した。老舗百貨店**高島屋**の店祖である。

江戸っ子の仕事

江戸の商人③

小商（こあきない）

庶民の需要を満たしたのは、個人経営の小店舗でした。

商売方法と扱う商品により、庶民には手の届かない大店

表通りに間口の広い店舗を構える**大店**が扱う商品は富裕層向けが多く、日銭稼ぎがメインの庶民が暖簾をくぐるにはハードルが高過ぎた。

また、大店の多くは**越後屋**のような特殊な例を除いて、「掛け売り」商売を行っていたため、武家や裕福な町人層が主な顧客であり、庶民は顧客としては対象外だった。そんな庶民の受け皿となったのが**中店**（なかだな）と**小店**（こだな）に分類される**小商**である。

庶民の買い物は小店で生活必需品が揃う小商

中店は表通りに店舗を構える中規模商店をいう。木綿や薬種など生活必需品よりワンランク上の商品を扱う店が多く、従業員も数十人規模であった。

さらに小規模な店舗が**小店**。大店と中店が会社組織なのに対し、小店はほとんどが家族経営で従業員は多くても2〜3人程度であった。

魚・野菜などの食料品はもとより、油や古着、瀬戸物など、生活に欠かせない品々を扱っていたため、庶民の買い物は、この小店が主体であった。居職（いじょく）の職人のなかには店舗を借りて商品をつくりながら商売をする者もいた。

小商の店舗の間取り

小商の店舗は間口が１〜２間（約1.8〜3.6m）ほどで、表通りに面した表店を区切って数軒が同居していた。

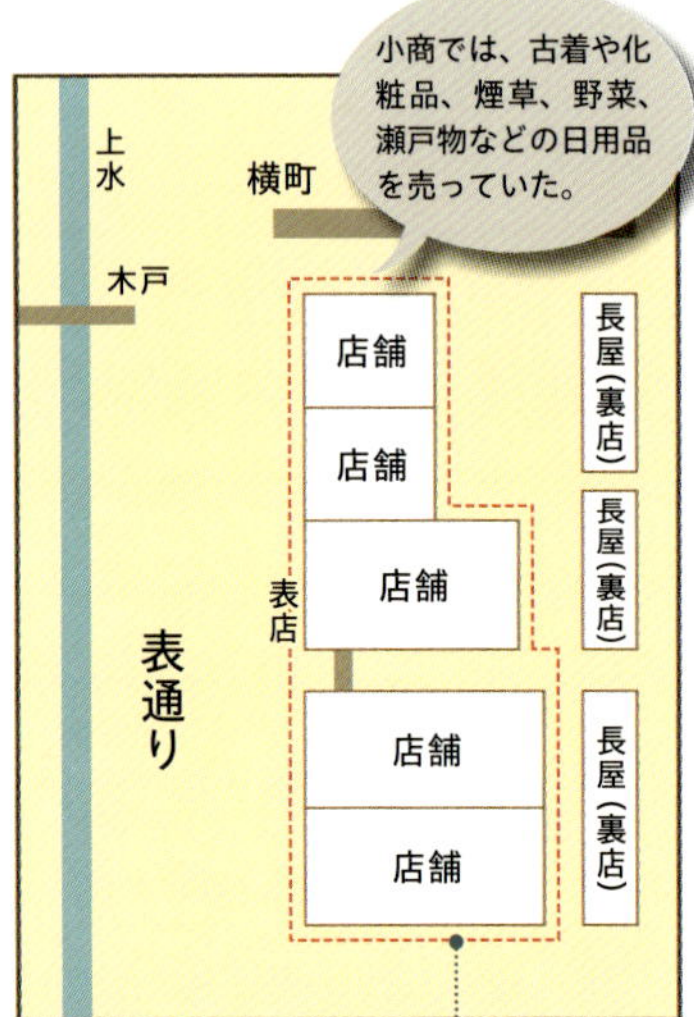

町割りの表通りに面した町屋を表店といい、表店を区切って数軒が同居。１階の土間部分が商いをする場所で、奥の居間と２階が居住空間だった。

小商のある風景

小商の店舗で売られているのは、古着や傘、瀬戸物、油などの日用品のほか、野菜や味噌、米などの食料品など。現代に比べて扱う商品が細分化されている。

古着屋
江戸っ子の日常服は基本的に古着で、呉服店などから流れた小裂れで裁縫をしたほか、古着屋で手に入れた衣類を修繕して着ていた。
瀬戸物屋
皿や小鉢といった食器のほか、御猪口、ちろりなどの酒器、醤油を入れる片口など、大小様々な陶器を売る小商。
油屋
調理用というより、行灯などの照明用に用いられた油を売る店。安価な魚油や高価な菜種油などがある。
油を容器に移す際、最後の一滴が落ちるまで待つため会話が弾む。ここから「油を売る」という言葉が生まれた。
八百屋
人参や大根、牛蒡、小松菜、胡瓜など、近郊で生産された新鮮な野菜が売られていた店舗。
材料が同じであることから、提灯屋を兼ねることもあった。
傘屋
「唐傘屋」ともいい、番傘や蛇の目傘、張替傘、絵日傘などを売っている。

江戸っ子の仕事

江戸の職業①

花形三職

職人のなかでも大工・鳶・左官は人気の職業でした。

引く手は数多の建築業 左官・鳶・大工は花形

江戸時代、職人は大別して「**居職**」と「**出職**」の2種類があった。居職とは家内技術者のことで、家のなかに仕事場を設けているケースをいう。職域は広く、染物職人・ろうそく職人・傘張り職人・塗り物職人など、生活必需品を取り扱う職人に加えて、各地で伝統工芸品の製作に従事した職人も、居職に含まれると考えてよいだろう。

一方の出職は外部に作業場があり、そこに出向いて仕事をするケースをいう。大火と再建を繰り返した江戸では、建設に従事する**左官**・**鳶**・**大工**の建築業三職が、出職の花形であった。

●大工

古代の律令制下において、建築技術の最高位にある職掌を「大工」と呼んでおり、これが「だいく」と呼ばれる由来となった。

また、「番匠」という古風な異称で呼ばれることもあった。

大工の職域はかなり広く、建築前の図面書きから完成までの一切を担当する。

宮大工・家大工・船大工・水車大工・車大工など多様な種類があるなか、江戸では大工というと、家大工と認識されていた。これは大火が発生するたび、建物の再建が行われたことで、家大工の稼働率が常に高かったことによる。このため、家大工は江戸の人々の尊敬を集め、社会的地位も高かった。

部材づくりを行う大工

鋸で角材を切る大工。

左官

塀や建物の壁を塗る職人を左官という。左官という名称はかつて、禁裏を修復するのに際して、宮中の工事を担当する木工寮の属として壁塗り職人を出入りさせていたことに由来すると伝えられる。

江戸時代には壁大工、壁塗とも呼ばれた。

大火の多い江戸では、時代を経るごとに耐火性に優れた土蔵造の家屋が注目されるようになり、これと並行して左官の仕事も激増した。

通常壁は、鏝で塗ったが、江戸特有の「江戸塗」では、壁に光沢を出すために最後の仕上げは手塗りであったという。

壁塗りをする左官

鏝板に乗った壁土を受け取り、壁に塗っていく。

鳶

建築工事において高所作業を専門とする者を鳶と呼んだ。

鳶職、鳶の者、鳶人足とも呼ばれた。名称は先端に鳥の鳶のくちばしのかたちをした鉄鉤をつけた「鳶口」が、仕事道具であったことに由来する。

普請の手伝い、足場作業、家内修理、門松飾りにも従事していた彼らは、享保3年（1718）に**町火消**（P.222）が整備された際、家屋の構造を熟知する職業であったことから、火消人足として江戸の町を守る役割を担うようになった。

棟上げをする鳶

足場を利用して高所に登り、加工された角材を組み上げていく。

江戸の職業②

行商（ぎょうしょう）

江戸の町には商品名を連呼する商人の声が響いていました。

様々な振り売り

江戸の町を行き来していた振り売りには、食材や日用品に加え、火鉢に入れる灰や昆虫など、数多くの種類があった。手軽に手を出せることから多くの江戸っ子が従事し、アイディア商品も登場するようになる。

酒売り

樽に入れた酒を担いで売る。江戸では醤油とともに販売する者もあった。

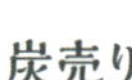

炭売り

燃料となる炭を売る振り売り。粉灰を固めた炭団（たどん）を売る振り売りもいた。また、家々の竈の灰を買い取り、肥料などとして売った灰買という振り売りもいた。

多彩なる行商人の数々商品を大声で「触れ」売る

人口が密集した一大消費地である江戸では、八百屋、魚屋、瀬戸物屋、油屋といったように、供給を担う職業が細分化されていたこともあって、働く気さえあれば誰でも、その日の糧を稼ぐ仕事にありつけた。なかでも少しの元手で始められる仕事が**行商**だった。

行商とは文字通り、店舗を構えることなく、商品を持って売り歩く小売商人をいう。

彼らは商品を手で下げるか肩に担ぐかして移動し、商品名を大声で「触れ歩いた」ため、「**振り（触り）売り**」、「棒手振り」と呼ばれた。

現代以上に便利だった江戸庶民たちの暮らし

振り売りは、急激に増加する人口へ

大根売り

野菜の小売業。

魚売り

鰹や鰯、鯵など、魚河岸で仕入れた魚をその場でさばいて売ってくれる。海が時化るなどして漁ができないときは干物を売っていた。

習字手本売り

習字用の手本を売る振り売り。

江戸中期以降、ランチュウなどの高級品種が中国からもたらされ、オランダシシガシラやリュウキンなど様々な品種が育てられていた。

金魚売り

本所や下谷で養殖される金魚を仕入れ、庶民に売り歩いた。金魚のほかにもメダカを売っていた。

当時の豆腐は中身の詰まったもので、一丁で腹が膨れた。

豆腐売り

白米・大根と並び「江戸三白」として親しまれた豆腐を売る。豆腐屋の多くは妻が店売り、夫が振り売りで分業していたようだ。

の対応と、経済的・社会的弱者を救済する必要上、幕府が特別に認めた商売でもあった。

このため江戸時代初期には、公の許可を必要としており、相応の鑑札料を支払う義務が課せられ、違反に対する罰則も設けられていた。

ただ、無許可で商売をする者が後を絶たないうちに有名無実になったらしく、鑑札の発行もいつしかおざなりになっていったようだ。

振り売りは通常、大通りの到るところにいた。

また、大通りばかりでなく庶民が暮らす長屋の軒先にもやってきて、食材を含む生活必需品はむろん、「菊花」や「暦」など季節の商品も売った。江戸の庶民は自分の家から出かけずとも、必要な商品を購入することができるデリバリー天国で暮らしていたともいえる。

江戸っ子の仕事

江戸の職業③

屋台

屋台は江戸の外食産業を急成長させました。

移動可能な店舗「屋台」が明暦の大火後に急増する

商品を売り歩く**行商**（**振り売り**／**棒手振り**）に対して、店舗を構えて陳列した商品を売ることを「**見世売**」もしくは略して「**見世**」、または「**店売**」と呼んだ。

こうした見世のうち、人が寝泊まりせず商品を売るだけの簡素な店舗を「**床見世**」という。

これは江戸市中に見られた見世売で最も多いスタイルであり、不特定多数の人が集まる盛り場などに出店していた。

移動可能な小規模店舗での商売を行う「**屋台見世**」、もしくは略して「**屋台**」と呼ばれる業態が急成長したのは、明暦3年（1657）の明暦の大火後、江戸市中で復興工事が進められていた頃のことである。

様々な立売

立売には、路上に台付きの戸板を置き、その上に商品を並べる干見世と、食べ物を調理しながら商う屋台見世の２種類があった。

干見世

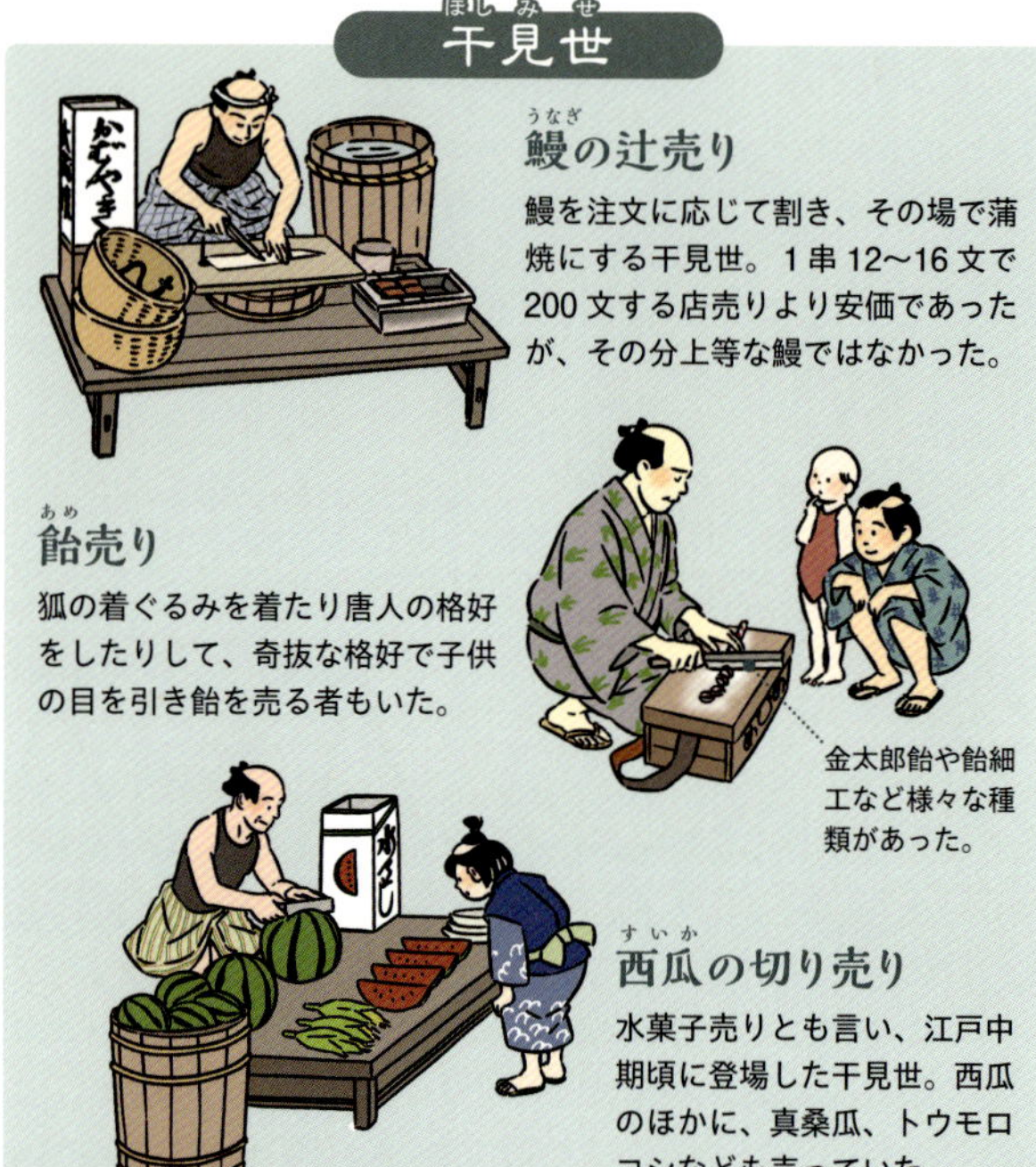

鰻の辻売り

鰻を注文に応じて割き、その場で蒲焼にする干見世。１串 12～16 文で 200 文する店売りより安価であったが、その分上等な鰻ではなかった。

飴売り

狐の着ぐるみを着たり唐人の格好をしたりして、奇抜な格好で子供の目を引き飴を売る者もいた。

金太郎飴や飴細工など様々な種類があった。

西瓜の切り売り

水菓子売りとも言い、江戸中期頃に登場した干見世。西瓜のほかに、真桑瓜、トウモロコシなども売っていた。

屋台見世

二八蕎麦

蕎麦を調理して提供する江戸の屋台の代表格。名称の由来はそば粉８割とつなぎ２割から来たとする説と、16（２×８）文の料金に由来するという２説がある。夜更けまで営業する屋台はとくに「夜鷹そば」と呼ばれ、夜鷹と呼ばれる娼婦たちが集まった。

団子屋

当初は５個刺しであったが、明和年間に４文銭ができて、４文４個刺しが主流となった。

鮨屋

江戸時代後期に登場したにぎり寿司の屋台。ネタは玉子や刺身。稲荷寿司もあった。

当時の寿司は現在のものに比べて２～３倍の大きさがあり、２、３貫くらいで腹が膨れた。

天麩羅屋

串をネタに挿した揚げたての天麩羅をてんつゆにつけて食べるスタイルだった。

メインはファストフード 急成長した江戸の外食産業

現代の屋台は車輪付きで、人力または車両で移動させるスタイルだが、江戸時代の屋台には車輪がなく、商い従事者が肩に担いで移動させるスタイルが主流であった。

これは現代のように道路が平坦に舗装されておらず、凹凸が激しかったためと推察される。車輪付きでガタゴト引っ張ろうものなら、商品が散乱してしまう危険性があったのだ。

一ヶ所に長く留まって売る屋台の販売形式は、「振り売り」に対して「**立売**」と呼ばれた。

扱う商品は蕎麦・寿司・天麩羅・団子などその場で手っ取り早く食べられるファストフードがメインであり、江戸での外食産業の急成長を促す要因となったのである。

江戸の職業④

煮売屋と居見世

固定した店舗を構える店売りが、江戸中期頃から普及しました。

総菜屋のルーツは、江戸の煮売り屋

江戸時代半ば頃になると、屋台での立ち食いが主流だった江戸の外食産業界に、固定した店舗による店頭販売が普及してくる。

この店舗販売には「**煮売り屋**」と「**居見世**」の2種類があった。煮売り屋は現在の総菜屋に相当する。江戸時代の風俗を活写した『**守貞漫稿**』によれば、これらの店ではレンコン、コンニャク、刻みスルメ、くわい、刻みごぼう、焼き豆腐といった食材を醤油で煮しめて丼に盛り、店頭に並べて販売していたという。価格は4文と一律であったことから、「**四文屋**」という異称もあったそうだ。

奈良茶飯を提供した「河崎万年屋」

明暦３年（1657）の明暦の大火後、浅草寺の門前にできた奈良茶飯の店が居見世の始まり。奈良茶飯は人気を博し、東海道川崎宿にあった掛茶屋「河崎万年屋」が有名だった。

浅草の奈良茶飯では、茶飯、豆腐汁、煮しめ、煮豆を提供し、一人前銀５匁だった。
河崎万年屋は川崎大師への参詣客も立ち寄り賑わった。

江戸っ子に人気だった奈良茶飯レシピ

1. 皮付きの干し栗と、小豆をそれぞれ一晩水に浸す。
2. 米を洗いザルに上げ、大豆を炒って水につけ、薄皮を剥く。
3. 前日に浸けた栗と、小豆を八分どおり煮込む。
4. 米にもち米を少々加え、具材をすべて釜に入れ、塩、だし汁、酒、煎茶を足し、よくかき混ぜて炊き上げる。
5. 炊きあげてから10分ほど蒸らす。

※出典：『料理昔ばなし～再現！江戸時代のレシピ～』（時代劇専門チャンネル）

江戸の居酒屋「縄暖簾」

庶民の生活水準が上がるなかで、天明の中頃、食事とともに酒を提供する小規模な店舗が生まれた。「縄暖簾」と呼ばれ、居酒屋の始まりとなった。

店内は八間という吊るし行灯を照明としていた。
習慣上、庶民と武士が同じ席に座ることはなく、別の席が用意された。
入り口や料理場には酒樽が積まれ、ゆでだこや魚、鳥などが吊るされていた。
酒は徳利ではなく、「ちろり」と呼ばれる急須のような酒器で提供された。
総菜は1皿8文。酒は1合20文ほどで、総菜より高かった。

店内での食事が可能 やがて酒も提供品に

居見世とは「店内に客が居る見世」という意味で、現在の食堂に相当する。江戸市中の大半を焼き尽くした明暦3年（1657）の明暦の大火後、江戸の復興のため諸国から工事関係者が参集すると、これらの人々の胃袋を満たすために発生したといわれる。この時期には、浅草寺門前にあって茶飯・味噌汁・煮豆・煮しめを提供した、「**奈良茶飯**（ならちゃめし）」がとくに有名であったという。

この居見世が江戸市中で本格的に普及するのは、庶民の生活水準が上がり、所得にも余裕が生じる江戸時代後期以降のこと。ほどなく食事ができて酒も飲める「**居酒屋**」が登場するのだ。人々が食欲を満たすために集う煮売り屋や居見世は、江戸っ子たちの社交場でもあった。

江戸の職業⑤

出版業（しゅっぱんぎょう）

「地本問屋」と、「書物問屋」から成る出版文化が生まれました。

錦絵ができるまで

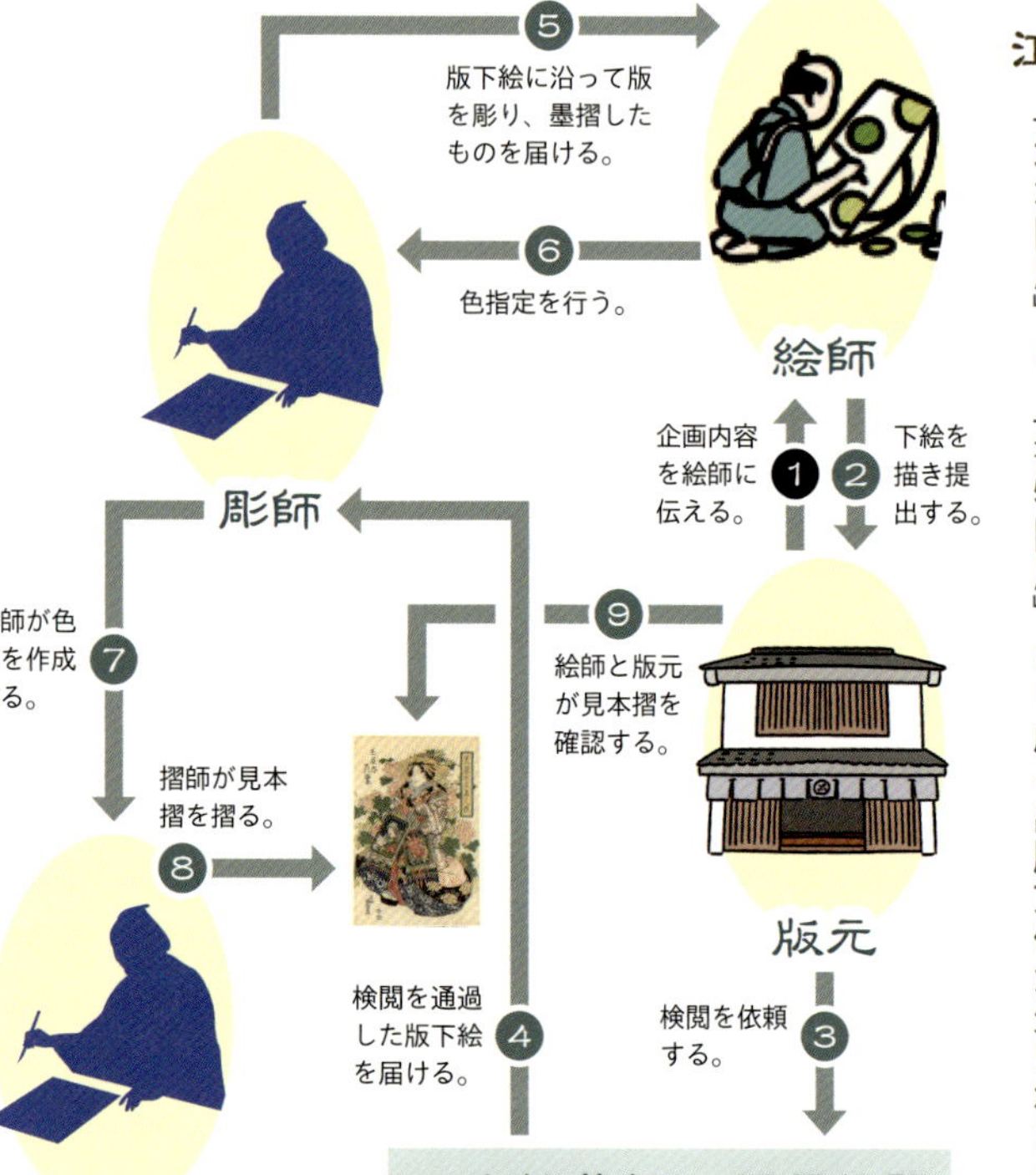

絵師
版元
彫師
摺師
① 企画内容を絵師に伝える。
② 下絵を描き提出する。
③ 検閲を依頼する。
地本絵草紙　問屋仲間
④ 検閲を通過した版下絵を届ける。
⑤ 版下絵に沿って版を彫り、墨摺したものを届ける。
⑥ 色指定を行う。
⑦ 彫師が色版を作成する。
⑧ 摺師が見本摺を摺る。
⑨ 絵師と版元が見本摺を確認する。

宗教活動から商業活動へ 印刷技術が一新される

日本の出版文化は当初、宗教とともにあった。

鎌倉時代末期から室町時代は京都・鎌倉の禅宗（ぜんしゅう）寺院が主導し、戦国時代に入るとヨーロッパから来た宣教師（せんきょうし）たちが布教活動のために出版文化を牽引した。

それが、江戸時代に入ると幕府の宗教統制と、経済活動の振興により、出版は商業活動の一環としての性格を強めた。

こうしたなかで、文字や絵を版木に彫って印刷する「**木版印刷**」が発展した。この印刷の技術革新は、商業活動に不可欠な量産化の必要に駆られてのことだった。

日本語は文字の種類が多く、一文字一文字の活字を作るには時間がかかる。

江戸市中の本屋分布

京都で発展した出版業であったが、享保６年（1721）に江戸で書物問屋仲間が成立し、以降、江戸市中一円に本屋が生まれていく。

●江戸時代のベストセラー

小説	主人公の好色遍歴をまとめた浮世草子『好色一代男』（井原西鶴）や弥次さん・喜多さんの珍道中を描いた滑稽本『東海道中膝栗毛』（十返舎一九）、八犬士の活躍を描く『南総里見八犬伝』（曲亭馬琴）などが人気を博した。
絵草紙	絵の周囲に仮名の説明を書き添えた物語本。
趣味・実用本	一般教養を身につけるためのジャンル。健康的な生活を説く『養生訓』（貝原益軒）、女子の教訓書『女大学』、吉原のガイドブック『吉原細見』などがベストセラー。

対して版木に文字を彫るだけの木版印刷は、時間的・経済的コストを大幅にカットすることができるうえ、文字を彫る担当、絵を彫る担当と完全分業制が可能なので、出版物の量産化を図るのに適していたのである。

最初は上方で発展し、次第に江戸に波及した

出版業は当初、京都や大坂などの上方で発展した。これを受けて江戸でも徐々に出版業が普及し、上方とは一線を画す出版文化が形成されるようになる。

やがて庶民向けに娯楽性の強い**戯作**や**絵草紙**、**錦絵**などを扱う「**地本問屋**」と、好学の士向けに**仏書**や**漢籍**など専門性の強い書籍を扱う「**書物問屋**」によるすみ分けがなされるようになった。これらの問屋は出版から販売までを手がけた出版社でもあった。

覚えておきたい
江戸の版元

蔦屋重三郎

類稀な企画力で多くの絵師とヒット作を世に送り出した名ブローカー

図解 蔦屋重三郎

江戸を代表する地本問屋の主であった蔦屋重三郎。名高い文人や画家と組んで黄表紙・洒落本・浮世絵などの娯楽本で江戸っ子たちを楽しませた。

本人も文人

自身も優れた文人であり戯作・狂歌、さらには浮世絵を得意としていた。

処罰された重三郎

寛政の改革による風紀取り締まりを受け、寛政３年（1791）山東京伝の洒落本が摘発されて処罰を受けた。

吉原育ち

吉原という環境に育った影響か侠気に富み面倒見がよい人柄で、写楽、歌麿のほか曲亭馬琴、十返舎一九も重三郎の世話を受けていた。

◆生没年
1750年～1797年
◆本名
喜多川珂理
◆号
耕書道

生まれ育った地縁を活かした『吉原細見』が大評判

江戸時代中頃に活躍した**蔦屋重三郎**は、寛延３年（１７５０）、江戸の吉原に誕生した。成長すると同地で「**耕書堂**」を開業し、書籍の小売りと貸本を手がけた。開業当初の実績としては『**吉原細見**』が有名だ。

細見とは案内書のことで、どの妓楼にどんな遊女がいて、揚代はいくらかなどがひと目でわかるようになっており、吉原で遊ぶ際の貴重な情報源になった。

毎年春と秋の２回刊行され、江戸の隠れたベストセラーとなっていた。成

蔦屋の店舗の風景

本屋には学問的な書物を出版し、販売する「書物問屋」と、浮世絵や草紙などの娯楽的な出版物を扱う「地本問屋」があった。蔦屋重三郎はとくに後者として活躍した版元で、浮世絵のほか、洒落本や黄表紙をヒットさせた。

長期を吉原で過ごしただけあって、重三郎は吉原に精通しており、数ある細見中でも蔦屋版が最も評判が良かった。

人を見出す才能あり！ 作家・絵師を発掘する

この『吉原細見』を皮切りに、重三郎は本格的に出版界に進出し、当時の狂歌界の中心的人物であった**大田南畝**の知遇を得たのを好機として、自らも「蔦唐丸」のペンネームで狂歌の制作に当たった。このかたわら狂歌師・戯作者の出版活動に関わることで、江戸の狂歌・戯作ブームを後押しし、大田南畝・**山東京伝**などの作品を次々と刊行。**曲亭馬琴**・**十返舎一九**・**喜多川歌麿**・**東洲斎写楽**といった作家・絵師を世に送り出して、江戸における出版界での地位を不動のものとした。

近世の出版事業の立役者として、その事績は高い評価を受けている。

江戸っ子の仕事

江戸の職業⑥

絵師

江戸時代を描いた浮世絵師のほかにも、2種類の絵師がいました。

絵師には3タイプあり最上位は武家のお抱え

絵師は現代でいう画家に相当し、絵を描くことを生業とする職業人を指す。この絵師には「**御用絵師**」「**町絵師**」「**浮世絵師**」の3種類があった。御用絵師とは徳川将軍家や諸大名家に召し抱えられている絵師をいう。最上位とされたのは、将軍家専属の奥絵師・表絵師と呼ばれる人々で、とくに室町時代に足利将軍家の御用絵師を務めた**狩野正信**を祖とする**狩野派**の絵師が代表格である。

町絵師とは市井に住まい、武家や富裕な町人からの発注を受ける絵師をいう。江戸時代中期に登場した狩野派出身の**英一蝶**を皮切りに、**司馬江漢**、**俵屋宗達**といった人々が、個性的な技法によって画風を確立していった。

享楽的情報を好んで提供し、絶大な人気を得た浮世絵師

浮世絵師とは浮世絵制作に従事した絵師のことだ。浮世絵の浮きは「憂き」の意。本来は厭世的言葉であったが、町人文化成熟のなかで、「つらい世の中だからこそ、かえって浮き浮きと楽しもう」という考え方が生じ、「憂き」が「浮き」に変わった。

この意識変化に後押しされるかたちで浮世絵師は人気役者、芝居小屋、美女、遊里などの情報を題材とすることで、絵師としての地位を確立していった。

COLUMN

江戸の庶民学

彫師と摺師

明和年間（1764～1772）に鈴木春信が、多色摺りの浮世絵版画「錦絵」を興して以降、浮世絵制作は絵師・彫師・摺師の共同作業となった。

彫師は板木師・板木彫・板木屋とも呼ばれた木版を彫る職人をいう。なかには1㎜の間に4本もの線を彫る技術を持つ者もいるなど、作品を仕上げるには高度な技術力を必要とするため、彫師を志す者は、弟子入り後、最低でも10年の修業期間を要したという。

摺師とは木版を摺る職人のことだ。

摺師の出番は浮世絵版画制作の最終工程に当たるため、摺師の腕の良し悪しが作品の出来を左右した。模様などを半立体的に浮き立たせる「空摺」や、グラデーションをつける「ぼかし」など、高度な技法を駆使し、作品に命を吹き込んだ。

浮世絵版画発達の歴史

1650

1700

1750

1800

1850

墨摺絵（すみずりえ）

寛文～延宝期頃（1661～1681）

墨一色で摺られた浮世絵版画最初期の様式。

鳥居清信『蚊帳外の男女』

丹絵（たんえ）

貞享～正徳期頃（1684～1716）

墨摺絵に鉱物から作った赤色の「丹」を、筆で彩色する様式。

鳥居清倍『市川團十郎の虎退治』

紅絵（べにえ）

享保～宝暦期頃（1716～1764）

墨摺絵に「丹」の代わりに植物性の「紅」で彩色した様式。

奥村利信『呉服売り』

漆絵（うるしえ）

享保～宝暦期頃（1716～1764）

紅絵の墨の部分に、膠を多めに溶いた光沢のある墨を用いた様式。

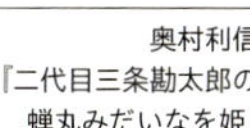

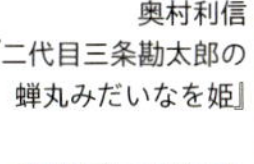

奥村利信『二代目三条勘太郎の蝉丸みだいなを姫』

紅摺絵（べにずりえ）

寛保～宝暦期頃（1741～1764）

墨摺に紅、草色などを塗り重ねた様式。

石川豊信『二代目中村七三郎と佐野川市松』

錦絵（にしきえ）

明和2年～（1765～）

数色の色版を摺り重ねた様式。錦の織物を思わせる多くの色や、複雑な色調による表現が可能となった。

鈴木春信『雨夜の宮詣』

錦絵（紅嫌い）

天明末～寛政期頃（1787～1801）

多色摺りの派手さを嫌い、墨・草色・紫などの抑えた色調による錦絵。

鳥文斎栄之『青楼美人六花仙』「扇屋花扇画」

錦絵（藍絵）

文政末～幕末期（1829～1867）

輸入絵具のベロ藍を主に使った錦絵。

葛飾北斎『富嶽三十六景 甲州石班沢』

覚えておきたい江戸の絵師

葛飾北斎

西洋絵画にも大きな影響を与えた鬼才

図解 画狂 葛飾北斎

葛飾北斎は、大胆な幾何学的構図でヨーロッパの画家たちに刺激を与えた。老いても壮健だった北斎は、自ら「画狂老人卍」と名乗った。

引っ越しマニア

北斎は生涯に93回の転居を行った。最後の住居は浅草にあったとされる。

遅咲きの絵師

絵師として成功したのは40代後半からのことで、代表作の『富嶽三十六景』を発表したのは70歳を過ぎてからのことであった。

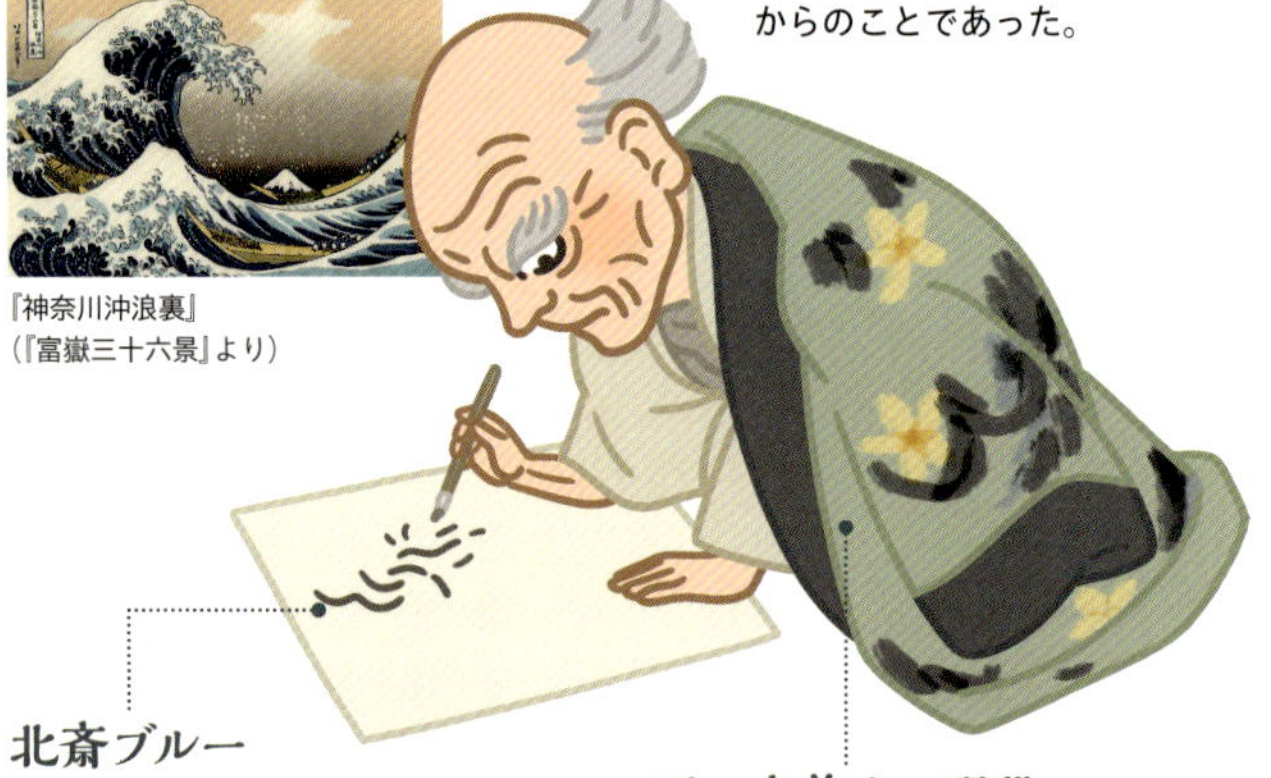

『神奈川沖浪裏』（『富嶽三十六景』より）

北斎ブルー

北斎の風景画は独特の青色が特徴で、18世紀のドイツで考案されたベロ藍という顔料が使われている。この青は「北斎ブルー」と呼ばれ、北斎の代名詞となった。

死の直前まで現役

90歳という超高齢で没した北斎は、死に臨んでも「あと10年、いや、5年あったら、本当の画工になれるのに」と悔しがったという。

現在の東京都墨田区南部に生まれた葛飾北斎は、彫刻師や貸本屋の丁稚などを経て、「春朗」のペンネームで浮世絵界にデビュー。黄表紙（知的遊戯と風刺をきかせた読み物）の挿絵を描きつつ、**美人画・相撲画・風俗画**など、浮世絵のジャンルを幅広くこなした。

文化11年（1814）頃から、絵手本『**北斎漫画**』の刊行を開始。その一方で、多色刷り浮世絵木版画の「**錦絵**」制作にも精力的に取り組み、『**富嶽三十六景**』で、画名を不動のものとした。圧倒的なダイナミズムと、インパクト重視の画風によって、見る人に感動と驚きを与え続けた絵師である。

◆生没年
1760年～1849年
◆諱
なし
◆通名
幼名時太郎、のち鉄蔵
◆号
春朗、宗理など

歌川豊国

歌川派を隆盛に導いた寛政期の人気絵師

◆生没年 1769年～1825年
◆本名 倉橋熊吉／熊右衛門
◆号 一陽斎

歌川豊国は江戸時代後期の浮世絵師。画業に志があり、**歌川豊春**のもとに入門。天明年間（1781～1789）頃から、草双紙（挿絵で読者を引き付けた小説）の挿絵や美人画で存在感を発揮した。

寛政6年（1794）に出した『**役者舞台之姿絵**』によって、役者絵の絵師としての人気を確立する一方、同じ時期に刊行した『**風流七小町略姿絵**』などによって、美人画の世界でも一世を風靡した。

門下からは**国貞**・**国芳**といった絵師たちを輩出している。

歌川国芳

武者絵と戯画のジャンルを確立した奇想の絵師

◆生没年 1797年～1861年
◆本名 井草芳三郎、のち孫三郎
◆通名 幼名芳三郎、のち孫三郎
◆号 一勇斎、柳燕、一妙開程芳

江戸時代末期の浮世絵師**歌川国芳**は、初代**歌川豊国**のもとに弟子入りして画業を修得。不遇の時代が長く続くも、文学の世界で水滸伝ブームが生じると、『**通俗水滸伝豪傑百八人之一個**』を刊行。この錦絵シリーズが評判となって、「**武者絵の国芳**」として画名を確立した。

これ以降、活動の場は錦絵のみに留まらず、**読本**・**合巻**（仇討ちを主な題材とした読み物）・**滑稽本**（江戸町人の暮らしをユーモラスに描いた読み物）の世界にも進出し、**国貞**・**広重**とともに**歌川派**の三巨匠に数えられている。

歌川広重

版画に抒情性とリアリティをもたらした風景画の名手

◆生没年 1797年～1858年
◆本名 安藤重右衛門
◆通名 幼名徳太郎、のち重右衛門、鉄蔵、徳兵衛
◆号 一遊斎、一立斎

ベロ藍を生かした風景画で知られる**歌川広重**は、現在の東京都中央区に、幕府**定火消同心**の子として生まれた。**歌川豊国**の門下で画業を学び、家督を息子に譲って以降は、画業に専念。師の死を契機に新ジャンルとして注目されていた風景画に転向し、折からの旅行ブームに後押しされるかたちで、『**東海道五十三次**』によって画名を確立した。「目に写った風景の再現」を重視した作風は、写実的で臨場感にあふれており、見る人に新鮮な感動を提供し続けた。今日の報道写真家に近い浮世絵師である。

覚えておきたい江戸の絵師

喜多川歌麿（きたがわうたまろ）

大首絵で美人を描いた革命児

◆生没年
1753年？～1806年
◆本名
北川信美
◆通名
市太郎、勇助、北川豊章など
◆号
筆綾丸、紫屋

喜多川歌麿は江戸時代中期の浮世絵師。当初は、**黄表紙**や**洒落本**（しゃれぼん）（江戸の遊里の様子や、遊女と客とのやり取りを題材とした短編小説）の挿絵を描いていた。やがて、版元の**蔦屋重三郎**に才能を見出されると、蔦屋の専属的な絵師となり、次第に絵師としての地位を確立していった。

寛政年間（1789～1801）の初期には、女性の上半身や顔の表情を細かく描写した「**美人大首絵**（おおくびえ）」を打ち出し、美人画に新風を巻き起こした。

図解 喜多川歌麿

歌麿は美人画に新しい手法を取り入れて人気を博し、寛政の改革で様々な規制が加えられると、その網をかいくぐって版画独自の美を発展させた。

美人画の名手

歌麿は美人画に大首絵の手法を取り入れ、一世を風靡した。

『寛政三美人』

改革を逆手に

町娘や芸者の名を画面に描くことを禁じられると、絵の中に暗号を仕込む「判じ絵」の手法を駆使して、規制を潜り抜けた。

処罰の理由

晩年禁止されていた豊臣秀吉を描き、手鎖50日の罰を受けた。

菱川師宣（ひしかわもろのぶ）

浮世絵を芸術作品へと引き上げた浮世絵版画の創始者

◆生没年 1618年？～1694年
◆本名 菱川師宣
◆通名 吉兵衛
◆号 道茂入道光竹、友竹

菱川師宣は、浮世絵の草創期を代表する絵師で、現在の千葉県に生まれた。

画業を志すや江戸に出て伝統的な狩野派や土佐派（とさは）などを学んだ。

浮世絵師として自立して以降は、カラフルで量産が可能な浮世絵の特性を活かすため、庶民も受け入れやすい風俗画や美人画に精力的に取り組んでいく。

艶やかな着物に身を包んだ美人が振り返る様を描いた『**見返り美人図**』を美人画の代表作とし、「浮世絵の名人」として一世を風靡した。

覚えておきたい江戸の絵師

東洲斎写楽（とうしゅうさいしゃらく）

独自の表現方法で異彩を放った謎の絵師

◆生没年
生没年不詳
◆本名
不明
◆通名
不明
◆号
不明

東洲斎写楽は、生没年、出身地、経歴などが一切不明のミステリアスな存在だ。作品を発表したのは、寛政6年（1794）5月から翌年の1月にかけての約10ヶ月余りに過ぎないが、期間中には140点余の錦絵を刊行。上半身を強調した**大首絵**（おおくびえ）の手法で、相撲絵・役者絵を描き、世間に大きな衝撃を与えた。

版元はすべて**蔦屋重三郎**。初期の作品は、知名度がないにもかかわらず**雲母摺り**（きらずり）という高級手法で摺られていた。

図解 東洲斎写楽

写楽は、蔦屋重三郎の庇護のもと28点の浮世絵を同時に発表し、わずかな活動期間で姿を消した。

リアルに描きすぎた写楽

写楽は人気役者であろうと決して美化することなく、顔の欠点から老化の様子までリアルに描いた。

『三代目大谷鬼次の奴江戸兵衛』

写楽の正体

写楽の正体については、北斎、歌麿とする説のほか、蔦屋重三郎本人など諸説あるが、近年は江戸八丁堀に住んでいた徳島藩お抱えの能役者・斎藤十郎兵衛説が有力視されている。

月岡芳年（つきおかよしとし）

無残絵と妖怪画で幕末・明治の浮世絵界を牽引した絵師

◆生没年 1839年～1892年
◆本名 月岡米次郎
◆通名 米次郎
◆号 一魁斎、玉桜楼

幕末維新期から明治にかけての浮世絵師。江戸市中を転々とするかたわら、**葛飾北斎**にも私淑（ししゅく）していたと伝えられる。絵師として自立して以降は、役者・美人・武者を題材とした作品を多数発表。また、残酷な描写を題材とした「**血みどろ絵**」と呼ばれる錦絵で新境地を開拓した。

明治維新後はジャーナリズムの世界に進出し、新聞記事や新聞小説の挿絵を多く描いている。近世から近代への浮世絵の橋渡し役として評価される絵師である。

江戸の職業⑦

貸本屋（かしほんや）

本がまだ高価な時代にあって、安価に読書を庶民に提供した伝え手がいました。

貸本屋の営業スタイル

貸本屋は新本や古本を仕入れそれを読者に貸す仕事である。

得意先を回るのは3日に1度ほど。顧客は女性も多く、長屋のほか、遊女や大名屋敷などを回った。

入手した本に自家の印を押し、風呂敷に包んで顧客の家々を回る。賃料は1冊16～24文ほど。また、写本類の転写も行っており、写本も貸し出していた。

名古屋の大野屋惣八（そうはち）のように2万部以上の貸本をもつ業者もいたが、多くは零細な営業で、1808年の段階で、江戸には日本橋南組・本町組・神田組など12組の貸本屋組合があり、合計656人が加入していた。

書物と庶民の仲介役　本を担いで訪問営業

江戸時代の中期から、江戸では貸本屋が増えた。現代風に表現すれば「書物専門のレンタル業者」だ。文化5年（1808）の時点で、656軒の貸本屋が江戸にはあり、平均的な貸本屋一軒で170軒ほどの得意先があったという。営業形態は個別訪問。仕入れた本を風呂敷で包んで、自身の背丈以上に積みあげて背負い、顧客のもとを巡った。得意先では3日・5日・15日などと貸与期間を定めて、それに見合った「**見料**（けんりょう）」を徴収。延滞金や破損に対する弁償などの規定もあった。

書物を買って読むよりは安価なため、読書熱心な庶民にとって貸本屋は、ありがたい存在であった。戯作者の**山東京伝**は庶民と書物をつなぐ貸本屋を「お媒人（なこうど）なり」と評している。

江戸っ子の仕事

江戸の職業⑧

読売(よみうり)

役人の目を避けながら印刷物を売っていました。

違法出版行為なれどもリアルタイムの情報源

江戸時代、出版物の刊行は幕府の厳しい統制のもとに行われており、徳川幕藩体制の批判はもちろん、社会的秩序や風俗を乱す書物は、しばしば違法出版物として発禁処分の対象となった。このうち違法出版物でありながらも、流布し続けたのが**読売**である。これは市井(しせい)の珍しいできごとや事件を一枚刷り、もしくは数枚刷りにまとめ、内容のさわりの部分を読み上げつつ売り歩いた出版業者をいう。幕末維新期には「**瓦版屋**(かわらばんや)」と呼ばれた。

ひと昔前の時代劇では、頭に被り物をかぶった読売が大声で記事のさわりを叫び、「さあ、買った買った」の合図で、庶民が我先に瓦版を買う姿が描かれていた。場面によっては、記事の内容をチラリと読んで、黙って立ち去ってしまう通りがかりの同心(P.209)まで登場するケースもあった。これは完全な間違いである。読売は違法行為であり、見つかれば取り締まり対象となったのだ。そのため、読売は用心を怠らなかった。

通常は記事の読み上げ役と見張り役の2人からなっており、周囲を警戒しつつ記事を読み上げ、印刷物を売った。顔は昼でも夜でも深編笠(ふかあみがさ)や菅笠(すげがさ)で隠していた。業者によって3～4人連れで、三味線の伴奏にあわせて、歌うような節回しで、記事を読み上げるスタイルを採っていたのである。

顔を隠す瓦版売り

読売は瓦版を面白く読み聞かせながら街を売り歩いた。また、唄本なども売り歩いた。

顔は笠などで隠していた。

報じた事件は、天災地変・火事・心中などが中心だった。

瓦版は挿絵に事件の説明文を書き添えたもので、木版一枚刷りのものと半紙二つ折りを数枚綴じたものとがある。

庶民の仕事アラカルト

江戸時代の仕事の特徴は細分化されていたこと。これにより多くの「仕事」が生まれ、庶民がその日の糧を稼ぐことができたのだ。

駕籠舁（かごかき）

駕籠を担ぐ職業。担ぎ手は「六尺」と呼ばれる。江戸市中で一般に用いられるのは「町駕籠」で、「辻駕籠」とも呼ばれた。また、街道用の「宿駕籠」があったが、こちらは江戸市中には入れなかった。

飛脚（ひきゃく）

手紙を運ぶことを生業とする人々。幕府の公文書を運ぶ「継飛脚」、大名が江戸の藩邸とのやり取りに用いた「大名飛脚」、商人が利用する「町飛脚」があり、距離や速さによって料金がわかれていた。

日本橋～浅草間で24文(約720円)

船頭（せんどう）

川が重要な交通網として使われた江戸において、渡し舟や屋形船、伝馬船など様々な船を操った職人。

斡旋系

口入屋（くちいれや）

江戸時代の職業周旋業者。都市の発展にともなって江戸に流入する出稼ぎ奉公人に対し、その身元保証、雇入先の斡旋を行う。

大家（おおや）

「差配」「家守」と呼ばれる長屋の管理人。長屋の持ち主である地主に代わり「店子」と呼ばれる住人たちを管理する。家賃を取り立てるだけではなく、揉め事の仲裁や見合いの世話など、様々な世話を焼いてくれる頼れる存在だった。

権威づけもあって、長羽織・袴姿で行動する。

医療系

医者

医者には蘭方医と漢方医の２種があった。治療代の安い「徒医者」（徒歩で往診）と人気の「乗物医者」（駕籠で往診）がおり、後者は治療代が２両以上かかったという。内科、外科、眼科、口中医者など多様な医者がいた。

修繕系

鋳掛屋

物を長持ちさせる習慣が一般的だった江戸において、道具の修繕は重要な仕事であった。鋳掛屋ではふいごを使って鉄を溶かして流し込んだり、叩き直したりして鍋や釜などを修繕した。

職人

井戸屋

井戸を掘ったり修繕したりする職人。時代が下るに従ってリーズナブルに。

筏師

川並と呼ばれ、木場（貯木場）に貯蔵する材木を扱う職人。

サービス系

洗濯屋

長屋の女性が女手のない家を訪れて洗濯を請け負う仕事。

損料屋

宴会用の衣装や食器、蚊帳や布団などの季節用品を貸し出すレンタルショップ。

猫の蚤取り

家々を回って飼い猫の蚤取りをする商売、猫を湯あみさせたのち、毛皮をかぶせて蚤を移す。

辻八卦

手相などを見てくれる易者のこと。また、「市子」と呼ばれる降霊術で占う女占いもいた。

座頭

按摩、鍼灸、琵琶法師などを生業とする盲人。幕府は障害者保護政策のもとで、障害者のみに特定の職業を独占させることで経済的自立を図った。

江戸の職業⑨

札差（ふださし）

武士の俸禄米を換金して手数料を収入としていた札差は、金融業で大儲けしました。

札差のシステム

札差はやがて武士を相手に高利貸しを営むようになり、莫大な利益を得た。

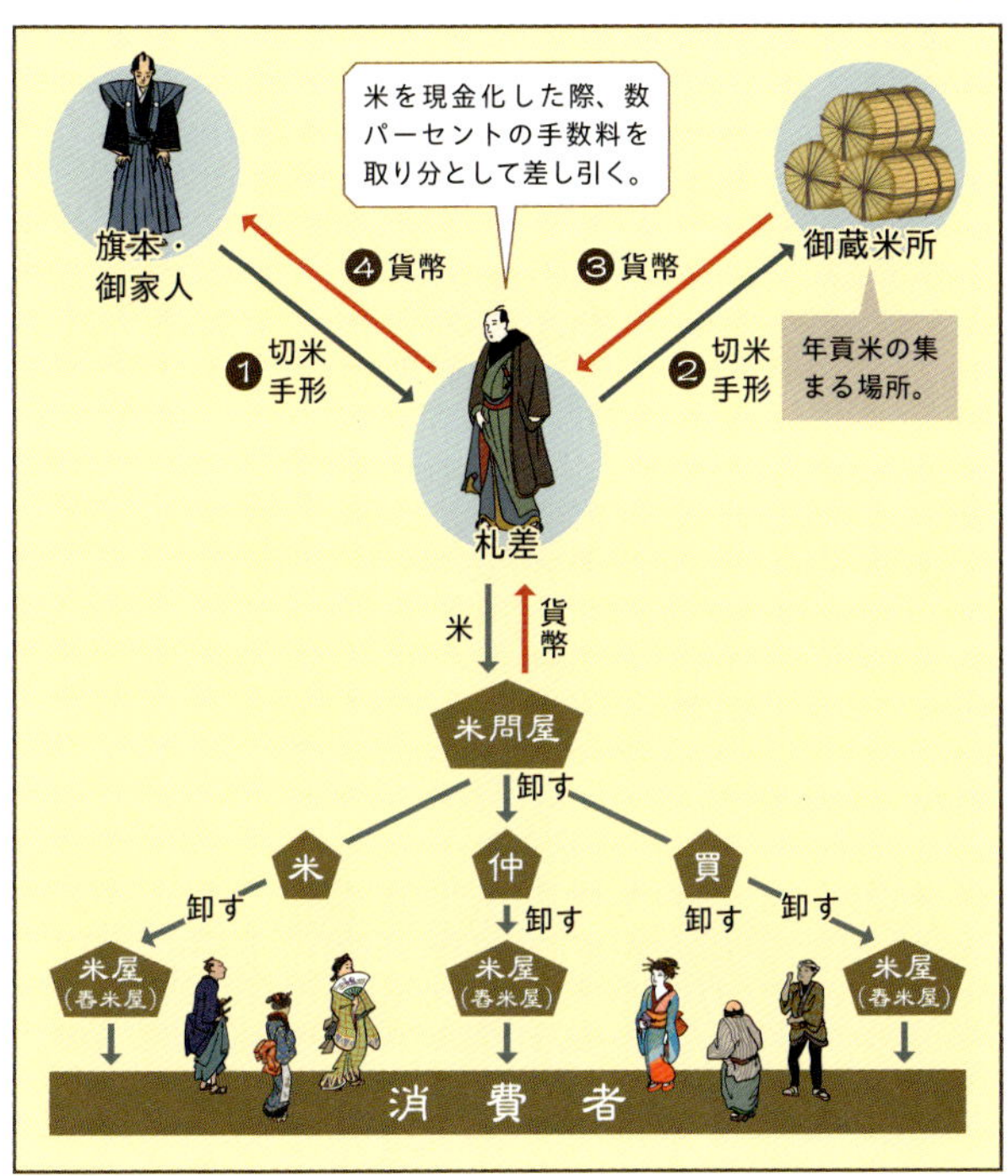

米の現金化業者から金融業者へと変貌

江戸には徳川幕府直属の**旗本**（はたもと）・**御家人**（ごけにん）と呼ばれる武士たちが生活し、彼らの多くは幕府から「**蔵米**（くらまい）」を給与として支給されていた。ただ、現物支給されても何も買えないから、現金化する必要があった。この作業の一切を引き受けたのが**札差**と呼ばれる商人である。

札差は顧客である武士たちから、事前に「**切米手形**（きりまいてがた）」（蔵米支給証明書）を預かっておき、蔵米支給日に手形を蔵米役所に持参して米を受け取り、当時の米相場で現金化し、規定の手数料を差し引いて武士のもとに届けた。

札差の業務は本来、米の現金化だけであったが、武士の生活が困窮してくると切米手形を抵当に、高利貸しをして、貸付金の利子で儲ける金融業者としての色合いを強めた。

江戸庶民の服装①

女性の着物

小袖を一般的なファッションとし、時代が下るにつれて次第に地味な色へと変わっていきました。

江戸庶民の女性の装い

茶屋の少女

前垂はひいきの客からプレゼントされることもあったらしい。

お茶汲みが生業のため、前垂をつけている。前垂も流行のファッションだった。

商家の娘
銀杏返しや島田に結い、簪（かんざし）や笄（こうがい）などで飾った。
結婚前の女性は振袖を着た。未婚でも19歳を過ぎると振袖を留袖に直した。

武家の娘より派手で流行を追う。一方、礼服は武家の風習を受け継いだものであり、武家と基本は同じだった。

衣装の基本は小袖 重視された機能性

江戸時代の衣服は総じて現在の「**着物**」に相当する。時代の変遷によって多少の形態の変化はあるが、**小袖**（こそで）・**半纏**（はんてん）・**法被**（はっぴ）・**浴衣**（ゆかた）などの和装は皆、江戸時代のスタイルを現在に残している。

江戸庶民のうち、男女の衣装の基本となったのは小袖である。小袖とは袖口の大きい大袖（おおそで）や広袖（ひろそで）とは異なり、袖口を小さく縫い付けた着物をいう。

古くは貴族階級の下着として用いられていたが、袖口が邪魔にならない機能的な構造であったため、下着のうえに着る間着（あいぎ）として用いられるようになり、江戸時代には表着として定着した。

COLUMN
江戸の庶民学
江戸のファッションリーダー

江戸の女性にとって最新ファッション情報の発信地となったのは新吉原である。とくに高級遊女の装いへの関心が高く、一般庶民女性も高級遊女たちの衣装を観察するため、足しげく新吉原に出入りした。なかでも花魁の衣装は、最先端の装いとして女性たちの憧れの的であった。新吉原以外では、芝居小屋の女形、人気茶屋の看板娘の衣装も注目された。

吉原の花魁

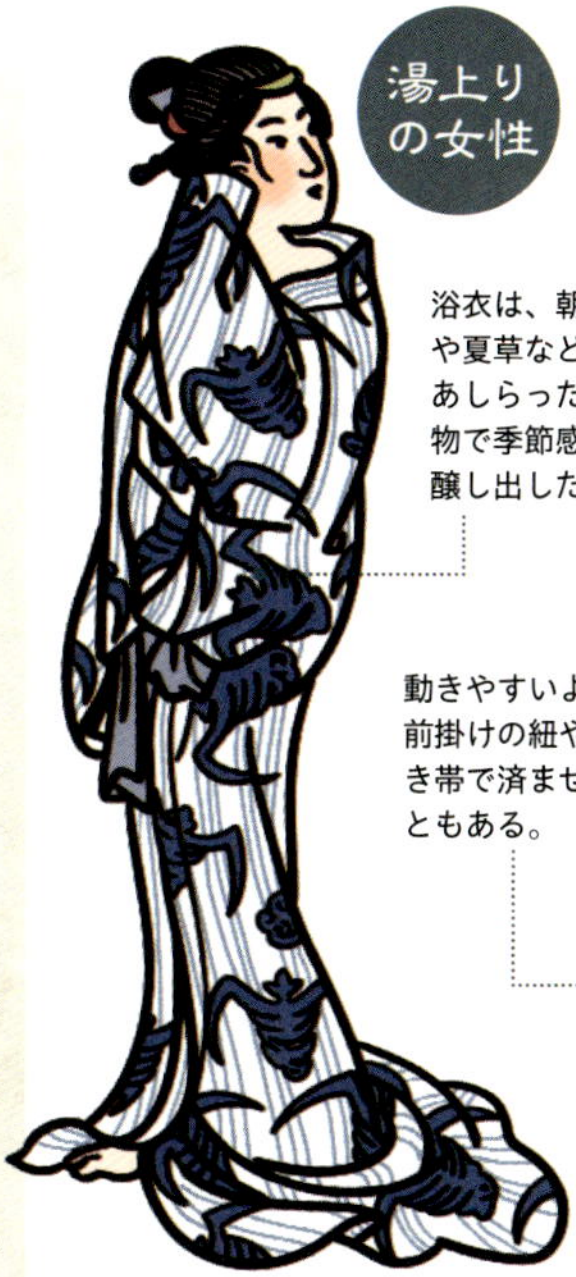

湯上りの女性

浴衣は、朝顔や夏草などをあしらった着物で季節感を醸し出した。

夏の着物。木綿の普及とともに綿織物の浴衣が広まった。

長屋の女房

暑い季節は上着の胸元を大きく開き、下の着物の襟を見せる。これを「見せ襟」といい、お洒落のひとつだった。

動きやすいように、前掛けの紐やしごき帯で済ませることもある。

普段着は汚れが目立たないよう、黒襟の物を着た。

女性の着物は小袖の着流しが一般的で、結婚すると留袖を着た。

多種多様な女性用の小袖素材は国産木綿を使用

江戸時代の庶民女性の装いは、この小袖の着流しが一般的であり、女性は肌に直接触れる肌着の襦袢（じゅばん）、着物のかたちを整える間着としての下着を着たあと、表着として小袖を着た。表着として用いられたため、当時の流行を反映して、女性用の小袖のデザインや色合いは、経済的に裕福とはいえない庶民であっても多種多様である。

ただ、傾向として江戸時代初期は派手さが際立ち、後期になるにつれて繊細さが際立つという特徴がある。これは庶民が奢侈傾向になることを嫌う幕府が、たびたび派手な装いを禁ずる旨を通達したことによる。

小袖の素材は初期が**麻**、中期以降は国産化に成功した**木綿**が用いられるようになり、着心地が向上した。

江戸庶民の服装②

男性の着物

江戸男子のファッションは、職業もひと目でわかるほど、合理的に、はっきりわかれていました。

江戸っ子たちの装い

その他笠の各種

市女笠（いちめがさ）

韮山笠（にらやまがさ）

深編笠（ふかあみがさ）

町人が被るのは三度笠。粘度の高い髪油をつけた頭部を隠すために、頭巾や帽子・手拭のほか、笠などで顔や頭を覆うことが多かった。

一般的な町人

「雪駄」は、革張りの裏に鉄（かね）を打った草履。江戸っ子の一般的な履物である。下駄の歯がついた草履下駄もある。

町人の日常着は着流しのスタイル。

商家の主

羽織の丈は時代によって長くなったり、短くなったりしたが、天明・寛政の頃は長いものが流行した。

棒の先にぶら下げる「ぶら提灯」。最も一般的な提灯で、屋号や文など自己を表すものを入れた。町人はほかに縦長で軽便な小田原提灯や、弓張提灯を用いた。

重ね草履。礼装用の履物で、町人は3枚重ね、遊女や御殿女中は5枚・7枚と分厚く高くなる。

町人のなかでも商家の主は、紋付（もんつき）・小袖・絽（ろ）・郡内紬（ぐんないつむぎ）・縮緬（ちりめん）を黙認されたが、派手過ぎると罰せられた。

江戸時代初期までは粗末 江戸時代中期から華美に

江戸時代は約260年続いたため、庶民の衣服にも差異がある。3代将軍**家光**の治世まで、庶民は粗末な衣服を着ていた。戦国時代の殺伐たる気風が抜け切れていなかったこともあっただろう。それゆえ泰平の世が続くと、庶民の服は次第に華美さを帯び始めた。

万能の衣服小袖 浴衣も愛用した

江戸庶民の男性の着物は身分によって決められており、いくら裕福になっても庶民が**裃**（かみしも）で出歩くような不相応なことをすれば社会的な制裁を受けた。

COLUMN

江戸の庶民学
江戸のリサイクルシステム

江戸ではありとあらゆるものをリサイクルして再利用するシステムが完成していたため、ゴミが出にくかった。このシステムを支えたのが庶民を中心としたリサイクル業者である。

古着屋は着古した衣服全般を扱い、とっかえべえ屋は「とっかえべえ」と声を上げつつ、使い古した金属と飴を交換した。人糞は江戸近郊農村で肥料として重宝された。世界最大級の都市であった江戸は、世界最先端の循環型社会を形成していたのである。

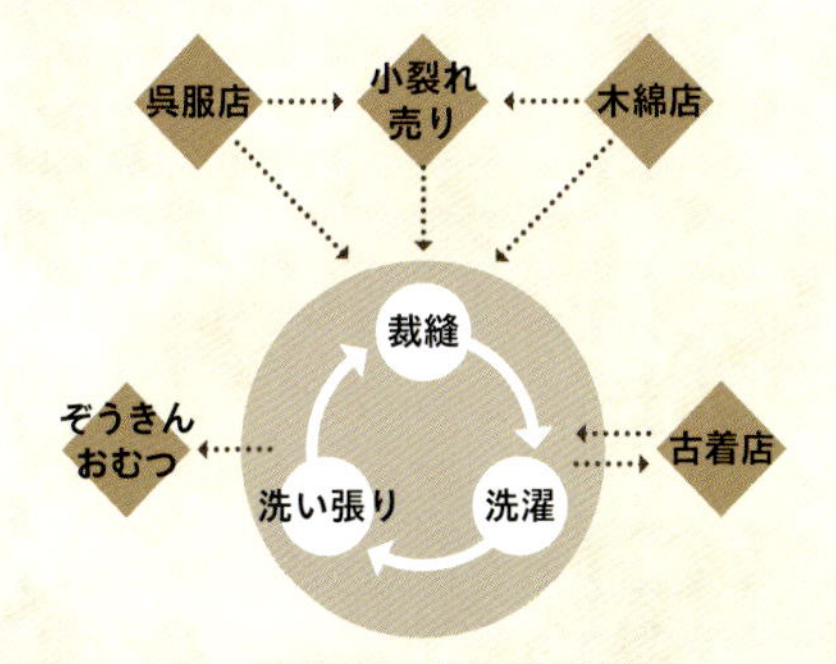

江戸の庶民は1枚の着物を何度も繕い、仕立て直して着まわしたり、布の端切れから着物をして立てるなどしていた。

さしているのは番傘。基本的に雨が降れば外出せず、傘も高価であったため庶民の雨具は蓑笠と合羽が主流だった。

腰に提げているのは煙草入れと刻み煙草入れ。町人の持ち物で武士は携帯しない。

男性の下着は襦袢と股引・褌で、伊達男は緋縮緬の褌を見せつけた。

大工や鳶などの職人は、当初褌一丁に腰きり半纏をまとっていたが、やがて紺の木綿半纏に股引・腹掛が一般的になった。

そうした男性の着物は大別して2つの種類がある。

ひとつは仕事着を発展改良したものだ。商人には商人の、職人には職人の仕事着があり、これがいつしかユニフォーム感覚で普段着化していった。

今ひとつは職業に関係なく着る小袖。袖口を狭くしたこの着物は、袖が垂れ下がる、翻ることがなかったため機能的で、諸々での活動を余儀なくされる庶民には人気であった。

浴衣も庶民男性が愛用した衣服だ。入浴後の衣類として用いられるこの着物は、着用すると**着流し**状態になるので昼間に外で着用するのは憚(はばか)られるが、室内でくつろぐ際や、夕涼みでそぞろ歩きする際には、好んで着用された。

羽織(はおり)は裕福な商人などに愛用された。黒羽二重の小袖のうえに、羽織をまとうのが、粋を好む彼らのいでたちであった。

江戸庶民のファッション

江戸庶民の服装③

子供の服装と髪型

子供の服には生活の知恵と親の願いが込められていました。

高い死亡率を反映し 7歳までは特殊な服を着た

江戸時代の子供の服には、生活の知恵がふんだんに生かされている。生まれたばかりの子供は、男女関係なく**産着**に身を包んだ。素材は主に白木綿。これを3m前後の均一幅の布一枚としてから仕立てた。子供の体をすっぽりと覆う大きさがあり、後ろの紐を前で結んだ。

子供が成長するにつれて、衣服のバリエーションも増えてくる。

子供同士で遊ぶようになると、大きめの服の腰や肩を縫い上げした**広袖**・紐付きの**縞物**(しまもの)や色**柄物**(がらもの)の服を着るようになる。縫い上げは成長しても着丈を調整して着続けられるようにするためだ。ほつれを修繕しながらできるだけ長く着た。

江戸時代には乳幼児の死亡率が高かったことから、7歳の「**帯解**(おびとき)」までは男児女児関係なく、「紐着きの子供着」を着ていた。

この着物は前で結ぶための紐がついていた。背中には病魔が侵入するのを防ぐ「**背守り**(せまもり)」が縫い付けてあった。背守りに決まった形式はなく、押絵・家紋・くくり猿・布の結び目などが使われた。親の願いが込められた衣服といえるだろう。

この紐付き子供着を卒業すると、魂が定まったとして人間扱いされるようになり、様々な衣服に身を包んで成長していくのである。

COLUMN

江戸の庶民学

衣類の洗濯と手入れ

衣類の洗濯は裁縫・炊事とともに、女性の重要な仕事であった。江戸時代には洗濯板がなかったため、水を満たした盥(たらい)に衣類を入れ、手もみ洗いか踏み洗いによって汚れを落とした。洗剤は米ぬか、米のとぎ汁、灰汁、果皮の煎じ液などが使われている。

経済的に余裕のない庶民にとって衣服は高価な品なので、こまめに仕立て直し、繕うなどして大切に扱った。最後には雑巾やおむつになるまで利用し尽くすのが基本である。裁縫は衣類の手入れに不可欠のため、女性のたしなみとして重視された。

年齢とともに変化した江戸の子供の髪型と服

子供の着物は年齢に応じて大きさが変わるが、形は大人のものと大差がない。一方髪型は成長に従って変化し、おおよその年齢がわかるようになっている。

服装の話
髪型の話
女児は14歳から島田髷を結い、あまり男児と遊ばなくなる。

女児は7歳頃から頭頂部に輪をふたつつくり、髪の毛の先に巻き付ける稚児髷を結う。

生まれたばかりの赤ん坊は丸坊主。3歳の髪置（P.106）を機に髪を伸ばし、頭頂部に髪を残す「芥子（けし）」や、後頭部に残す「八兵衛」になる。

乳児の間は白木綿の産着を着せる。

男児は5～6歳から髪を結いはじめ、12歳頃に若衆髷（P.90）になる。

仲間と遊ぶようになると、縫い上げをした広袖・紐付きの縞物または色柄物を着た。子供の服は広袖は袖口の下が縫われていないので動きやすく、汗の発散がよかった。

子供の着物は大きめにつくられている。最初は丈を詰めておき、成長に従って調整した。

女性の髪型

江戸時代初期に覆面が禁止されると女性も素顔で歩くようになり、髷を置く風習が盛んになりました。

江戸の女性の髪型

江戸時代の女性は成人すると島田髷を結った。島田髷にはいくつか種類がある。その他、勝山髷、兵庫髷が流行したが、どれも遊里から広まったものであった。

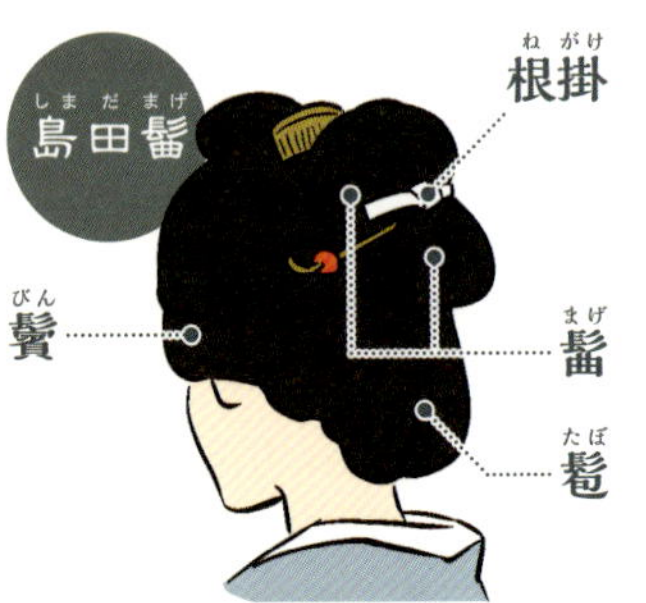

日本髪の代表的な髪型のひとつで、東海道島田宿の遊女に始まる髪型とされる。

次第に高くなるなど派手になっていった。
兵庫髷

髪をうなじの後方に集めて高く輪に結い、根元をねじ巻いて頂上に突き出させた髪型。

頭上後ろから白元結で結んだ髪を、毛先を細めにし前向へ大きく丸く曲げて輪をつくりながら組み入れ、笄を横にさして結う。

勝山髷

江戸吉原の遊女勝山が結い始めた髪型とされる。その形から「丸髷」とも呼ばれ、既婚女性が結う。

女性の髪型は立体構成 社会的位置も一目瞭然

衣装としての被り物は古くから愛用されていたが、江戸時代初期、頭部と顔面を覆う覆面状の被り物は、治安維持の観点から禁止され、人々は顔をさらすようになった。女性も素顔で歩くようになり、髪型にも意識が配られ、髷が置かれるようになった。

女性の髪型は額の上の前髪、頭頂部の髷、左右両端の鬢、うなじにかかる髱の5部位からなる立体構成が基本だった。これらの髷・前髪・左右両鬢・髱を様々に組み合わせながら髪型は変遷を重ねており、幕末維新期には280近くの種類があったという。

島田髷の結い方

❶ 前髪・鬢・髱・根となる部分に節分けする。

❷ 根を取り、元結で縛る。

❸ 髱をつくる。

❹ 根の部分に髱の毛を加えて縛る。

❺ 鬢を出して元結で根に縛る。

❻ 鬢の中に鬢張りを通し灯籠鬢をつくる。

❼ 前髪を引っ張り上げて整える。

❽ 鬢にかもじを足して折り曲げる。

❾ かもじを足して折り曲げた部分を内側に巻いて縛り、髷をつくる。

❿ 髷に棒を入れてつぶし、鬢の毛を鬢張りに乗せる。

⓫ 手絡を巻き付けて前挿をさす。

⓬ 手絡を髷に巻き付け、前挿をさしてでき上がり。

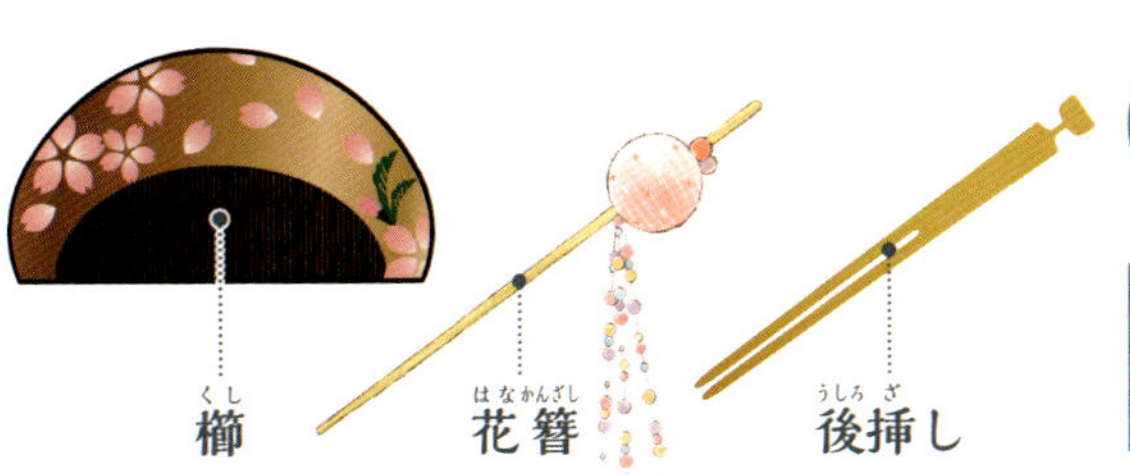

髪飾り

結った髪を飾る髪飾りには、簪・笄・櫛などがあり、意匠を凝らしたものがつくられた。

江戸庶民のファッション

江戸っ子の化粧

江戸時代、女性の化粧は、親孝行の道の一つとして推奨されていました。

化粧の基本は白粉(おしろい) 江戸は薄化粧が主流

現代と変わらず、江戸の女性も美しくあろうと、化粧に余念がなかった。なにしろ化粧をすることは、心を清くし、親孝行にもあたると儒教道徳のうえでも推奨されていたのである。

そんな当時の化粧の色合いも、現在とほぼ変わりなく赤・白・黒の3色だった。赤はほお紅と口紅、白は白粉の白、黒は**眉墨**(まゆずみ)の黒だ。既婚女性の場合は、ここに**鉄漿**(かね)によるお歯黒の黒が加わり、上流階級では**爪紅**も塗られた。

最重要視されたのは、白粉による化粧だ。これは「**白肌こそ美女の条件**」という認識があったことによる。**白粉**は**水銀白粉**と**鉛白粉**の2種類。このうち多用されたのは鉛白粉だった。女性はこの鉛白粉を水で溶いて、顔はもとより首、胸元、襟足に塗った。

女性の化粧の様は、女絵の第一人者として人気を博した**歌川国貞**の「今風(いまふう)化粧鏡(けしょうかがみ)」に詳しく描かれている。

化粧品にもブランドがあり、江戸では「**仙女香**(せんにょこう)」「**白牡丹**(しろぼたん)」の白粉と、「**紅勘**(べにかん)」「**玉屋**(たまや)」の紅が有名であった。

化粧方法は「上方(かみがた)ぽってり江戸淡く」といわれ、江戸では薄化粧が上品とされていた。これは江戸が奢侈を嫌う幕府のお膝元であった影響もあろう。

江戸の化粧七つ道具

七つ道具が収納できるよう、鏡台には随所に工夫が凝らされていた。

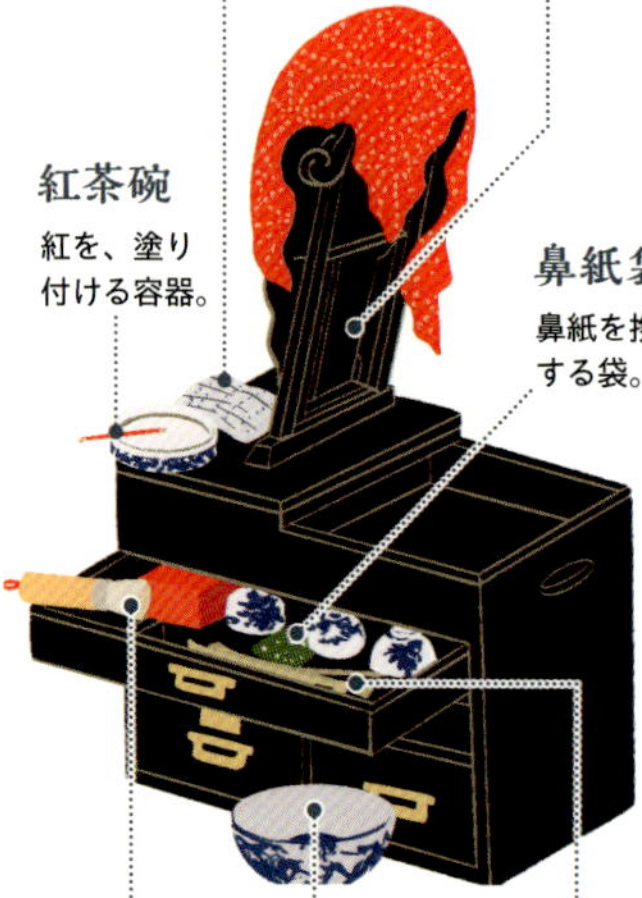

仙女香(せんにょこう)
江戸・京橋で売り出された粉白粉。

鏡台
化粧道具の収納。引き出しが右側にあり、畳むと箱型になる。

紅茶碗
紅を、塗り付ける容器。

鼻紙袋
鼻紙を携帯する袋。

牡丹刷毛(ぼたんばけ)
白粉を塗るための刷毛。

うがい茶碗
お歯黒をつけたあとに口をゆすぐための茶碗。

房楊枝
歯磨きをするための道具。

化粧の手順

美しくあるために女性たちは化粧に力を入れた。江戸時代は特にうなじと唇に化粧の重点が置かれた。

❶ 房楊枝で歯を磨く

一方が平たく刷毛のようになっていて、歯をこすったり、柄で舌のざらつきを取り口臭を予防した。

❷ 髪を梳(す)く

❸ 笄(こうがい)を挿す

❹ 顔を剃る

❺ 眉毛を抜く

眉は階級を表すもので、身分の高い女性は眉を抜くか剃るかして、その上に眉を描いた。一方庶民の女性は子供が生まれると眉を剃った。

❻ 鉄漿(かね)をつける

鉄漿は既婚者の証だった。

❼ 白粉(おしろい)を塗る

顔だけでなくうなじの白さにも気を遣った。

❽ 口紅をつける

当時の紅は紅花からつくられており、赤一色。江戸後期には下唇にだけ紅をつける笹色紅のスタイルが流行した。

男性の髪型

成人男性の髪型は、そのバリエーションによって身分や職業もわかるようになっていました。

江戸っ子の髪型と部位

江戸時代の男性の髪型は丁髷スタイルが基本。身分や年齢ごとに差異があり、その範囲内で個性を出そうとしていた。

5つの部位からなる髪型 職業なども丸わかり

江戸時代、成人男性の髪型は武士も庶民も額から後頭部にかけて剃った**月代**、左右両側の**鬢**、後頭部に束ねた**髷**、束ねた髪をまとめるために巻く紙製の**元結**などからなっていた。

ただ、これはあくまで一般的なスタイルである。

僧侶は頭髪を剃り落とした。また、医師は頭髪全体を伸ばして、髪を後で結ぶ**総髪**であった。浪人は月代を剃らずに伸ばしていた。

要するに成人男性は、髪型で身分・階級・職業などが一目でわかるようになっていたのである。

髪結床の風景

江戸っ子たちの髪を整え、結い直したのが、現代の理髪店に当たる「髪結床」である。髪型の崩れを防ぐ鬢付け油で固めた髪を、湯屋で洗うことが禁じられていたため、人々は入浴後、髪結床に行って頭を整えた。

客が順番を待つ場所には、絵草紙や囲碁、将棋などが置かれ、一種の社交場となっていた。町奉行の同心が立ち寄り、噂を仕入れる場所でもあった。
代金は大人で1回30文前後だった。
従業員は3人が基本で親方を筆頭に中床と呼ばれる職人と、小僧がいた。小僧が元結を切って髪を梳き、中床が月代と顔を剃って髪を仮元結で結う。そして仕上げを親方が行う流れ作業だった。

COLUMN 江戸の庶民学

女髪結

「女髪結」はもともと髪に手をかける必要のある吉原の遊女などが利用しており、店を持たない廻り髪結が中心だったが、手の込んだ髪型が流行ると、一般女性の間でも女髪結が広まっていった。しかし、寛政7年（1795）、女性の髪型が派手になると、風紀が乱れるとして、幕府から女髪結に商売替えが勧告されている。

月代は武士の戦闘スタイル 社交場も兼ねた髪結床

髪を整えるのには相応の手間が必要であり、町人男性のほとんどは「**髪結床**（かみゆいどこ）」に通った。

ここではたすき掛けの職人が、月代を剃り、余分な髪を切り、髷を結ってくれた。近所の人が集まるので社交場ともなっていたようだ。

「髪床」「床」「床屋」とも呼ばれており、一回の料金は26～32文（約780円～約960円）であったという。

この髪結には「**内床**（うちどこ）」と「**出床**（でどこ）」の2タイプがあった。

内床とは町内で自宅兼店舗を構えて営業した髪結であり、出床とは橋の際や路傍などに小屋をかけて営業した髪結をいう。

このほかに特定の得意先を回って髪を結う「**廻り髪結**（まわりかみゆい）」もいた。

着物の柄

派手さを抑えつつも色気を出す！　江戸っ子が好んだ柄の数々。

簡素にして色気は大 縞柄が江戸っ子に人気

野暮を嫌い、粋を好んだ江戸っ子たちの意向を反映し、江戸では着物に施される柄も多種多彩であり、時代ごとに変化に富んでいる。ただ、江戸時代初期には派手な柄が好まれ、時代を経るに従って繊細さが強調されるようになった。これは奢侈を嫌う幕府が、派手な衣装を禁じたことによる。

　こうしたなかにあって縞柄は、「簡素にして色気もあり」という理由で、時代を通じて江戸っ子たちから支持された。**弁慶縞**（べんけいじま）、**子持ち縞**、**味噌漉縞**（みそこしじま）など多彩な縞柄が人気を博し、江戸っ子たちの装いに花を添えた。

江戸っ子が好んだ着物の柄

着物の模様は元禄期頃は大胆な意匠が主流であったが、質素倹約が重んじられた享保年間（1716 年～1736 年）以降、粋を旨とした地味なものが主流となった。

菱川師宣の『見返り美人』は元禄期の女性を描いた浮世絵である。

万字（まんじ）つなぎ

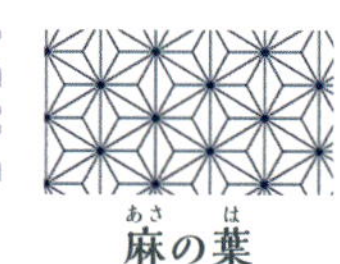

麻（あさ）の葉（は）

行儀鮫（ぎょうぎざめ）

青海波（せいがいは）

市松（いちまつ）

幸菱（さいわいびし）

味噌漉縞（みそこしじま）

矢絣（やがすり）

第2章

江戸の生活

300年前の東京で繰り広げられた
江戸っ子たちの日常生活をのぞく

江戸の町並み①

江戸の町の構造

江戸の町は通りを共有する町屋敷同士がひとつの行政区画を構成していました。

17世紀前半の江戸の土地利用

大部分を武家地と寺社地が占め、人口の多くを占める町人は、わずかなスペースに押し込められていたことがわかる。

城を守るために人工的に作られた都市

江戸は日本に点在する城下町の一つである。

江戸城を中心に、その周囲に**武家地**が配され、その外側に**町人地**が置かれ、さらに城下の各所や郊外に寺社地が点在するという典型的な城下町の構造であった。合戦となると江戸城が司令塔、武家地が最終防衛ライン、町人地が決戦場となり、寺社地は臨時の**陣屋**としての機能を果たすのだ。

また、江戸では将軍の住まいにして政庁たる江戸城を中心に、「の」の字状に堀を配し、堀の間に武家屋敷・町人地・寺社地を丸ごと抱え込み、各所に運河が点在する構造となった。

江戸はよく「**大江戸八百八町**」とその繁栄ぶりを表現されるが、この「町」が行政区画である。

両側町の構造

江戸では通りを挟んで向かい合う両側の町屋敷で一つの町を形成した。やがて人口が増加すると、会所地とその左右の区画を削って新道を通して新たな両側町を創出し、土地を有効利用していった。

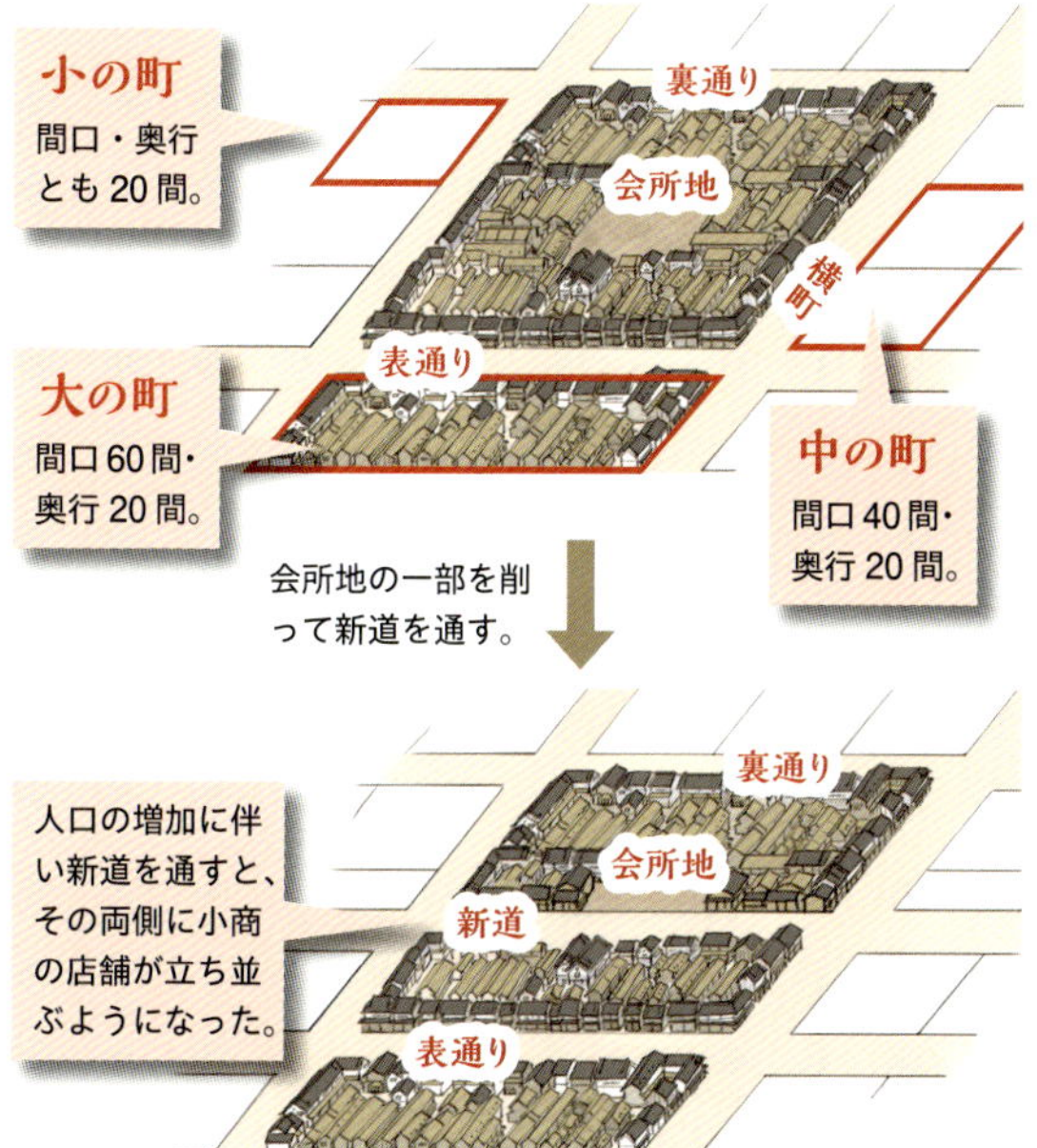

小の町
間口・奥行とも20間。
裏通り
会所地
横町
表通り
大の町
間口60間・奥行20間。
中の町
間口40間・奥行20間。
会所地の一部を削って新道を通す。
裏通り
会所地
新道
表通り
人口の増加に伴い新道を通すと、その両側に小商の店舗が立ち並ぶようになった。

この町は道路幅四丈（約12m）の表通り、裏通り、横町に囲まれた京間60間四方が基本的な一区画である。正方形の街区に京間20間（約40m）四方の宅地が通りに面して八つ築かれ、中央は**会所地**（空地）とされ、初期の頃は共同のゴミ捨て場として利用された。

京都では正方形の街区を一つの町の単位としたが、江戸では通りを挟んで向かい合った両側の町屋敷で一つの町を構成した。これを「**両側町**」と呼ぶ。これは通りを共有し交流が盛んな町屋敷同士で連携した方が、都合がよかったためである。

極端に狭い町人地に江戸っ子たちがひしめていた

当初、江戸城を中心に300町が誕生したが、**明暦の大火**後、本所や深川が拓かれると、寛文2年（1662）までに674町まで拡大。正徳3年（1713）には800町を超えて933町に達し、人口も50万人を越えている。

ただし、身分ごとの占有面積率を見てみると、江戸時代中期で、70％を武家地が占め、また15％が寺社地となっており、人口の大部分を占める町人が暮らす土地は残りの15％でしかない。江戸っ子たちは極めて高い人口密度の中で生活を送っていたのである。

江戸の町並み②

大木戸と木戸

町境には木戸が設置され、木戸番によって管理されていました。

武家地の治安維持は、辻番所が担っていた

江戸の治安維持に大きな役割を果たしていたのが、**木戸**、**辻番所**（つじばんしょ）、**自身番屋**（じしんばんや）であった。

江戸の町は、大木戸、町木戸、長屋木戸など、大小多くの板戸によって区切られていた。大木戸は**高輪**（たかなわ）や**四谷**（よつや）など江戸市中への入り口に設けられた木戸で、両脇に石垣を築き、**高札場**（こうさつば）も設けられていた。幕府の役人が江戸への不審者侵入に目を光らせており、物資輸送の検問などが行われていた。

「辻番所」とは武家地に設けられた番所をいう。大名屋敷が立ち並ぶ地域には２２９の「**大名辻番**」が、小大名や旗本屋敷が混在する地域には６６９の「**組合辻番**」が、幕府関連施設には87の「**公儀辻番**」が設けられており、武家地の治安維持に当たっていた。

武家地の治安を守った辻番所

武家屋敷の辻々に置かれ、武家地の治安を維持する監視所が辻番所。武家地の辻々に配され、道行く者を監視していた。

設置当初の目的は辻斬りの防止にあったが、次第に平穏になると、人件費の問題から番人は老人が中心となっていった。

辻番所

武器は基本的に六尺棒。

夜になると５人前後が詰めるが、昼間はその半分程度だった。

町の治安を守った自身番屋と番小屋

町の入り口にあたる木戸に設置されて町人地の治安を守ったのが自身番屋。これに対になる場所に番小屋が置かれ、木戸を管理していた。

木戸の開閉を担当する木戸番が家族とともに詰めていた。建物自体は粗末な掘立小屋であった。

木戸は明六ツ（午前5時～6時頃）に開けられ、夜四ツ（午後9時～10時頃）に閉じられた。

自身番として詰めているのは地主や家主で、同心の職務を代行していた。

屋根の上や番所の脇に高さ8mほどの火の見櫓が設置され、町全体を見渡せるようになっていた。

生活雑貨や駄菓子、焼き芋などが売られているのは、番太郎が薄給で商売が認められていたため。町のコンビニ的役割も果たしていた。

門の左右には潜戸(くぐりど)があり、あらかじめ申請しておけば刻限を過ぎても通ることができた。

入り口となる土間に続き、三畳敷きの座敷が詰所となっており、その奥に同じく三畳の板の間があって不審者の留置場となっていた。

町内にも木戸を設け、木戸番が常駐した

町人地では町境となる場所に**町木戸**が設けられていた。

明暦の大火後、いち早く仮木戸作りが命じられており、木戸がいかに重視されたかがわかる。

木戸の両側には番小屋と自身番屋が置かれていた。

番小屋は、町の木戸を管理する**木戸番**が詰めた小屋。木戸番は明六ツ(あけむ)（午前5時～6時頃）に木戸を開け、夜四ツ(午後9時～10時頃)に木戸を閉めた。「**番太**(ばんた)」「**番太郎**(ばんたろう)」とも呼ばれた木戸番は町から出る費用で雇われていたが、生活が苦しいので日用品や駄菓子を売って生計の足しにしていた。

自身番屋は、主に町内の地主が任命される**自身番**が常駐する小屋で、不審者の留置場としても使用された。

江戸の時刻（えどのじこく）

江戸の時間は、季節によって一刻の長さが変わりました。

江戸時代の不定時法

江戸時代の時間は日の出と日の入りを基準として、昼と夜を6刻ずつ、つまり1日を12刻に分けるものであった。

丑三ツ時とは？

よく「草木も眠る丑三ツ時」というたとえがあるが、これは一刻をさらに四等分する数え方に基づくもの。丑の刻は午前1時〜3時の2時間を指し、これを30分刻みで四等分して、丑一ツ、丑二ツ、丑三ツ、丑四ツと数える。丑三ツ時は午前2時から午前2時30分までの間となる。

12刻には十二支を当てはめる呼び方と、九つから四つまでの数字を使う呼び方があった。

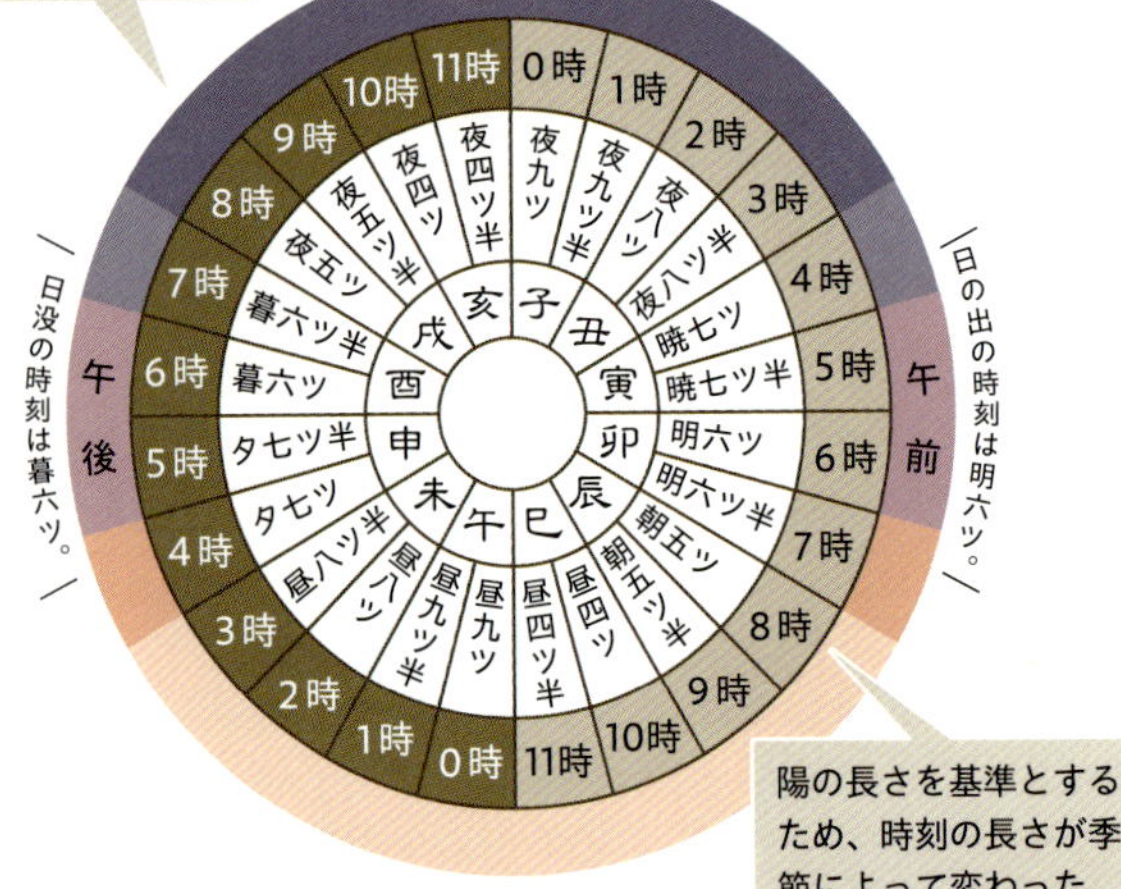

陽の長さを基準とするため、時刻の長さが季節によって変わった。

※円の外周は現代の時刻。

不定時法による計測で、時間の長さは季節次第

現代の日本では1日＝24時間と規定されているが、これは明治6年（1873）の時刻改正後のことで、江戸時代の時刻は日の出と日没を規準とする**不定時法**（ふていじほう）を採っていた。

これは日の出から日没までを6等分し、同様に日没から日の出までを6等分する時間配分をいう。分けられた時間は「**一刻**（いっこく）」「**一時**（いっとき）」と呼ばれた。あわせて12刻（時）で、十二支の名を冠して呼ばれた。

日の出と日没の時刻は当然ながら、季節によって異なる。春分の日を境に昼間は長く、夜は短くなり、秋分の日を境にその逆となる。つまり、不定時法では季節ごとに一刻の長さが異なるのだ。

しかし、日の出とともに起きだし、

時の鐘の配置と石町の時の鐘

精巧な時計のない時代、人々に時刻を知らせたのが、江戸市中に置かれた「時の鐘」である。江戸後期には、江戸市中の15ヶ所に配されていた。

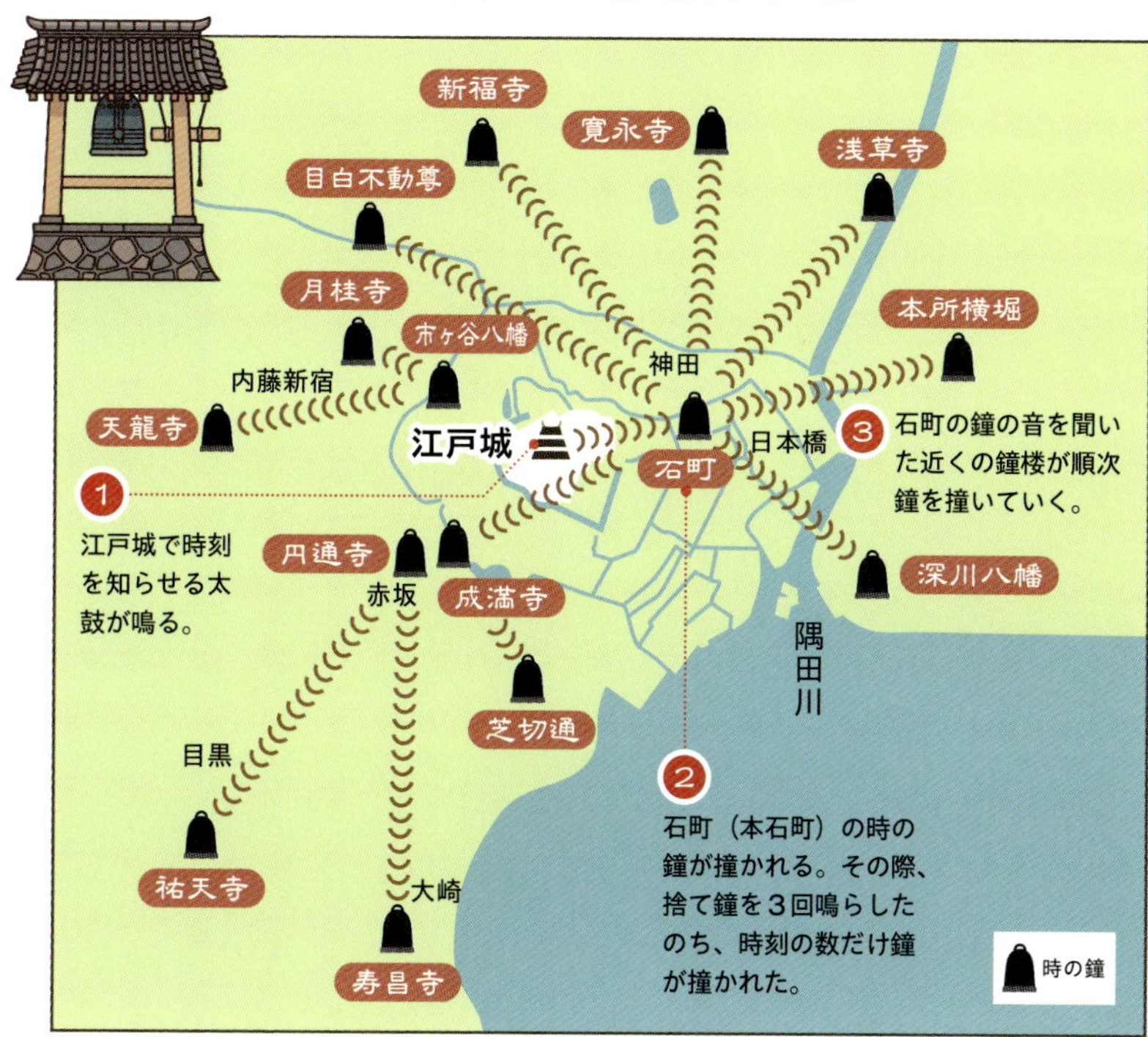

日没とともに就寝する江戸時代の人々にとって不定時法は、太陽の位置と時刻の差がないという点では、暮らしやすい時間配分法であった。

時刻の告知は江戸各所に点在した時の鐘

日の出は「明六ツ」であり、以下、朝五ツ→昼四ツ→昼九ツ→昼八ツ→夕七ツと推移して、暮六ツで日没となる。このあと夜五ツ→夜四ツ→夜九ツ→夜八ツ→暁七ツと推移して、次の明六ツで再び一日が始まるのだ。

時刻は時の鐘によって知らされた。ただし江戸市中は広いため、複数の時の鐘が設けられた。

時の鐘の維持や運営は幕府によって管理されており、鐘の撞きかたも幕府の規定によって定められていた。運営費は**鐘撞銭**として江戸の町から徴収された。

江戸庶民の住居①

長屋外観

江戸の庶民の多くが暮らした長屋では、大家と店子たちの親子のようなコミュニティがありました。

庶民たちの集合住宅 9尺2間が一般的

長屋は現在の集合住宅に相当する家屋である。百万都市・江戸にあって町人地がわずか2割弱しかないにもかかわらず、町人が生活を営めたのは、その多くが長屋住まいだったためだ。

通りに面した**表長屋**は店舗兼用住宅で、住人は経済力のある層に限られた。

一方、江戸庶民の多くが住んだのは、表通りから路地を入った場所に位置する「9尺2間の**裏長屋**」である。これは一部屋間口約2.7m、奥行き約3.6m、坪面積約9.9㎡の長屋をいう。狭い路地の真ん中には、板で蓋をされた排水溝が通っており、この路地を挟むかたちで長屋が建てられていた。

長屋には「**棟割長屋**」と「**割長屋**」の2種類があった。前者は棟柱と板壁で間仕切りをした長屋であり、2世帯が背中合わせに住む形式だった。後者は一室ずつが横に連なる建物をいう。

長屋の経営者は**大店**の旦那や御用達職人の棟梁などの人々であるが、長屋を実際に管理したのは**大家**である。大家は建物ばかりでなく、住人の管理も任されていた。そのため、出産・死亡・婚姻の届けも大家の仕事とされた。旅行の際に必要な関所手形の発行手続きも大家が行い、親子・夫婦・近所の諍いの仲裁にも当たった。

大家と**店子**（住人）は親子のような関係であり、店子たちは大家の監督のもと、共同で井戸さらいをするなどして、協力し合って生活していた。

棟割長屋

一世帯分の最低が間口9尺・奥行2間で四畳半一間。これを背中合わせに配した長屋。

COLUMN
江戸の庶民学

江戸の排泄とリサイクル

裏長屋では個々の住居にトイレはなく、井戸に面して設置された共同の厠が使われていた。連日、膨大な量の人糞が出たにもかかわらず、長屋ひいては江戸の町が糞尿で溢れ返らなかったのは、江戸近郊の農民が、人糞を肥料とするために回収したからである。回収の際、農民は謝礼として現金を支払うか、育てた野菜を置いていった。

裏長屋では謝礼は大家の懐に入ったが、利益を独り占めするのは気が引けるのか、正月には利益の一部を使って餅を搗き、住人に配ったという。

裏長屋の風景と井戸端会議

店舗が並ぶ表通りの裏手には、町人たちが暮らす長屋がひしめいていた。

長屋と長屋の間は狭い路地が通っていた。

厠
厠は長屋の外側。小便所と大便所に分かれ、共同であった。

共同の干場には物干しがあり、洗濯物を干していた。

着物を張り付けて干す張り板。

祠
お稲荷さんや荒神などを祀る祠。

共同井戸
地下を流れる上水道からくみ上げて使用する。洗濯のほか、野菜や魚を洗うのもここで行った。井戸は年に1回、七夕の日に住人総出で掃除を行った。

洗濯をしながら井戸端会議にいそしむ長屋の女性たち。

江戸庶民の住居②

長屋の内部

江戸っ子たちが暮らした４～６畳の空間には、必要最低限の家財道具だけが置かれていました。

長屋の内観と生活道具

２軒が背中合わせに配される棟割長屋の内観。

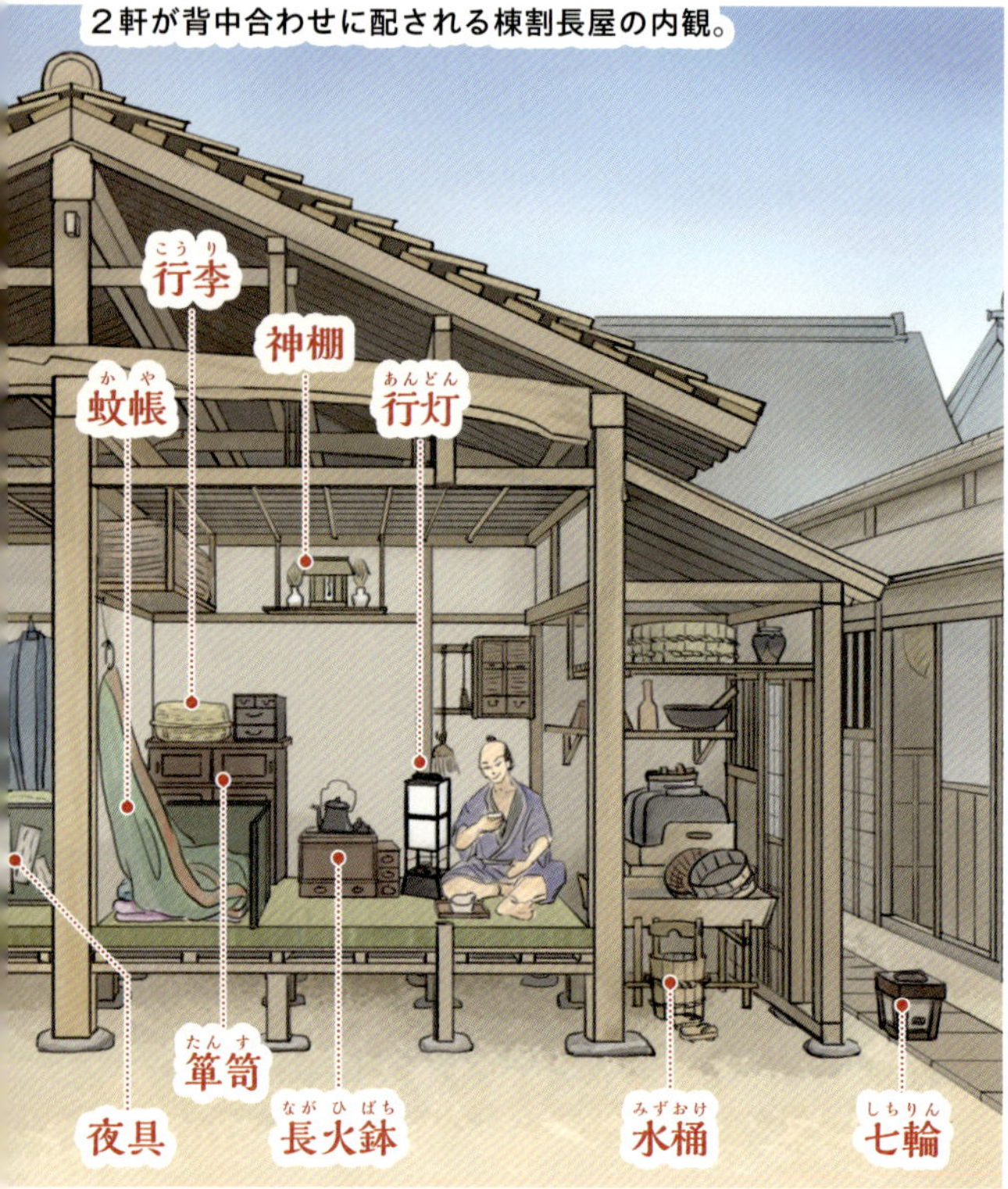

狭いコミュニティでプライバシーはなし

長屋は板壁で部屋を仕切った共同住宅なので、隣の家の会話が薄い壁越しに聞こえてくるような環境で、プライバシーはなかった。

店賃（家賃）は江戸時代後期で、一ヶ月８００文（約２万４０００円）から１０００文（約３万円）。２世帯が背中合わせに住む**棟割長屋**になると、半分ほどの５００文（約１万５０００円）であった。

長屋には大工、鳶、行商人など**出職**の職人や、傘張りなど**居職**の職人、易者や芸事の師匠など多種多様な人々が住んでいた。狭いコミュニティなので、彼らは互いに気を遣いながら暮らしていたようだ。共同使用の井戸、トイレ、ゴミ捨て場などは粗末に扱わず、汚れていたらきれいにしておくのが暗黙の

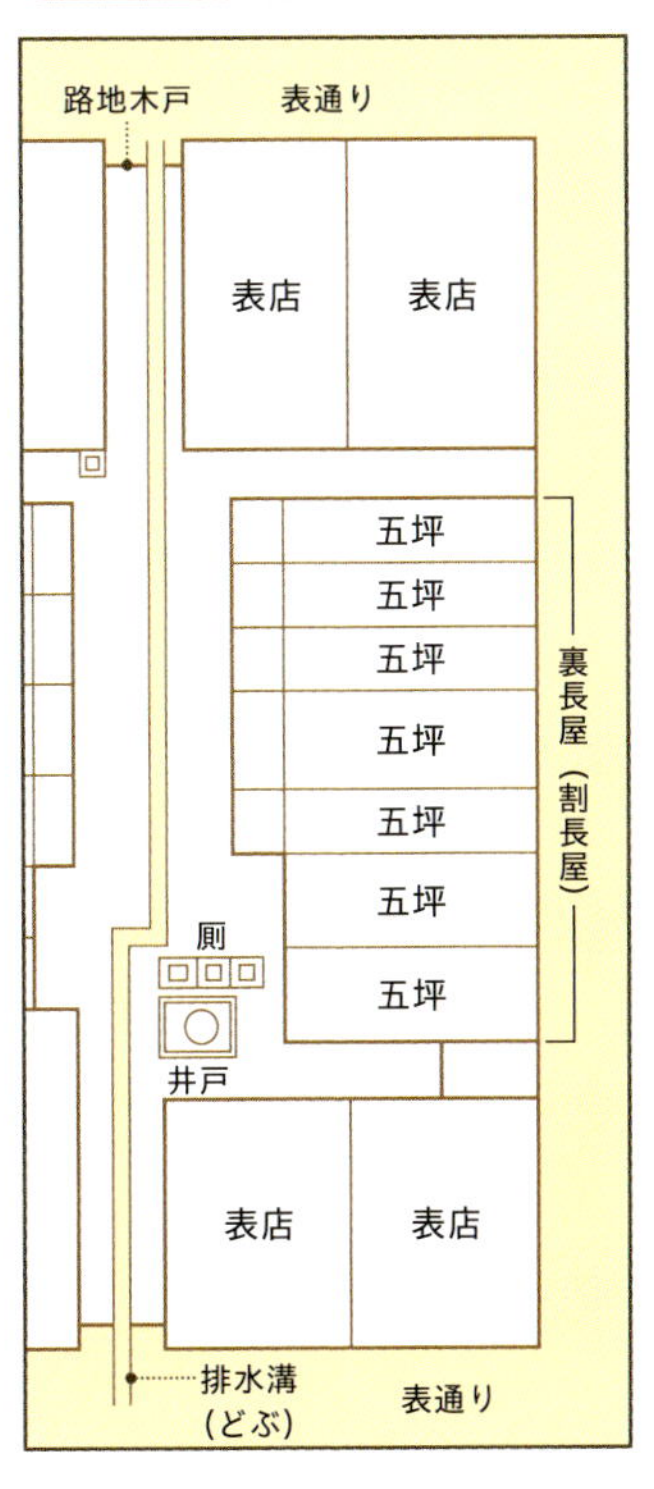

ルールだった。

家財道具は最小限なければレンタル

長屋の居住スペースは、広くて現在の六畳間、狭いと四畳半に相当した。このほかに台所スペースがあり、土間、流し、へっつい（竈）が備えられ、水桶が置かれていた。人々は薪を燃やしてへっついで煮炊きをし、井戸から汲んだ水を水桶に貯めて、流しで洗い物をした。米を入れた米櫃（こめびつ）や、醤油・酢などの調味料、火吹き竹など調理に必要な道具一式も、台所スペースに置かれていた。

居住スペース内部にあるのは、畳んだ寝具や衣服、行灯、火鉢、食事用の箱膳などの生活必需品程度。行商人や職人は仕事道具を置いていたが、不意に必要になった物品は、「**損料屋**（そんりょうや）」からレンタルするのが普通だった。

江戸っ子の24時間

日の出とともに起床し、日没とともに仕事を終える出職の大工の一日を追う。

日の出とともに起き、日の入りとともに仕事を終えるのが、江戸っ子の生活サイクル。仕事もこの流れのなかで行われた。

日の出とともに起床した大工は、女房の作った朝食を食べると、仕事道具を手に現場へと向かう。出かける時間は現場までの距離如何（いかん）。現場に着くと

ひとしきり汗を流して、昼食には女房の作った弁当をかき込んだ。日の入りとともに仕事を終え、湯屋（ゆや）で一日の汚れを落としたあと、家に帰って夕食を済ませて就寝し、明日に備えた。

朝早く起きて朝食を食べると、道具箱と弁当を持って仕事場へ向かう。出かける時間は現場までの距離による。

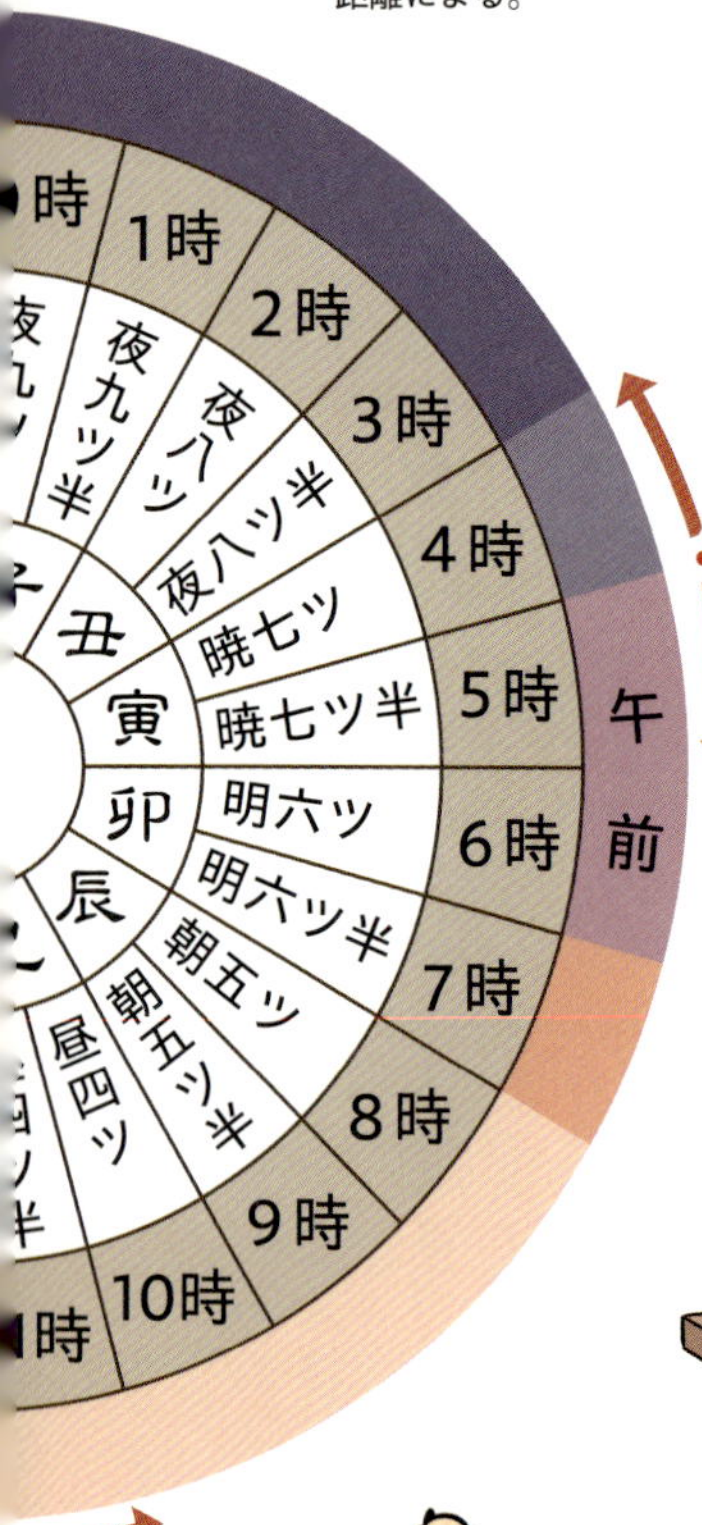

1時 2時 3時 4時 5時 6時 7時 8時 9時 10時
夜九ツ半 夜八ツ 夜八ツ半 暁七ツ 暁七ツ半 明六ツ 明六ツ半 朝五ツ 朝五ツ半 昼四ツ
丑 寅 卯 辰
午前

仕事に取り掛かるのは明六ツ。

昼休みに昼食をとる。ほかに午前中と午後に１回ずつの休憩があった。

ある大工の年間収入

家族構成	夫婦と子供１人
住まい	借家
１年間に働いた日数	294 日 （正月、節句、悪天候の日は休み）
実収入	銀１貫 587 匁６分
実支出	１貫 514 匁
支出の収入に占める割合	95％

※出典：『図表で見る江戸・東京の世界』
（東京都江戸東京博物館）

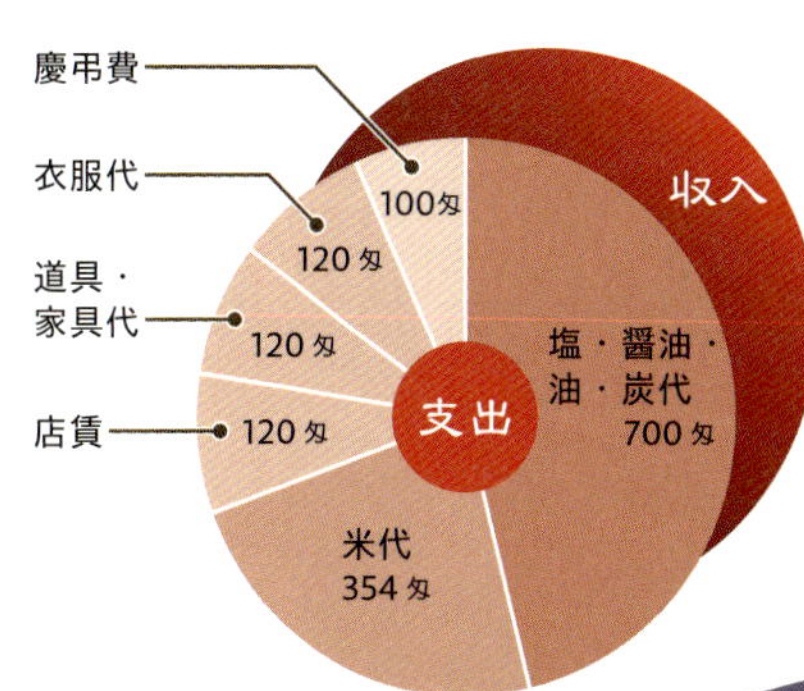

家族揃って夕食を食べて就寝。

仕事帰りに湯屋へ寄って汗を流す。将棋や囲碁を介して常連客との交流を楽しみ帰宅する。

午後
11時
10時
9時
8時
7時
6時
5時
4時
3時
2時
1時
0時
夜四ツ
夜五ツ半
夜五ツ
暮六ツ半
暮六ツ
夕七ツ半
夕七ツ
昼八ツ半
昼八ツ
昼九ツ半
戌
酉
申
未

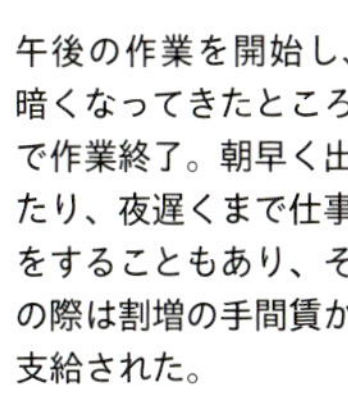

午後の作業を開始し、暗くなってきたところで作業終了。朝早く出たり、夜遅くまで仕事をすることもあり、その際は割増の手間賃が支給された。

江戸っ子の一生

江戸っ子たちはどのような過程を経て成長したのか？　産湯、宮参り、七五三、髪置、袴着（武家の行事）、帯解……。誕生から恋愛と結婚、家庭生活を経て隠居へと至る通過儀礼をたどる。

出産と産湯

誕生した赤ん坊は産湯に入れられて身を清められる。

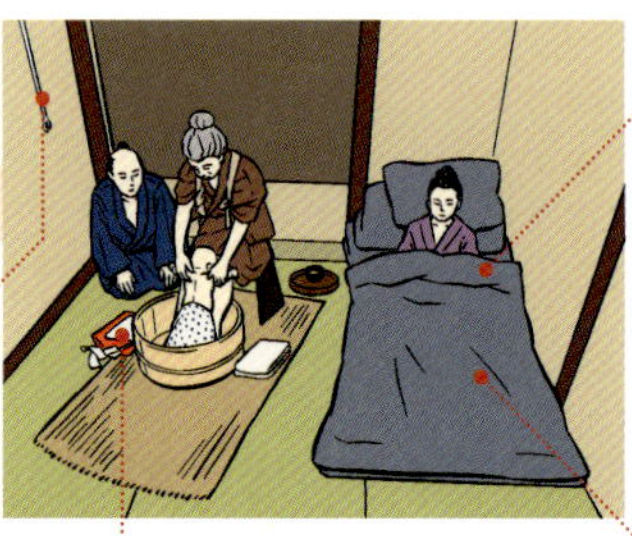

出産の際には天井から下げた綱につかまり、介添え人を支えにして子供を産む。

妊娠5ヶ月目の戌の日に安産を願って岩田帯を巻く。

出産を手助けする産婆は「取上婆」といい、産湯の際には赤子をうつぶせにして両足に乗せ、沐浴させる。

当時の出産は座産で、頭に血が上らないようにという俗説から、出産後もこの体勢のまま七日七晩この姿勢で過ごす。

初宮参り

両親祖父母とともに氏神を詣でる。参詣の際、子供をつねるなどして泣かせ、神の注意を引いて加護を求めたという。

帯解（おびとき）の際、女児は、着物が汚れないよう父親か出入りの者の肩に乗る。

七五三

3歳の男女の髪置（かみおき）（丸坊主にしていた頭に髪を伸ばし始める儀式）、5歳の男子の袴着（武家の行事で初めて男児に袴を着させる儀式）、7歳の女子の帯解の3つの祝儀（町人の行事で着物の付紐をやめて帯で締める儀式）。いずれも家中で祝ったのち、身なりを整えて氏神に詣でる。

元服

公家や武家で行われていた成人儀礼で、江戸時代に庶民に浸透。前髪を下ろして月代を剃り、成人であることを示した。一方女子は髪型を丸髷にして、お歯黒を付けて眉を剃る「鉄漿（かね）始め」を行う。15歳から17歳までの間に行われた。

寺子屋で学ぶ

6、7歳から12、13歳にかけて寺子屋で読み・書き・そろばんを習う。（▶P.108）

COLUMN
江戸の庶民学
放蕩息子が怯えた勘当

勘当とは親が子供との縁を絶つことをいう。現代ではあまり事例はないが、江戸時代には商家の放蕩息子が、処罰の意味を込めて勘当されることがしばしばあったようだ。勘当されたら身一つで家から放り出される。仕事をしないで遊んでいたから貯えとてない。養われ、遊ぶことしか知らない放蕩息子にとって勘当は何より恐ろしい仕打ちだ。

中流以上の町人の葬儀の様子。上輿は4人で担ぎ、棺に白無垢をかける。

死

荼毘に付されて埋葬される。江戸には小塚原・千駄木・桐ケ谷・渋谷・炮録新田に焼き場があり、荼毘所を設けた寺もあった。

隠居

病気か老衰を理由に跡継ぎに家業を継がせる。男子がいない場合は娘に婿を取ったり、養子を迎えたりした。

長寿の祝い

数え年61歳の還暦、77歳の喜寿など、長寿を祝う。

厄除け

江戸時代に普及した習慣で、男性は数え25歳、42歳、61歳、女性は数え19歳、33歳、37歳が厄年とされ、厄除けのために寺社に詣でる。男性の42歳、女性の33歳が大厄とされた。

家庭

夫は収入の確保に駆け回り、妻は家事全般を請け負う。裕福なほど亭主関白で、貧しいほど「かかあ天下」の傾向があった。

結婚

家柄の釣り合う家庭の相手と結婚する。適齢期とされたのは、男性が20代半ばから40歳前後、女性が15歳から20歳まで。縁談が調うと、吉日を選んで結納へ。女性は鉄漿付けを行い、婚儀へと移る。

大人のコミュニティの仲間入り!

江戸っ子の成長① 寺子屋

子供たちは、寺子屋へ通い、読み・書き・算術を学びました。

庶民の子弟の学び舎 読み・書き・算術を習得

江戸時代になると、ほとんどの階層で文字の読み書きが必須となっていた。その需要に応える**寺子屋**は、江戸時代に広く普及していた庶民の学習機関であり、6歳頃からの子供を教育した。

寺子屋という名称はかつて、寺院で僧侶が子供たちに読み書きを教えており、生徒を「**寺子**」と呼んでいたことに由来する。ただ、この呼称が文献史料に記されていることは稀で、多くは「手習所」「手跡指南」という名称が用いられている。江戸では「手習師匠」と呼ばれるのが一般的であった。

手習師匠には幕臣、諸藩士、書家、浪人、医者、僧侶、博識の町人など様々な人々がいた。能書家の女性が務めることもあったそうだ。専業の師もいれば、本業を別に持ちつつ、時間講師的に教える師もいた。

教えるのは読み・書き・算術。読みは素読が中心で、『**実語教**』『**童子教**』『**三字経**』といった実学の書から、四書五経など中国の古典籍を声に出して読む。

実用的な学習を通じて、知的水準を向上させた

書きとは習字のことだ。寺子屋の授業で最も大切な学びであり、書道をしながら文字を覚えさせた。書で最初学ぶのは平仮名である。『**仮名手本**』がテキストとして使用され、これとあわ

寺子屋の開業軒数

幕末には全国の寺子屋の件数が1万5000軒以上になった。この充実した教育体制のおかげで当時の日本の識字率は、世界一だったという。

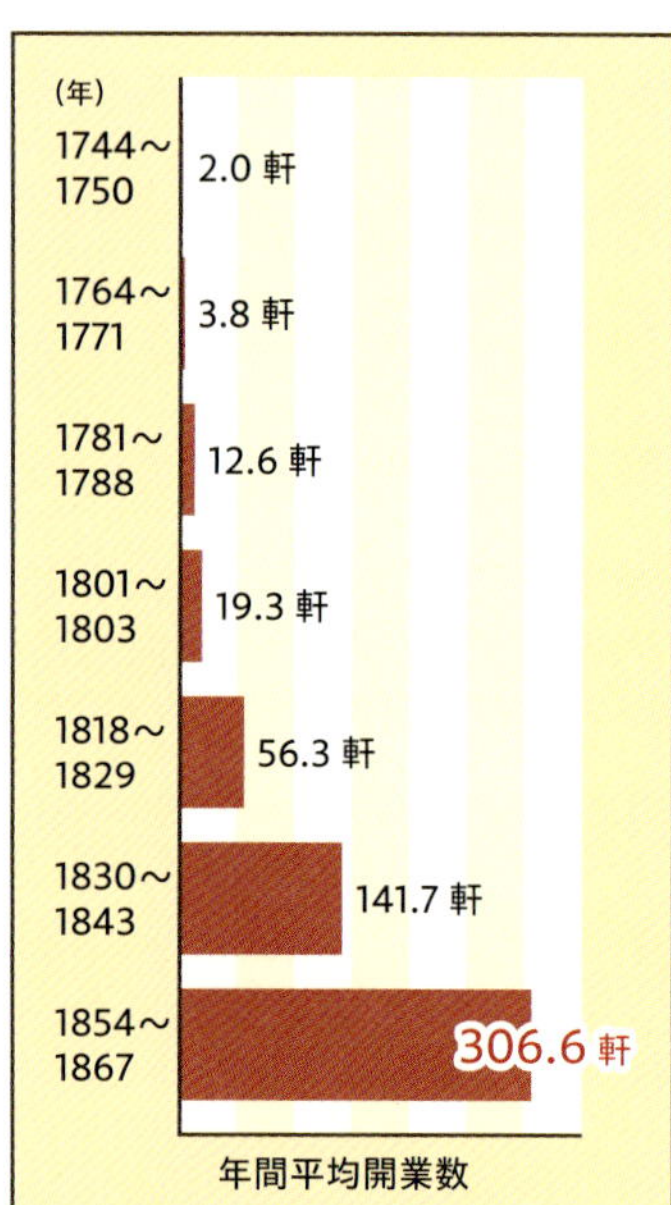

※出典：『国史大辞典』（吉川弘文館）

寺子屋の風景

寺子屋で教えるのは読み・書き・算術。授業は午前８時頃に始まり、午後２時頃には終わった。

師匠は武士や僧侶、神官などが務め、子供たちが仕上げた課題をチェックし、質問に答える形式をとった。
師匠は各家庭の経済状況にあわせて月並銭（月謝）を決めており、貧しい家の子でも教育を受けることができた。
全員が同じ教科書を使うことはなく、個別に使い分けて指導した。また寺子屋によっても教育内容に違いがあり、たとえば商人の子が多い寺子屋では、商用文の読み書きのために崩し字を教えるなどした。
設備は生徒の人数分の机があるだけで、筆や草紙（ノート）は生徒の持参。武家では男女別の教育が行われたが、寺子屋では男女が机を並べていた。
習字に関して年に２回、上達ぶりを披露する席書会が開かれた。
子供たちの年齢は６歳～14歳。師匠から与えられたそれぞれの課題に取り組む。

せて漢数字の書写により、数の数え方を覚えた。平仮名と漢数字を学んだあとは、漢字を書き覚えた。

テキストとして使用されたのは**『小野篁歌字尽（おののたかむらうたじづくし）』『寺子節用錦袋鑑（てらこせつようきんたいかがみ）』『塁用字尽（るいようじづくし）』『名頭字尽（ながしらじづくし）』『村名尽（むらなづくし）』**などの書。ここで漢字一文字一文字に加えて、地名、四字熟語、成語などを書きつつ覚えた。

漢字を習得したあとは、『商売往来』『百姓往来』など、当時多く出版されていた「往来物」をテキストとして、農業や商売に従事するうえで必要となる短句・短文・文章を書き写した。

最後の算術とは計算のことである。

このほかに「しつけ絵」と呼ばれる錦絵をテキストとして、社会生活に出る上で必要な礼儀作法を教えるケースもあった。寺子屋は、江戸時代の日本人の知的水準の向上に大きな役割を果たしたのである。

江戸っ子の一生

江戸っ子の成長②

江戸っ子の恋愛（えどっこのれんあい）

江戸っ子たちは意外に奔放な恋愛を楽しんでいました。

江戸っ子の恋愛を縛った儒教道徳

「男女七歳にて席を同じうせず」というように、子供たちは7歳を迎えた頃から男女分かれて遊ぶようになり、やがて思春期を迎える。

思春期といえば恋の季節でもある。だが、主従の忠義、親への孝行、妻の貞淑（ていしゅく）を旨とする儒教を、幕府が庶民の基本道徳として打ち出している関係もあって、庶民の間であっても親の意向を無視した自由恋愛を楽しむ空気は醸成されにくい傾向があった。

とはいえ、それなりの年齢を迎えた男女が異性を求めるのは世の常。恋愛を求める者はあとを絶たなかった。

男からアプローチめでたくカップル

多くの男性が求めたのは疑似（ぎじ）恋愛。

江戸の男女の出会いの場

江戸時代は町人であっても自由恋愛はほとんどご法度。町人も身分が高いほど、親が決めた相手と結婚することを強いられた。一方で、付文などで積極的に出会いを求める者もいた。

幼馴染（おさななじみ）・許嫁（いいなずけ）

子供の時に親同士が結婚相手を取り決めるもの。本人にとっていいことずくめとは限らず、ずっと一緒にいる相手では憎くはないが可愛くもないということになる。

付文（つけぶみ）

気に入った女性やその女中を道中で待ち伏せてラブレターを送る。女性から男性にモーションをかけることはご法度で、手紙を出すのはあくまで男性から。

人を介する場合は手引きを依頼する。

寺社の境内

寺社は格好のナンパスポット。とくに多くの人が集まる祭礼の際には、付文をしたり女性に声をかける男もいた。

お祭りや夕涼みのときに、男性が女性のお尻をちょっとつねるのが、当時のナンパの合図だったらしい。

良家の娘には悪い虫がつかないよう、手代や女中ががっちりガードしていた。

出合茶屋―江戸のデートスポット

江戸の男女の密会の場となったのが、出合茶屋。不忍池などの行楽地にあって、表向きは料理屋であるが、その実は逢引の場であった。

水茶屋の看板娘（P.147）のような手の届かない理想の女性を対象に、恋愛をしているかのような妄想に浸るのだ。

疑似恋愛では物足りない場合には、男がアプローチをした。意中の女性に恋文を渡す、祭りなど人が集まる場所で、さりげなくボディタッチをするなどして、相手の意志を確かめた。

ただし相思相愛となってもハッピーエンドというわけにはいかない。たとえ庶民であっても相手の親の許しがなくては結婚には漕ぎつけなかったのだ。

娘の手を引く若衆。
出合茶屋は、たとえば、不忍池のもので食事と部屋代が金1分と高額で、庶民が簡単に利用できる場ではなかった。多くの庶民の男女は親のいない間の長屋や夜の暗がりなどでことに及んだ。
娘は振袖姿で、未婚の生娘であることがわかる。

COLUMN 江戸の庶民学
心中事件

晒場で罰を受ける心中のし損ない。

自由恋愛の空気が醸成されにくかった江戸時代、親に反対された場合などには、思いを貫くために心中に至るケースも珍しくはなかった。8代将軍吉宗の時代から、心中は犯罪とみなされるようになり、生き残った場合は死刑、もしくは身分剥奪のうえ非人への降格という処罰が待っていた。男女とも死んだ場合には死体は捨て置かれるという報いを受けた。

江戸っ子の成長③

江戸っ子の結婚

江戸っ子は、親の意志のもとで伴侶を迎えました。

江戸っ子のお見合い

江戸っ子の結婚は親が決めた時点でほぼ決定するが、見合いが行われるケースもあった。元禄年間（1688年～1704年）には寺社や茶屋での見合いの習慣が生まれている。

見合い相手の男性の前をさりげなく通り過ぎる。
見合い相手の女性を遠くから眺める。男性が気に入れば、仲人を通じて扇子を女性に渡す風習があったという。
仲人
婿
嫁
婚礼に際して仲人は結納金の10分の1を謝礼としてもらうことができたため、仲人を仕事にする者までいたという。

江戸時代の結婚は、家格のつり合い重視

江戸時代の男性の結婚適齢期は20代半ばからと比較的遅かったが、女性は15～18歳が女盛りとされ、20歳までに結婚するのが普通であった。

当時の結婚は、家と家の関係強化という側面が強く、当人同士の感情以上に家格のつり合いや親の意志が重視された。そのため、庶民の間でも、結婚は**許嫁**（いいなずけ）か、**見合い結婚**が一般的だった。

許嫁とは子供の幼少期時代、双方の親があらかじめ取り決めておいた結婚をいう。見合い結婚は、見合い→結納→婚礼へと至る結婚であり、**仲人**（なこうど）を立てて行われた。仲人となるのは親類や大家が多かったが、信頼のおける商人やかかりつけの医師に依頼するケースも少なくなかった。顔の広さが重宝されたようだ。仲人は家格のつり合いを

江戸の商家の婚礼

COLUMN 江戸の庶民学
離婚

庶民階級の場合、夫が妻に、離縁する旨と、今後誰と再婚しても構わない旨を記した離縁状を渡せば成立した。３行と半分の文言で認められていたたため、「三行半（みくだりはん）」と呼ばれる。離縁状には再婚許可証という意味合いもあるため、離婚の際、夫にはこの書状を妻に渡す義務があった。

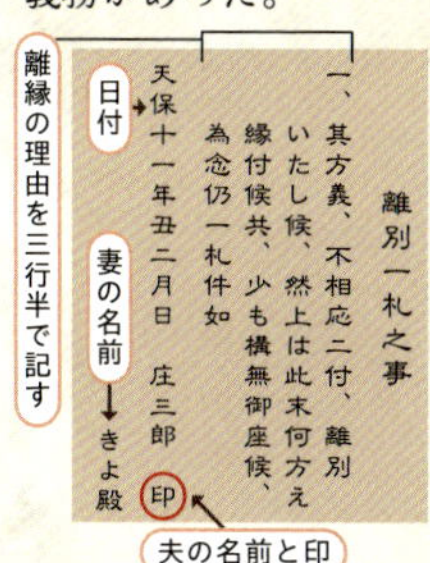
離別一札之事
一、其方義、不相応ニ付、離別
いたし候、然上は此末何方え
縁付候共、少も構無御座候、
為念仍一札件如
天保十一年丑二月日　庄三郎 印
きよ殿

町人の結婚では、所帯を構えたことを世間に知らせることが重要で、祝言や披露宴を大々的に行う傾向があった。とくに商人の場合は見栄もあり華やかな輿入れと祝言が催された。

男性の適齢期は20歳半ばから40歳前後、女性に至っては若く15～20歳。24～25歳ですでに大年増とされた。

男女の組み合わせには易（えき）での相性も重要視された。

町人は婚姻の許可を藩や幕府に得る必要はなかった。婚姻は大家が名主など、町役人に届け出れば成立した。

お披露目は大家や近所の人々を招いて行われた。結婚の儀式も、武家の礼式に近くなっていった。

熟慮して相手を決め、両家の間を足しげく通って斡旋（あっせん）をした。

見合いの場所は、人が集まる盛り場

見合いは両家の間でほぼ合意がなされたあと、最終的な意志確認という意味で行われたことが多かった。

見合いの場所となったのは、花見の席、茶屋、芝居小屋など不特定多数の人が集まる場所だ。ここに当人を交えた家族が会して、それとなく互いを観察し合った。

話がまとまると**結納（ゆいのう）**へと移行していく。仲人が結納品を携えて女性の家を訪れる。やがて吉日を選んで祝言を挙げた。

ただし、以上は相応の家格を有する家同士の結婚であり、長屋住まいの人々は、大家の立ち合いのもと普段着で手早く済ませるのが一般的だった。

相撲（すもう）

寺社の経済援助として始まり、大人気の娯楽となりました。

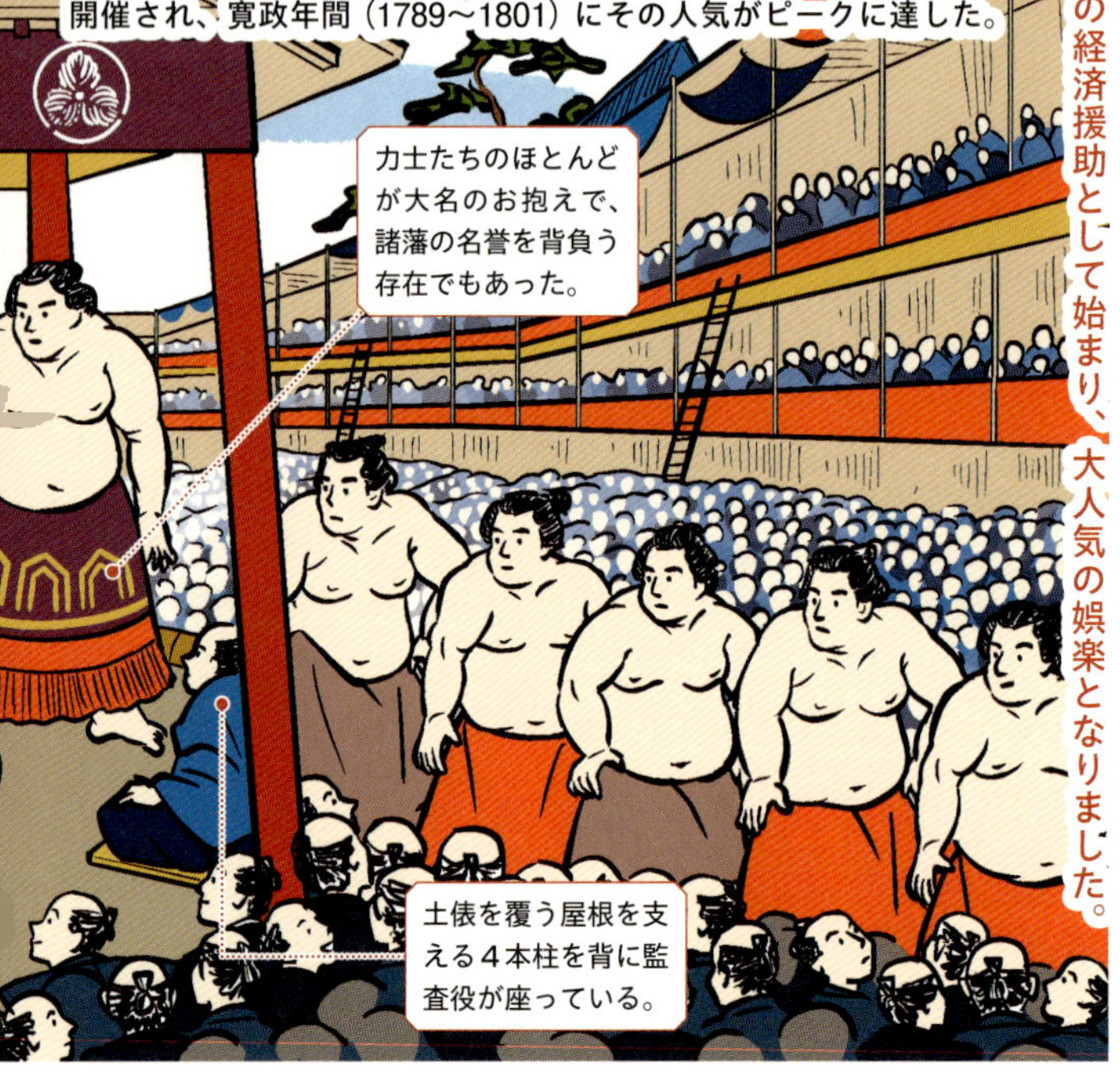

相撲の興行風景
相撲観戦は男性だけに許された娯楽だった。勧進相撲として元禄年間（1688～1704）に興行として軌道に乗った相撲は、明暦の大火の犠牲者を慰霊する両国の回向院や、深川の富岡八幡宮などで開催され、寛政年間（1789～1801）にその人気がピークに達した。
力士たちのほとんどが大名のお抱えで、諸藩の名誉を背負う存在でもあった。
土俵を覆う屋根を支える４本柱を背に監査役が座っている。

最初は土俵がなく単なる組み打ちに終始

現代同様、相撲観戦は江戸っ子も熱狂した人気の娯楽のひとつであった。現在と大きく異なるのは、当時の相撲が、**勧進**（かんじん）（寺社の建築や修繕用の資金を集めること）のために行われたことだ。

これは寺社の経済的支援に苦慮していた幕府が、相撲人気に着目し、勧進に限って相撲の興行を許可したことによる。幕府の公認によって裾野が広がり、相撲はいつしか江戸時代を代表する娯楽として定着したのである。

相撲が爆発的人気を博するようになったのは、元禄（げんろく）年間（１６８８～１７０４）前後に**土俵**が登場してからである。それまでの相撲には土俵がなく、相手を倒せば勝ちというスタイルだったので、戦場での組み打ちの様相

左右にあるのは桟敷席。ハイグレードな桟敷席には、茶屋から酒や肴が運ばれた。
当時は土俵が二重になっていた。一重になるのは昭和になってからのこと。土俵の周りは詰め込み式の土間の大衆席。
中央にあるのは、幕府から派遣された検使役人の席。
観戦が許されるのは男性のみ。明治時代に入るまで、女性は稽古相撲のみの観戦しか許されなかった。

を呈し、殺伐としていた。しかし、土俵が採用されたことでうっちゃりなどの新しい技や、土俵際での攻防、小兵の力士が大きな体格の力士を技で制する場面が生まれるようになり、勝負としての面白味が倍増したのだ。

大名も相撲に熱狂 強い力士は武士待遇

江戸時代前期は京都・大坂など上方の力士が強かった。これは裕福な商人の庇護を求めて、諸国から優秀な力士が集ったことによる。

しかし、参勤交代で江戸に出府した諸大名が、優秀な力士を武士待遇で召し抱えるようになると、江戸の力士が強くなった。

江戸での相撲興行場所は各寺社を転々としていたが、天保4年（1833）以降、**本所回向院**（東京都墨田区）の境内が定場所となった。

歌舞伎

芝居好きの江戸っ子たちは、浅草へ1日がかりで芝居見物に繰り出しました。

歌舞伎の興行が行われた主な場所

寛永元年（1624）に、京橋と日本橋の間にある中橋南地で産声を上げた歌舞伎興行は、江戸三座が成立。天保13年（1842）に浅草への移転を命じられ、浅草猿若町に江戸三座がそろった。

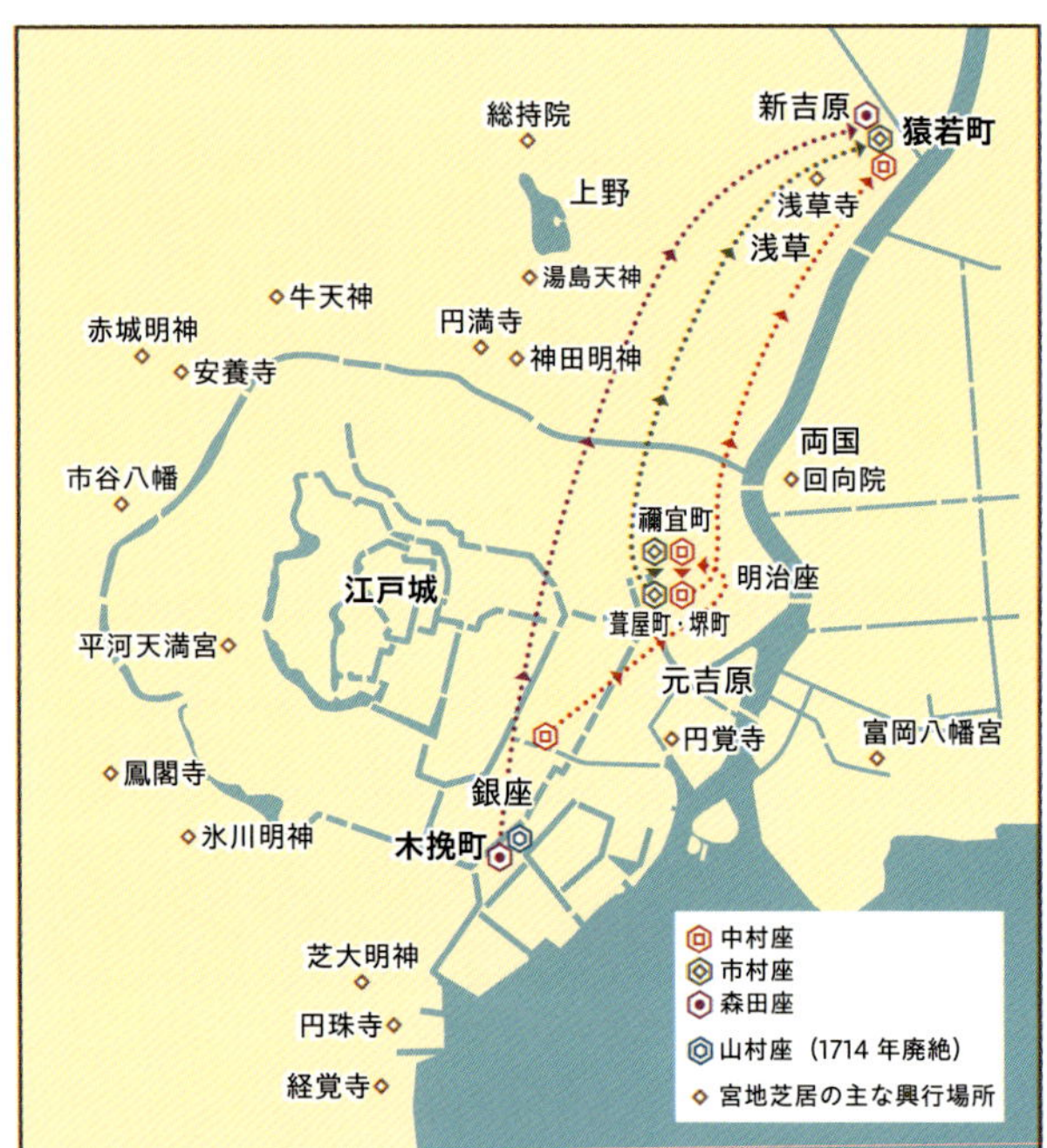

上演は早朝に開始 見物は1日がかり

相撲・吉原（P.136）と並ぶ江戸っ子の三大娯楽の一つが歌舞伎である。**歌舞伎**は江戸に幕府が開かれたのと同じ慶長8年（1603）に、出雲大社の巫女とされる**出雲阿国**が、京都で披露した「**歌舞伎踊り**」がルーツとされている。

常識にとらわれない奇抜な衣装と所作は、世間の評判となり、女歌舞伎や美少年からなる**若衆歌舞伎**が人気を博した。これらは風紀上よろしくないとの理由で幕府によって禁止されるも、すべての役を成人男性が演じる野郎歌舞伎が誕生。江戸で**市川團十郎**、上方で**坂田藤十郎**というスターを輩出し、芸能としての地位を確立し、娯楽として定着した。

江戸では浅草奥山に近い**猿若町**（現

江戸歌舞伎の興行

貴賤問わず芝居を楽しむ江戸っ子たちで埋まった中村座の芝居小屋。猿若町時代には、屋根付き3階建てで板囲いの壁に格子造りの立派な建築になっていた。

羅漢席（らかんせき）
芝居小屋に入りきれなくなった客を入れた舞台端のスペース。

役者
１年契約で、客の入りでその後の出世が左右された。また、夕七ツ半（午後５時～６時頃）に一日の演目が終わると、茶屋に戻っている上客に招かれ宴席にも参加した。

桟敷席（さじきせき）
舞台両側に２階の桟敷席がある。人気の席で芝居茶屋を通して予約する必要があった。高級客はこの席で茶屋から運ばれた食事や酒を楽しみながら観劇した。

舞台に近い席は「鶉（うずら）」と呼ばれ、桟敷席より安いお得な席だった。

花道
舞台下手（向かって左）に架けられた役者が出入りする道。

平土間（ひらどま）
１階は土間になっており、桟敷席下の升席は木枠で区切られ、数人が座るようになっていた。

木戸口（きどぐち）
芝居小屋の入り口。武士は刀を茶屋に預けてから入場した。一般客はここで料金を払う。

在の台東区浅草六丁目）で、中村・市村・森田の三座が連日、歌舞伎興行を行っていた。

三座はもともと江戸各所に散在していたが、天保13年（1842）、幕府の命で同地に移転を命じられた。

歌舞伎は演目が長いため、開演は明（あけ）六ツ（午前6時～7時頃）が原則。このため見る側も夜明け前には支度をして出かけた。歌舞伎見物はまさに一日がかりのレジャーであった。

COLUMN
江戸の庶民学
宮地芝居

歌舞伎の興行が常設の大規模な芝居小屋で行われる一方、寺社の境内などで小規模に行われたのが「宮地芝居」である。いつでも撤収ができるよう、簡易な丸太小屋を作り庶民的な小芝居を見せた。大劇場の最下級席と同じくらいの料金で人々を楽しませたが、天保の改革で取り締まりを受けた。

雷電為右衛門

寛政期の相撲界に君臨した不敗の名力士

雷電為右衛門は江戸時代後期の力士で、現在の長野県東御市に生まれた。少年期は郷里で相撲修行と学問の習得に励み、17歳で**浦風部屋**に入門した。身長約197㎝、体重約196㎏という体躯を活かしてたちまち頭角を現して**松江藩**のお抱え力士に。寛政2年（1790）には**関脇**に、同7年（1795）には力士の最高位となる**大関**に昇進した。**谷風梶之助**・**小野川喜三郎**などの強豪力士と名勝負を繰り広げ、寛政期の相撲の黄金期を築いた。

◆**生没年**
1767年～
1825年
◆**本名**
関太郎吉

図解 雷電

雷電は松江藩の松平不昧侯に仕え、無類の強さを誇った。

類稀な巨体

14～15歳の頃にはすでに6尺（約181㎝）に達していた巨漢で、現役時代は身長6尺5寸（約197㎝）、体重45貫（約170kg）あったという。

不敗の力士

現役生活21年の成績は、254勝10敗という驚異的な強さを誇った。

手形

巨大な左手の手形が十数枚残っている。

谷風梶之助

雷電に先駆ける寛政の人気力士

谷風の本名は金子与四郎。寛延3年（1750）、現在の宮城県仙台市の農家に生まれる。伝承によれば2歳で石臼を引き、9歳で5斗樽を担いだという。

身長約188㎝、体重約161㎏という巨躯を活かした相撲で、力士の最高位たる大関に昇進していた谷風は寛政元年（1789）、**小野川喜三郎**とともに、相撲の家元「**吉田家**」から「**横綱**」を締めて土俵に上がることを許されている。

横綱という地位は明治以降の制定だが、谷風のエピソードと無縁ではなかろう。

◆**生没年** 1750年～1795年
◆**本名** 金子与四郎

覚えておきたい名力士・名役者

初代 市川團十郎

荒事を得意とした江戸歌舞伎の象徴的名跡の祖

江戸時代初期の歌舞伎役者。現代まで名跡をつなぐ**市川團十郎**家の初代。延宝元年(1673)、14歳で中村座の「四天王稚立」で初舞台を踏んで以降、荒事(勇壮で武張った感じのする武勇劇)を得意とし、人気役者としての地位を確立していった。荒事が世間に歓迎された理由としては、色濃く残っていた戦国期の気風と、團十郎の芸風が合致したためと推定されている。成田山新勝寺の不動明王を篤く信仰した縁から、成田屋の屋号が生まれた。

◆生没年
1660年〜1704年
◆本名
堀越海老蔵
◆屋号
成田屋

図解 初代市川團十郎

初代市川團十郎は、荒事を歌舞伎に導入して人気を博し、その名は現在まで続く名跡となった。

文才を発揮
学問・文芸にも才能を発揮し、「三升屋兵庫」というペンネームを使って狂言作者としても活動した。

荒事の創始者
超人的な力を持つ正義の勇者が悪人を退治する、「荒事」というジャンルを歌舞伎に導入したといわれる。

非業の死
元禄17年(1704)、市村座の『わたまし十二段』に出演中、舞台上で役者の生島半六に刺し殺された。

五代 市川團十郎

俳諧や狂歌にも通じた歌舞伎役者

江戸時代中期の歌舞伎役者。

4代目**市川團十郎**の実子で、明和7年(1770)、市川團十郎を襲名した。

のちに**市川鰕蔵**と改名。広い芸域で様々な役を演じたこともあり、江戸の歌舞伎界で不動の人気を博した。

歌舞伎での活躍に加え、俳諧や狂歌を能くし、**山東京伝**・**大田南畝**・**烏亭焉馬**といった当代一流の文人たちとも親交を結んでいる。

寛政8年(1796)に引退するも、請われて数度、市川白猿の名で舞台に立っている。

◆生没年 1741年〜1806年
◆本名 梅丸
◆屋号 成田屋
◆俳号 梅童・男女川ほか

江戸っ子の娯楽

見世物小屋(みせものごや)

曲芸や珍しい動物、芸術的な細工が披露されました。

見て楽しむ見世物 外国の動物も人気

見世物は江戸時代後期になって登場した娯楽である。江戸では**両国**・**浅草**・**上野**に、大坂では**難波新地**(なにわしんち)などの盛り場に見世物小屋が軒を並べていた。

見世物の内容は3種に大別される。まず「**曲芸**」。これは今日の大道芸に相当する見世物をいう。鍛錬した肉体や技量を披露する見世物で、アクロバット的な動きで人々を驚かす軽業(かるわざ)、マジックに相当する奇術、様々な恰好で馬を乗りこなす曲馬(きょくば)、独楽(こま)を自在に操る曲独楽などがあった。

2つ目は外国産の動物を見せる「**動物見世物**」。これは物珍しさもあって人気の見世物であり、全国巡業の際には各地で話題となり、大勢の観客を動員した。

3つ目は「**細工見世物**」だ。人形などを使って歴史人物や歴史的事件をダイナミックに再現した見世物で、細工の精緻さと奇抜な構図から、常に人気の高い見世物であった。

見世物のジャンル

江戸時代に流行した見世物は大きく3つのジャンルに分かれる。

軽業・手妻(てづま)

鍛錬で習得した技術を披露するもの。手妻と呼ばれた手品やアクロバティックな曲芸、怪力自慢などが江戸っ子たちを楽しませた。

動物・奇人

世界各国の珍しい動物や常人とは異なる体つきの人間を見せるもの。ラクダやゾウ、クジャクなどのほか、大女、オナラ名人などが人々を驚かせた。

細工物

様々な材料を用いて作った工作物。竹を組み合わせて制作した、高さ7mにおよぶ三国志の英雄関羽像に代表される籠人形が知られる。

江戸っ子の娯楽

富くじ

庶民のギャンブル魂を刺激する宝くじがありました。

江戸っ子がハマった幕府公認ギャンブル

寺社の収入増加のために享保末期に始まった「御免富」のひとつ、感応寺の「富突」は、大いに江戸っ子たちを熱狂させた。

売り出された札と同じ番号が記された木札が入った箱。

富突に熱狂する江戸っ子たち。

僧が上部の穴から大錐を突き刺して当たり札を決める。これを「富突」という。富突は100回繰り返され、最後の100番目が大当たり。

富札

紙の札で番号が大書されている。値段は通常1朱だった。

幕府公認のギャンブル寺社で行われた富くじ

富くじは今日の宝くじに相当する。購入するのは寺社が販売する紙製の「**富札**」であり、抽選は錐で箱に収められた木札を突いて引き出す方法で行われた。購入した富札と抽選された木札が合致していれば、賞金獲得というシステムである。抽選方法から「**突富**」「**富突**」とも呼ばれていた。

富くじは江戸時代の中期頃から盛んになった。賭博性が高いことから、幕府はたびたび禁令を発するが、一部を「**御免富**」として公認した。認可の背景にあったのは、幕府の寺社に対する経済的負担の軽減である。寺社側も資金調達の観点から、公認は歓迎するところであった。最盛期の江戸では一ヶ月の間に約20ヶ所の寺社で富くじ興行が行われた。

江戸っ子の娯楽

寄席

化政・天保期の江戸は、空前の落語ブームに沸きました。

安さと手軽さが人気 芸人たちの芸を楽しむ

寄席とは娯楽性の高い演芸を披露する演芸場であり、出し物の中心となったのは**噺**・**講釈**・**音曲**である。「噺」は現在の落語だ。

当初は「落とし噺」と呼ばれ、芸人は噺家と称した。落語という単語が使われるようになったのは、江戸時代後期からである。

江戸時代初期、大坂で**米沢彦八**、京都で**露の五郎兵衛**、江戸で**鹿野武左衛門**によって語られていた噺は、天明6年（1786）に**烏亭焉馬**が「**噺の会**」を設立し、**三笑亭可楽**が寄席落語を始めて以降、話芸としての体裁を整えたという。このあと**三遊亭円生**、**桜川慈悲成**などの**噺家**が出て、江戸時代の化政・天保期に落語ブームが起こるのである。

「講釈」とは現在の講談で、**軍談**・**仇討物**・**侠客物**・**世話物**などを、**張扇子**で机を叩きながら、調子をつけた口調で一人芝居のように語った。

また「音曲」とは、三味線の演奏にあわせて、**都々逸**などの俗謡を披露する芸のことだ。

噺・講釈・音曲以外にも、声色と楽器を駆使して一人で8人分の芸をする八人芸や手品、影絵など多彩な出し物で観客を楽しませた。

木戸銭（入場料）が安く手軽に楽しめるとあって、こうした寄席は庶民にとって、娯楽と憩いの場になった。

江戸話芸の名人たち

江戸時代を通して、巧みな話芸を持つ名人が輩出された。

三笑亭可楽（一世／1777-1833）

1798年、江戸の下谷稲荷に寄席を開いた最も古い職業落語家とされ、観客が出す3つの題材を噺に盛り込む「三題噺」を聞かせた。

朝寝坊無羅久（一世／1777-1831）

人情噺を最初に演じた人物とされ、「情合（人情）をうまくいう」と評価された。

三遊亭円生（一世／1768-1838）

人情噺・笑話の名人とされる。自身の葬儀の際には、棺桶に花火を仕込んで参列者を驚かせたという。

古今亭志ん生（一世／1809-1856）

幕末期の落語家で、「お富与三郎」「小猿七之助」などの人情噺を得意とした。

三遊亭円朝（一世／1839-1900）

幕末・明治期の噺家で、「牡丹灯籠」「四谷怪談」などの怪談噺で一世を風靡した。

落語の源流となった三題噺(さんだいばなし)

三題噺を作る会の様子。文化元年（1804）に三笑亭可楽が始め流行。さらに幕末にも流行した。

張り出された紙に、参加者それぞれに与えられた３つの題が書かれている。
この人物が持つ紙に書かれているのが、今話している噺家に課せられた三題。
噺家
観客から提出された３つの題を即座にまとめて“オチ”をつける三題噺。

話芸いろいろ

落語	滑稽な話を展開するなかで、締めくくりに“オチ”をつける話芸。小道具は、原則、扇子と手拭いのみ。これらを使って煙草をのんだり、蕎麦をすすったり様々な動作を表現する。
講釈	大名のもとで軍談を披露する機会が減った講釈師が、神社の境内で古典や軍談を読み文章を解説するもの。
謎解き	「○○とかけて××と解く。その心は……」ととんちを披露する話芸。観客が出すなぞ解きを、即座に、いかにひねりを利かせて返せるかが腕の見せ所。
浮世噺	実際に起こった事件や物事を題材とした話芸。
三河万歳	２人の男性が、素襖烏帽子を被って家々を回り、めでたい祝語を聴かせるというもので、漫才の源流とされる。

江戸っ子の娯楽

旅

ご利益を求め、寺社参詣や、巡礼の旅が流行しました。

名目は信仰のため実質は観光旅行

江戸時代の中期頃から、庶民の娯楽に**旅**が加わった。

これは幕府による交通網の整備と、街道沿いの**宿場町**の充実に加えて、庶民の側に経済的な余裕が生れてきたことによる。

庶民の多くは、幕府が信仰に基づく旅を大目に見ていたことに着目し、参詣を名目として旅に出、行く先々で観光を楽しんだ。

最も人気だったのは**伊勢神宮**参拝で、四国の**金毘羅宮**参拝や各地の観音霊場巡りがこれに次いだ。富士山、**大山**、**御嶽山**などの山岳霊場を信仰する人々による「**講**」が組織され、旅行費用を持ち寄って数名の代参者を霊山参拝に出すケースも多かった。

こうした旅行ブームに火をつけ、牽引したのが**十返舎一九**の『**東海道中膝栗毛**』をはじめとする道中記や、**歌川広重**の『**東海道五十三次**』に代表される名所絵であった。

関東近郊の旅行先

十返舎一九の『諸国道中金草鞋』に見られる関東の主要参拝旅行先。関東周辺の霊山や観音巡礼、成田詣や鹿島・香取詣も人気の参詣スポットだった。

※『図表で見る江戸・東京の世界』（東京都江戸東京博物館）をもとに作成

笠間稲荷
水戸
筑波山
水戸道
鹿島神宮
息栖神社
香取神宮
成田山新勝寺
銚子
中山法華経寺
鹿野山神野寺
小湊清澄寺・誕生寺

▲ 主要山岳登拝地
● 主要参拝遊山地
◆ 坂東33か所観音巡礼

1 杉本寺
2 岩殿寺
3 安養院
4 長谷寺
5 勝福寺
6 長谷寺
7 光明寺
8 星谷寺
9 慈光寺
10 正法寺
11 安楽寺
12 慈恩寺
13 浅草寺
14 弘明寺
15 長谷寺
16 水澤寺
17 満願寺
18 中禅寺
19 大谷寺
20 西明寺
21 日輪寺
22 佐竹寺
23 正福寺
24 楽法寺
25 大御堂
26 清瀧寺
27 圓福寺
28 龍正院
29 千葉寺
30 高蔵寺
31 笠森寺
32 清水寺
33 那古寺

江戸時代の旅装
手拭
埃避けのために浴衣をまとう。
三度笠
杖
足袋
脚絆
草履
編笠
手甲
脇差
刃渡りの短い脇差は刀とみなされておらず、庶民でも携行可能だったため、護身用として持ち歩いた。
半合羽
歩きやすいよう尻をはしょる。
股引
脚絆（きゃはん）
草履
COLUMN
江戸の庶民学
御蔭参り（おかげまい）
伊勢参詣において定期的に起こった現象。伊勢神宮のお札が降ったなどという噂が広まると、人々が集団で歌い踊りながら伊勢を目指す現象が起こった。関所も破られるほどの恐慌ぶりで、なぜか60年に1度の周期で発生した。
信州善光寺
日光東照宮・中禅寺
宇都宮大明神
二荒山神社
赤城山
榛名山
妙義山
中山道
日光道中
秩父34か所観音巡礼
松山箭弓稲荷
武甲山
御岳山
甲州善光寺
府中
甲州道中
六所明神
高尾山
平間寺
川崎大師
大山
身延山久遠寺
七面山
富士山
大雄山最乗寺道了尊
鎌倉
箱根山権現
小田原
鋸山日本寺
伊勢参詣
1
2
3
4
5
6
7
8
9
10
11
12
13
14
15
16
17
18
19

湯屋（ゆや）

江戸の風呂屋は、ゲームも楽しめるレジャー施設でした。

二階

下駄箱

番台

上がり湯

上り場

脱衣場

❶ 男女別の入り口から入り、番台に入浴料を支払う。

❷ 履物を下駄箱に入れ、板の間の脱衣場に上がって衣服を脱ぐ。服は衣装戸棚に入れるが、管理は自己責任だった。

入浴料は初期で大人６文、子供４文、天保までは大人 10 文、子供８文。幕末で 12 文だった。また、月極の入浴切手（羽書）を発行する湯屋もあり、『守貞漫稿』にはひと月約 148 文とある。

❺ 竹簀子張りの上がり場で水気を落とし、浴衣を着る。

❻ ２階へ上がって囲碁や世間話を楽しむ。（男性限定で別料金）

2階
囲碁や将棋が備えられており、休憩をすることができる。

流し場
中央に向かってＶ字に傾いており、排水しやすくなっている。体を洗う際は、米糠を小袋に詰めたものを石鹸代わりに使用した。

脱衣場
洗い場との間に仕切りはなかった。

入浴は江戸っ子の日課 湯屋でひと汗を流した

江戸は風が強くて埃っぽいため、江戸っ子たちは日々の入浴を欠かさなかった。この際に利用されたのが、当時は**湯屋**と呼ばれていた公衆浴場である。

文化11年（1814）に刊行された『**塵塚談**（ちりづかだん）』には「**風呂屋**（湯屋といふ。銭湯ともいふ）、江戸中に六百軒余これ有り」と記されている。営業時間は午前6時頃から午後8時頃まで。入浴料金は一人6〜10文（今日の180〜300円）で、常連客の多くは「**羽書**」という1ヶ月分の入浴定期券を購入していたそうだ。

マナーを守って気持ちよく 2階は男だけの社交場に

湯屋には気持ちよく入浴するため、複数のマナーがあった。最たるものが

COLUMN
江戸の庶民学
湯屋と風呂屋の違い

江戸時代初期にも湯屋はあったが、当時は蒸し風呂だった。暑い蒸気で体を温めて垢を浮かせ、これを垢かき棒でかきとるのである。

このサウナを湯女(ゆな)風呂と呼ぶのは、客の垢をかいたうえで性接待をする女性がいたためだ。

この時期に江戸市中を横行して人々を悩ませた「かぶき者」たちが足しげく利用していた。

湯女風呂の風景。

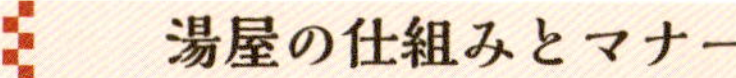

湯屋の仕組みとマナー

関東ローム層の赤土に覆われ埃の立ちやすい江戸に暮らす人々にとって、風呂に入ることは日課であった。とはいえ、内風呂はほとんどの家になく、現代でいうところの銭湯である湯屋が繁盛した。

4 浴槽から上がって流し場に戻り、上がり湯からお湯を汲んで体を洗う。

柘榴口(ざくろぐち)

蒸気を逃がさないための板戸があり、その下を潜る仕組み。柘榴口の上部は、鳥居や破風型に仕立てられ、黒塗りや朱塗りの柱や装飾などが施されていた。

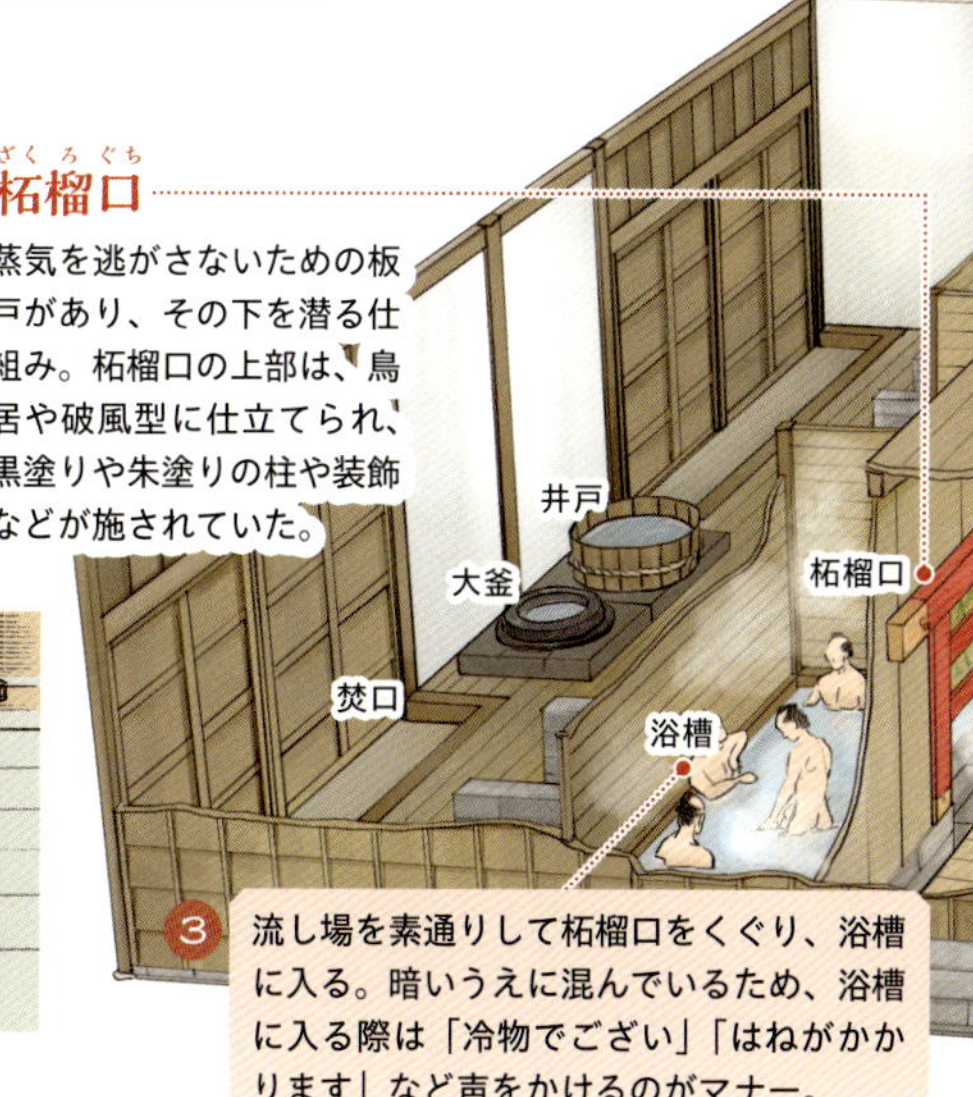

3 流し場を素通りして柘榴口をくぐり、浴槽に入る。暗いうえに混んでいるため、浴槽に入る際は「冷物でござい」「はねがかかります」など声をかけるのがマナー。

声かけだ。**柘榴口(ざくろぐち)**を潜(くぐ)って入る浴槽内部は真っ暗で、人の顔も見えないほどであったから、「冷物でござい」と声をかけ、浴槽から出る際にも「はい、またぎます」「はい、出ます」と周囲に声をかけたという。上がり湯を浴びる際や、子供を連れての入浴でも必ず周囲に声をかけた。また、正月の**初風呂屋**や、**菖蒲湯(しょうぶゆ)**、**柚子湯**など特別な日には、湯屋の主に12文程度のおひねりを出すのがマナーであった。

2階には男性客だけの座敷があり、別料金さえ払えば誰でも上がれた。利用者は茶を飲み、菓子をつまみつつ、囲碁・将棋を楽しみ、武士・町人という身分の枠を超えて雑談に興じた。

湯屋は当初、男女混浴であったが、風紀上の理由から禁止となり、男湯と女湯に分けられた。しかし、幕末になっても混浴の湯屋は残っており、訪日した外国人を仰天させている。

江戸っ子の娯楽

ペット

現代と変わらず、犬や猫を家族の一員としていました。

江戸っ子を虜にしたペットたち

江戸では愛玩用のペットも流行した。夏になれば金魚売りが、秋になれば虫売りが家々を回り、犬・猫・鳥が愛された。

金魚

18世紀半ばの宝暦年間頃から庶民の間に浸透し、ランチュウなどの高級品種が中国から輸入された。日本でも品種改良が行われ独自の品種が作られている。

ガラスのない時代にあって、金魚は鉢や石の水槽に入れて上から眺めた。金魚玉と呼ばれるボールのような容器に入れてぶら下げて鑑賞する者もいた。

昆虫

松虫・鈴虫・キリギリスなどが好まれ、虫籠に入れて鳴き声を楽しむ。

竹ひごで編まれた虫籠に入れた。

愛玩動物のトップは猫 鼠駆除の役割も期待

殺伐とした戦国の気風が残る江戸時代初期でこそペットを飼育するのは極めて少数派であったものの、中期から後期にかけて人心が和らいでくると、愛玩用の動物を飼う人々が増え始めた。

最も多く飼われたのは**猫**だ。ただ、純粋な愛玩用ではなく、ネズミを駆除する役割も期待されていた。『鼠よけの猫』と題した絵には、**歌川国芳**（うたがわくによし）によって猫が描かれ、「この絵は、猫の絵を描くことに妙を得た国芳の猫の図なので、この絵を家内に貼っておけば、鼠が恐れをなして出てくることがなくなる。出てくることがあってもいたずらをしない」という文言が記されており、猫に対する当時の人々の認識が窺える。

猫に対し、**犬**の種のひとつである狆（ちん）

犬

縄文時代以来愛され続ける犬は、個人の家庭のみならず、長屋や地域で番犬として共同で飼うケースもあった。

上流階級や色街で人気だったのが、中国原産の狆。とくに大奥では大変な人気を博した。

猫

犬とともにポピュラーな愛玩動物。犬と同様、地域でネズミ捕りのために飼われることもあった。

絵師の歌川国芳は大の猫好きとして知られ、猫をモチーフとしたユニークな作品を多数残している。

小鳥

カナリヤやヒワ、鶯（うぐいす）、鶉（うずら）などが人気を博した。とくに鶉・鶯など美しい声で鳴く鳥については、「鳥あわせ」と呼ばれる鳴き声コンクールが開かれるほど。また鶯の糞は美顔用にも使われた。

声真似をするオウムには、声色を練習させる本まであった。

も室内飼いのペットとして人気で、**遊女**や上流階級の女性に愛された。

飼い主のいない犬などは、地域の犬として住人たちが飼育し、食べものの残りなどを与えていた。子犬が生まれると子供たちが小屋を作るなどして、母犬と子犬の面倒を見たという。

季節ならではの飼育 金魚と昆虫が好まれる

小鳥では**鶯**（うぐいす）・**鶉**（うずら）・**駒鳥**（こまどり）の三鳥が、鳴き声の愛らしさからペットとして好まれた。しばしば鳴き声の善し悪しを競う「**鳥あわせ**」という鳴き声コンクールも開催されたという。

季節の生き物もペットとして飼われた。**金魚**は夏の風物詩であり、石の水槽などで飼われた。秋は**昆虫**が人気だった。キリギリス、**松虫**、**鈴虫**、**くつわ虫**など、鳴き声の美しい虫が好まれた。また、**蛍**も季節の昆虫として飼われた。

江戸っ子の娯楽

釣り

武士も庶民も指南書を片手に釣りを楽しみました。

仕事帰りのレジャーの代表は誰でも楽しめる釣り

釣りは江戸時代に武士から始まった新しい趣味であり、庶民にも浸透していった。当初は男性の趣味だったが、享保年間には、江戸近郊の釣り場案内や釣り道具の情報を掲載した『**何羨録**』という釣りの指南書が発刊され、女性の関心も高まった。多くの浮世絵に釣り人の姿を見ることができ、当時の釣り指南書には、**鉄砲洲**、**佃島**、**天王洲**、**山谷堀**、**木場**、**仙台堀**などが釣りポイントとして紹介されている。

河川釣り、海釣りに加え、現在の釣り堀のような店もあったといわれ、江戸はまさに釣り天国であった。

庶民も武士も楽しんだ釣り

釣りは徳川家康も楽しんだ江戸時代の趣味・道楽のひとつである。テグスの導入などにより、あらゆる階級、老若男女問わず楽しめるようになった。

釣り竿一本を手に軽装で行う陸釣りから、船を仕立てて海に出る沖釣りもあった。
「テグス」は、蛾の幼虫の体内から抜き出した絹糸腺から作る半透明な釣り糸。魚から糸が見えなくなり、警戒させずにエサに接近させることが容易になった。
釣りの名所は佃島・鉄砲洲（中央区）・洲崎（江東区）・品川など。また隅田川百本杭は鯉釣りのスポットだった。

東京湾で釣れる魚

江戸っ子の娯楽

園芸(えんげい)

庶民はこぞってガーデニングに熱を上げていました。

染井の園芸センター

染井を中心とする現在の豊島区駒込・巣鴨一帯は、江戸時代、園芸用の植物を栽培し、販売する園芸センターだった。

植木屋・伊藤伊兵衛の庭。桜の代表的な品種であるソメイヨシノも、染井村で開発された。
植木鉢で育てる鉢物は江戸時代を通じて流行。特に朝顔は突然変異が起きやすく、多様な朝顔が生まれている。

庶民も楽しんだ園芸品評会は常に大盛況

江戸時代は園芸が普及した時代で、様々な種類の植物が園芸品として育てられた。このうち江戸時代初期には椿と**躑躅**(つつじ)が、江戸時代中期には**菊**と**橘**が、江戸時代後期には**朝顔**、**万年青**(おもと)、**松葉蘭**(まつばらん)がブームを巻き起こした。

これらは狭い場所でも育てられる鉢物のため、庶民も路地に朝顔や菊の鉢を置いて花を愛でた。また、桜の**ソメイヨシノ**が品種改良によって誕生したのも江戸時代のことである。

品評会も各地で開催された。『**江戸名所図会**』には、毎月8日と12日に行われた茅場町(かやばちょう)の薬師堂の縁日で、所狭しと並べられた様々な植木の鉢を老若男女が品定めしている情景が描かれており、江戸っ子の園芸熱を窺うことができる。

江戸っ子の娯楽

学問と手習い

向学心旺盛な江戸っ子たちは、町のカルチャースクールで学問にいそしみました。

高かった向学心が、新しい学芸を後押し

人々の向学心が高かったことに加え、幕府が庶民にも学問を奨励したことで、元禄期以降、江戸では学問熱が高まり、新しい学芸が次々に誕生した。

江戸時代後期に生まれた「**石門心学**」はその代表格である。創始者の石田梅岩は商家に奉公するかたわら、儒学書、日本の古典、仏教書を読み、庶民の自立を根幹とした心学を提唱した。

江戸後期には、武士・学者・町人による**私塾**も相次いで開かれ、新興の学問である**国学**や洋学の講義がなされ、**伊能忠敬**や**関孝和**などの文化人が在野から輩出されることとなる。

日本で生まれた高等数学 庶民も読んだ和算テキスト

和算とは日本で独自に発達した数学をいう。もともと計算・測量の学問として発達してきたが、**吉田光由**が『**塵劫記**』によって内容を深化させ、関孝和が微分・積分や筆算代数学に類似した方法により、円の面積を求めるなどの研究を行った。

和算はその後の研究者によって継承され、広く民間にも普及した。江戸時代後期に**会田安明**という算術家が著した和算書は、**円周率**の求め方をはじめとして、高等な計算方法が記載されているにもかかわらず貸本屋で流通し、庶民に趣味感覚で読まれていた。

算額

和算の流行は、絵馬に難解な問題と解法を記して奉納する算額の文化を生み出した。もとは問題を解いたことを感謝する意味があったが、ほかの和算家に対する挑戦的な意味も持っていたようだ。

高かった江戸の理系力 渋川春海は暦を作成

元禄期以降、自然科学では**本草学**や**医学**・**農学**など実用学問が発達した。本草とは薬の素材になる草という意味だが、やがて、動物・鉱物にまで研究対象範囲が広がり、次第に博物学的傾向を強めていった。**貝原益軒**の『**大和本草**』、**稲生若水**の『**庶物類纂**』は博物学的本草学の集大成である。また、商品作物の栽培方法を詳述した宮崎安貞の『**農業全書**』は広く読まれた。

天文・暦学の分野では、**渋川春海**（安井算哲）が、自身の計測によって**貞享暦**を作成すると、幕府は平安時代以来の宣命暦を廃し、貞享暦を採用した。

エレキテル

平賀源内が開発したエレキテル。外付けのハンドルを回すと内部でガラス管が摩擦されて電気が起こり、この電気が銅線に伝わって放電する仕組み。

三味線の普及により、庶民が音楽を演奏する

和楽器の代表格ともいうべき**三味線**は戦国時代の末に、琉球王国から日本本土へと伝えられた。歌舞伎興行で楽器として使用されて以来、歌舞伎の浸透とともに、世間に普及していった。音曲とはこの三味線の伴奏をともなった音楽のことである。

音曲は語り物と歌い物に大別される。語り物とは物語を三味線の演奏にあわせて語るもので、歌い物は語りよりもメロディーを重視している。

江戸ではそこかしこに三味線教室があり、芸事を身につけて玉の輿を狙うべく稽古に通わされる庶民の子女が生徒の中心であったが、大人の男性の間にも小唄や端唄が流行し、稽古に通う者も多かった。ただ一方で元芸者の師匠が多いため、下心見え見えで通った男性も多かったという。

三味線はとくに元芸者の師匠が多かったこともあり、下心丸出しで習いに行く男性も多かった。

音曲の手習い

江戸時代後期になると、娘たちに三味線や琴を習わせることがブームになった。

平賀源内

エレキテルを復元した江戸学問界の巨星

◆ **生没年**
1728年〜
1779年
◆ **諱**
国倫
◆ **通名**
源内、元内
◆ **号**
鳩渓

平賀源内は高松藩士の子として生まれ、家督継承後、長崎留学を経て江戸で本草学を研究し、本草学者として名を知られるようになった。

その後脱藩して江戸で本草学の研究を深化させるかたわら、発明・戯作・絵画など様々な分野で才能を開花させた。摩擦を利用して静電気を起こす**エレキテル**の復元は、その功績として最も有名だ。戯作は風来山人、天竺浪人などの名前で著し、日本初の西洋画といわれる「**西洋婦人図**」を描いた。

図解 平賀源内

エレキテルを復元した発明家として知られる源内は、ほかにも鉱山開発や油絵、戯作など多様な才能を発揮した。

コピーライター

商品の広告コピーをつくるなど、コピーライター的な活動も行った。鰻屋から夏になると売上が落ちることを相談された際、「鰻を食べると、夏負けしない」と宣伝したことで土用の丑の日に鰻を食べる風習が広まったという俗説がある。

天才の晩年

安永８年（1779）に勘違いから大工の棟梁２人を殺傷したかどで投獄され獄死した。一方で、実は田沼意次の手引きで逃げ延びて天寿を全うしたという異説がある。

山東京伝

寛政の改革で取り締まられた江戸の人気戯作者

◆ **生没年** 1761年～1816年
◆ **本名** 岩瀬醒
◆ **通名** 甚太郎、京屋伝蔵
◆ **号** 醒斎、菊亭ほか

江戸時代後期の作家・山東京伝は、戯作・黄表紙・読本・合巻など、様々な分野で才能を発揮した。

出世作となったのは、天明２年（1782）に著した『御存商売物』だ。これが**大田南畝**に認められて作家として名を知られ、自ら挿絵も描いた『江戸生艶気樺焼』で、人気作家としての地位を確立した。

寛政２年（1790）には、『仕懸文庫』などにより洒落本（遊里の生活を描いた本）の作者として名を成すも、寛政の改革の際、風紀を乱す作家として取り締まりの対象になった。

覚えておきたい作家・教養人

曲亭馬琴

失明しても執筆を続けた『南総里見八犬伝』の作者

江戸時代後期の読本・合巻作者。本姓は滝沢。曲亭は号なので本姓を冠した滝沢馬琴という呼称がよく知られる。旗本**松平信成**に仕える武士の五男として生まれ、寛政2年（1790）、山東京伝に入門して作家としてのスタートを切った。

代表作は**『椿説弓張月』**と**『南総里見八犬伝』**。前者は**葛飾北斎**が挿絵を描き、後者は**勧善懲悪**を底流に据えた伝奇的小説としてベストセラーとなった。

◆生没年
1767年～1848年
◆本名
滝沢興邦
◆通名
倉蔵、清右衛門
◆号
著作堂、蓑笠漁隠、愚山人ほか

図解 曲亭馬琴

江戸深川で旗本の用人の父のもとに生まれた馬琴は、のちに山東京伝に弟子入りし、蔦屋重三郎のもとで下積み時代を過ごした。

代表作

28年をかけて98巻106冊で完結した『南総里見八犬伝』、源為朝の活躍を描き、長編史伝文学の先駆となった『椿説弓張月』が知られる。

失明しても執筆

74歳のときに両目とも失明し、『南総里見八犬伝』は馬琴に先立って没した長男・宗伯の妻・みちが口述筆記して完成させた。

十返舎一九

『東海道中膝栗毛』を大ヒットさせた戯作者

十返舎一九は、江戸時代後期に活動した黄表紙・洒落本・合巻作者である。

本名は**重田貞一**といい、駿府（現在の静岡市葵区）の武士の家に生まれた。最初は武家奉公に励むもこれをやめ、大坂で人形浄瑠璃の脚本を手がけるなどした後、江戸に出府。**山東京伝**の知遇を得、版元・**蔦屋重三郎**のもとに寄寓した。

その後、享和2年（1802）に刊行した**『東海道中膝栗毛』**が大ベストセラーとなり、滑稽本作者としての地位を確立した。

◆生没年 1765年～1831年
◆本名 重田貞一
◆通名 幾五郎、与七
◆号 酔斎

江戸のアンダーグラウンド

吉原①

吉原の歴史

江戸に生まれた一大歓楽街は、文化の発信地でもありました。

幕府公認の遊廓として、圧倒的存在感を放つ別世界

江戸の娯楽は、幕府公認の遊里である吉原抜きには語れない。

吉原遊廓の誕生は江戸時代初期の元和4年（1618）までさかのぼる。

遊女屋はそれまで「傾城屋」と呼ばれて、江戸市中の各地に散在していたが、**庄司甚右衛門**たちは遊女屋を遊郭として1区画にまとめて統制下に置けば、遊女商売を独占できると考え、遊郭の建設を幕府に願い出た。

幕府も「遊女屋を一括して監視下に置けば、治安維持のうえで便利」との結論に達したため、現在の**日本橋人形町**の葭が茂る湿地帯に遊郭街が誕生した。これが**元吉原**である。

ところが、江戸の町が拡大するにつれて元吉原は町のど真ん中に位置するようになってしまう。

明暦2年（1656）、幕府は風紀上の問題と治安維持の観点から、吉原に移転を命令し、**日本堤**に移ることになった。

この翌年、「**明暦の大火**」によって江戸が焼け野原になると、吉原は浅草寺裏の日本堤に移って営業を再開した。

これが現在もその名残を残す**新吉原**、つまり吉原である。

これを機に夜間の営業が認められた吉原では、夜間の外出に制限のある武士に変わって、裕福な町人が主な客層となっていく。

以降、町人文化との混淆が始まり、江戸時代を通じて風俗文化の発信地となっていた。

COLUMN

江戸庶民学

お得な仮宅営業

吉原は日本堤での営業再開後、20回を超える大火に見舞われ、そのたびに灰燼に帰している。

幕府公認遊廓という性格上、営業を停止する訳にもいかないため、妓楼が再開されるまでのあいだに限って、「仮宅」での営業が許された。

江戸市中の家屋を借り受けて、臨時営業をするのである。

じつはこの仮宅営業。妓楼と遊客の双方にとってお得であった。

店側は臨時店舗であるから妓楼として様式や格式を保つための費用をかけずに営業ができた。一方客も、揚代が安価とあって、普段は吉原に縁のない男たちであっても遊ぶことができたのだ。

遊客が胸を躍らせた吉原への道のり

江戸市中から吉原へ向かうには、陸路と水路２通りの経路があった。

江戸のアンダーグラウンド

吉原②

吉原の遊女たち

客を取っていたのは、身売りされた女性たちでした。

張見世の様子～妓楼の等級を知ろう

遊郭は店の規模や遊女の階級によって格式が分かれていた。引き手茶屋が並ぶ仲の町の両側に妓楼が立ち並び1階の張見世に遊女が座って客を待っていた。

格子でわかる妓楼の等級

妓楼の格式を示すのが張見世の格子の形である。上のイラストの遊女屋は半籬の中見世に当たる。

小格子
揚代一分以下の遊女しかいない下級妓楼。小見世という。

半籬
揚代が二分以上と二朱の遊女がいる中級妓楼。中見世という。

大籬
揚代が二分以上の遊女しかいない高級妓楼。大見世という。

親に売られた娘たち 初体験後に客とり

吉原の遊女となるのはほとんど、貧困家庭から売られた女性だ。売買の仲介となるのは、**女衒**と呼ばれる遊女屋斡旋業者。遊女屋との間に「不通縁切証文」「遊女奉公人年季請状」を取り交わした。前者は親兄弟との縁を切り、娘を遊女屋に養女として出す旨を記した証文である。後者は年季を定めて娘を遊女屋に奉公させる旨を記した契約書である。実質的な人身売買であるが、「奉公」という体裁を採っているのは、幕府が人身売買を禁止していたためだ。

明和5年（1768）成立の『古今吉原大全』には「五、六歳、あるいは七、八歳より、この里にきたりて、姉女郎に従い、十三、四歳にもなれば、姉女郎の見はからいにて、新造に出すなり」とあり、ほとんどの遊女が年端もいか

遊女の種類と遊女の一日

遊郭の遊女は花魁（おいらん）と新造（しんぞう）。彼女たちの下には振袖新造や禿が見習いとして存在し、番頭新造、遣手らが世話と監督を担った。

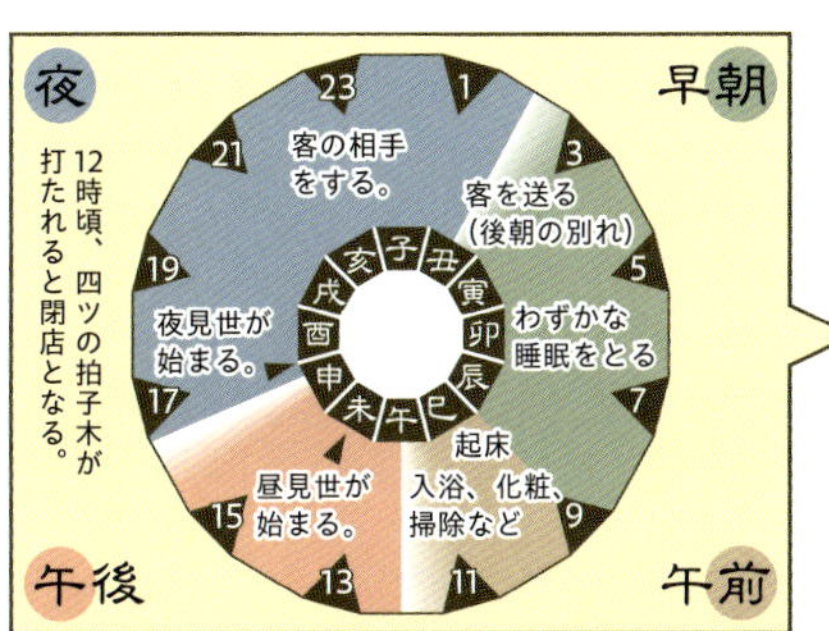

遊郭の女性たち

花魁（おいらん）（新造付き呼び出し）
最上級の遊女で揚代は1両1分に達する。

花魁（おいらん）（呼び出し／昼三）
昼間の揚代が三分の上級遊女。

花魁（おいらん）（座敷持ち）
自分用の個室と客用の座敷を持つ遊女で、揚代は二分。

新造（しんぞう）（部屋持ち新造）
遊女になりたての若い遊女で、自分用の個室を持つ。揚代は一分。

茶屋女房
引手茶屋の女房で、客の案内・世話を担当する。

茶屋下女
引手茶屋の下働きの女性。

遣手（やりて）
遊女や禿の世話と監督を行う一方、客扱いの責任者も務める。

番頭新造（ばんとう）
年季明け後、行く場所がないために妓楼に残った新造。

※年中行事や節句など特別な日は「紋日」とされ、料金は通常の2倍となった。

見習い・世話

振袖新造（ふりそで）
禿上がりの見習い遊女。客は取らず赤い振袖姿をしている。

禿（かむろ）
花魁につく6～14歳の少女。まずこの地位に就く。

ぬ頃から吉原に入った旨を記している。

吉原に入った少女は、遊女見習い「禿（かむろ）」→新人女郎「新造（しんぞう）」を経て、「水揚（みずあげ）」と呼ばれる性の初体験をしてから、客を取るようになった。体験相手は妓楼の常連で、性のベテラン客に依頼することが多かったようだ。遊女としての本格的生活が始まると、年季明け、身請け、死亡するまで遊女の身分から解放されなかった。

COLUMN 江戸の庶民学
ありんす言葉

時代劇で吉原の遊女たちが使う「ありんす」とは「あります」の意だ。吉原遊廓内ではこのありんすをはじめ、「私」を表す「わっち」「あちき」など遊廓内だけで通じる様々な言い回しが使われていた。

これは遊女の多くが地方出身者で御国訛りがひどく、会話による意志疎通が難しかったことによる。

覚えておきたい
有名太夫

高尾太夫（2代）

三浦屋に受け継がれた名跡
仙台藩主に身請けされた2代目

◆生没年
？〜1660年？
◆見世
三浦屋
◆特技
書・和歌・俳句

高尾は吉原の高級遊女中の伝説的存在であり、その名跡は遊郭のひとつ**三浦屋**にて継承された。歴代高尾に関しては文献によってばらつきがあり、『近世奇跡考』や『高尾考』は11代、『はちす花』が9代、『異本洞房語園』が7代続いたとしている。

歴代の高尾の中で最も有名なのが、2代目である。仙台藩主・**伊達綱宗**に身請けされたことから、「**仙台高尾**」の通称で呼ばれる。

仙台高尾以外には、染物職人の女房になった「**紺屋高尾**」、徳川譜代の名門大名・榊原家に身請けされた「**榊原高尾**」などが有名だ。

図解 高尾太夫（2代）

高尾太夫は遊郭「三浦屋」において代々襲名された源氏名で、吉野太夫・夕霧太夫と共に三名妓と呼ばれる。11代続いたともいわれるが、最も有名なのが2代目である。

悲劇の伝説

陸奥仙台藩主・伊達綱宗が高尾太夫を気に入り、3000両もの大金で身請けしたものの、高尾は綱宗になびかず、焦れた綱宗によって、船中で惨殺されたという。

神様になった遊女

実際は万治3年（1660）19歳で病没したとされ、中央区日本橋箱崎町に高尾太夫の頭蓋骨を祀る高尾稲荷神社が鎮座する。

勝山（かつやま）

流行のヘアスタイルを生んだ粋と張り

◆生没年 不詳（17世紀）
◆見世 丹前風呂（町風呂）
◆特技 ファッション

江戸時代初期の遊女・**勝山**は、江戸神田堀丹後守屋敷前で営業していた湯女風呂「紀伊国屋」お抱えの**湯女**である。

外出の際には木刀を腰にさし、黒仕立ての編み笠を被って、男装して出かけるという一風変わった女性であった。

幕府の取り締まりを受けて吉原に移籍してからは、丹前（たんぜん）の勝山という名前で評判となった。

明暦3年（1657）以降、廓（くるわ）を去ったと伝えられる。江戸時代の女性の髪型として有名な「**勝山髷（かつやままげ）**」は、この遊女が結ったヘアスタイルをもとに生まれたという。

玉菊（たまぎく）

奈良茂に愛された芸事に優れた遊女

◆生没年 1702年〜1726年
◆見世 万字屋
◆特技 三味線

玉菊は江戸時代中期の遊女。才色兼備なうえに三味線の演奏にも卓越した技術を持っており、持ち前の気前の良さから、多くの人々に愛された。

5代目**奈良屋茂左衛門（ならやもざえもん）**をパトロンとしていたことから、金銭的不自由は一切なく、豪奢な生活を送っていたが、酒の飲みすぎが災いして早死にしてしまう。

吉原の人々は、この芸術家肌の遊女の死をたいそう悲しみ、新盆と三回忌に盛大な追善供養をしたと伝えられる。吉原の三大名物「**玉菊灯籠（たまぎくどうろう）**」にその名を留めている。

花扇（はなおうぎ）（4代）

吉原の大見世に代々継承された名跡

◆生没年 18世紀
◆見世 扇屋
◆特技 書・和歌・茶道・香道

花扇は、大見世のひとつ「扇屋」の筆頭遊女の名前であり、扇屋の優れた花魁（おいらん）に代々継承された。

このうち初代花扇は和歌・茶道・香道に秀でた一流の知識人であった。また、能書家としても著名であり、江戸時代中期から幕末期まで毎年刊行されていた川柳句集『**誹風柳多留（はいふうやなぎだる）**』には、「扇屋の要東江流（とうこうりゅう）に書き」と記されている。

東江流とは漢学者・戯作者の沢田東江（さわだとうこう）が創始し、一世を風靡した書道流派のこと。初代花扇が時代の最先端を行く同書派に通じていたことは、特記されて良い。

吉原③

吉原（よしわら）の遊（あそ）び方（かた）

吉原を満喫するにも、客の側に求められる格式高いルールがありました。

図解 〝江戸のファッションリーダー〟花魁

花魁と呼ばれた吉原の遊女たちは、高い教養を身につけ、着物や髪型などが江戸の女性たちのファッションの模範となった。

手紙
馴染みの客に情熱的な手紙を書いて客の気持ちを引き付けておくのも遊女の仕事。武士や大商人など教養のある人物を相手にするため、高い教養を身につける必要があった。

髪型
高位の遊女ほど多くの簪をさした。花魁の髪型から一般化したヘアスタイルも多い。

着物
流行は時代によって変わるが、帯を前で結うのが特徴。「紋日」のひとつ八朔（旧暦8月1日）には専用の衣装を新調しなくてはならず、負担してくれる客がいないと自腹。用立てられない場合は遊郭の主人から借金をせざるを得なかった。

化粧
顔が真っ白になるような厚化粧はせず、白粉は薄く塗った。

素足
遊女は一年中足袋は履かせてもらえない。これは長い着物を着て階段で滑って怪我をしないようにするため。

下着
下着は「湯文字」とも呼ばれる「腰巻」を着用。遊女は緋縮緬の腰巻を着用した。

店舗により異なる遊び方 高級遊女相手は最も厳格

吉原ではどのように遊ぶのだろうか。遊郭とひと言で言っても吉原には200軒を超える見世（妓楼）があり、「**大見世**（おおみせ）」「**中見世**（なかみせ）」「**小見世**（こみせ）」と規模によってランク分けがあった。最も格が高い「大見世」で遊ぶには、仲介役となる**引手茶屋**（ひきてぢゃや）を通す必要があった。ここで客は指名した遊女の迎えを待ち、遊郭へ向かう。中ランクの「中見世」は、引手茶屋を通す必要のある高級遊女と、仲介なしに遊べる遊女が混在し、「小見世」は引手茶屋を通さず、金さえ払えば誰でも遊ぶことができた。

公認遊廓たる吉原は一種の「特別区」であるため、とくに高級遊女と遊ぶ際には、客側にも相応の服装、礼儀作法、マナーなどが求められた。遊びといえども好き勝手は御法度（ごはっと）だった。

吉原の遊び方～登楼まで

吉原で遊ぶとき、初会と馴染みの遊女がいる場合とで、登楼までの流れは異なる。前者は遊郭へ向かい張見世にて遊女を選ぶ。一方、後者や上客の場合は引手茶屋に入り、遊郭からやってくる遊女の迎えを待つ。

＼いざ、登楼！／

次頁へ

吉原は帯刀がご法度。武士は刀を茶屋に預けなくてはならない。

馴染みコース

引手茶屋で花魁を待つ

花魁の指名は仲の町両側に並ぶ引手茶屋を通す場合と、直接見世へ行き張見世で花魁を選ぶ「見立て」があった。前者の場合は上客に限られ、茶屋に相談してから、迎えに来た遊女とともに登楼する。

初回コース

『吉原細見』で事前に情報を得る！

『吉原細見』は吉原のガイドブック。蔦屋重三郎は発行を引き継いだ際、折本仕立の細見を安く売り出して人気を博した。蔦屋は大門に向かって左側にあった。

＼いざ、登楼！／

次頁へ

張見世で好みの遊女を選ぶ

初回の客は張見世で遊び相手としたい花魁を選ぶ。その後、見世側と料金交渉をして、交渉成立後、見世の2階へ上がる。

吉原の遊び方—初会から首尾を遂げるまで

吉原で遊ぶには様々なしきたりがあり、登楼後も花魁と契りを交わすまでには大金をかけながら、粋な姿を見せなくてはならなかった。

③何度も通い、遊興する

1回目の登楼が「初会」、2回目が「うら」と呼ばれ多少の親しさを見せてくれる。3回でようやく心を開いてくれる。ただし、花魁ばかりか周囲の人々に馴染み金を出さなくては馴染みになれなかった。馴染み金には、遊女や新造、禿、遣手に贈る「二階花」と、「惣花」といって遊郭で働く者全員に贈る馴染み金の2種類があり、相当な額に上る。

寝具や着物も客によってしつらえられたもの。これも馴染みとなる条件だった。

敷布団の枚数は遊女のランクによって決まっており、階級が上がるほど増えていった。

提供される料理は「台の物」と呼ばれ、客が茶屋に別料金で注文したもの。料理をケチると花魁にフラれる。

④床入り

頃合を見て若い者が「御片付け申します」と申告。床の準備が行われる。晴れて花魁と契りを交わすことができるが、以降浮気は厳禁となる。

遊興の場は基本的に2階だった。多くの人が上り下りできるよう、階段は広くつくられていた。

②花魁と酒宴を行う

客は花魁の部屋へ通され酒宴が始まる。ただし、初会の花魁はそっけない。これは花魁と親しくなるには何度か通って馴染みの客にならなければならないため。初会は酒宴でもてなされるだけで終わり、しかも酒宴の最中でも花魁はほかの客を取りに行ってしまう。

初会で嫌われて２回目を断られる客も多かった。

馴染みになると、膳は蝶足膳となり、箸袋に客の名前が書かれるようになる。

妓楼には「青楼の庭」と呼ばれる中庭があった。灯籠や樹木、石で飾られ、客の目を楽しませた。

馴染みになると、それまで新造や禿から「客人」と呼ばれていたのが、名前で呼ばれるようになる。

何度も登楼して馴染みになったら浮気は厳禁。浮気がばれると髪を切り落とされたり振袖を着せられたりと辱めを受ける。

上座に座るのは花魁で、客は下座に座る。また、花魁は真正面より色気が増す斜めに座る。

この時客はかなり待たされることが多いが、辛抱強く待つ。

①花魁と契りの杯を交わす

客と花魁が初めて顔を合わせる「引付座敷」にて指名の遊女と一夜の夫婦となるための契りの杯を交わす。儀式が終わると花魁は席を外しお召し替え。

江戸の歓楽街①

岡場所（おかばしょ）

市中各所には、もぐりの遊郭街が点在していました。

江戸の岡場所と私娼各種

私娼各種

夜鷹（よだか）	比丘尼（びくに）	船饅頭（ふねまんじゅう）	陰間（かげま）
夜の暗がりで客引きを行い、材木置き場や橋の下などの陰にむしろを敷いて客を取った。	尼僧の格好をしていた私娼。客との心中事件を機に取り締まりの対象となった。	川岸で船に乗って川に出て戻るまでの間に事を済ます私娼。船頭と組んで商売を行った。	江戸の男娼。江戸では男色もそれなりに盛んで、岡場所には専門の陰間茶屋もあった。

男たちの欲望を満たす非公認遊廓と私娼たち

吉原で庶民が遊ぶとなると、多額の金を必要とするため、ハードルが高いことは言うまでもない。幕府公認の遊里・吉原がある一方で、庶民を客層とした非公認の遊郭も存在した。これを「**岡場所**」と呼ぶ。そこで働く遊女は「**私娼**（ししょう）」と呼ばれた。

岡場所としては、**深川**（ふかがわ）、**根津**（ねづ）、**音羽**（おとわ）、**赤坂**などの盛り場が知られる。吉原のような堅苦しさはなく、手軽に遊べた。

また、**品川**・**内藤新宿**・**千住**・**板橋**などの各宿場には、幕府公認のもと「**飯盛女**（めしもりおんな）」を置くことが認められた。これは宿泊客と飲食・遊興をともにし、夜の相手もする女性のことだ。もちろん旅行者に限らず、近隣の男たちも利用は可能。格式張らず、利用料金も安価なため、需要は高かった。

江戸のアンダーグラウンド

江戸の歓楽街②

水茶屋（みずちゃや）と矢場（やば）

江戸屈指のアイドルたちがここから生まれました。

茶と休息を提供した店やがて飲食と女色も…

江戸時代初期、寺社の境内を中心に、葦簀（よしず）張（ば）りの小屋をかけて、参詣者に茶と休息を提供する店が出始める。**茶見世**と呼ばれていたこれらの店が、接待のために女性を置くようになると、**水茶屋**という呼ばれるようになったという。

時代を経るに従って水茶屋の規模は大きくなり、飲食に加え女色を売る店も現れる。だが、寛政・天保の改革で幕府により厳しく取り締まられてしまう。

これに代わって人気となったのが**矢場**である。盛り場にあって、弓と矢で射的遊びをさせたが、矢を回収する「**矢取女**（やとりめ）」に裏で売春をさせていた。

江戸の看板娘～水茶屋と矢場

水茶屋は、美しい看板娘に接客をさせて人気を呼んだ。

COLUMN
江戸の庶民学
笠森おせんと江戸三美人

水茶屋の看板娘のなかでも、谷中笠森稲荷の鍵屋のお仙は、鈴木春信が浮世絵に描いたほどの美人だった。このお仙と、浅草寺楊枝屋柳屋のお藤、浅草寺二十軒茶屋蔦屋のおよしは、「明和の江戸三美人」と呼ばれている。

水茶屋と看板娘
御休所
かぎや
奥座敷で売春をさせた店があったことが取り締まりのきっかけとなった。
茶の値段は1杯6文（約180円）ほど。
看板娘を目的に男性客が詰めかけた。

矢場と看板娘
客は料金を払って、景品や的を射る。

接客婦は矢場女、矢取女と呼ばれ、客が射た矢を回収することが役割。その際、娘は四つん這いになって尻を突き出し、客を誘ったという。客が気に入れば奥座敷で床入りさせる場所もあった。

江戸の怪異

江戸っ子たちが暗闇を恐れる一方、文化人を中心にオカルトブームが漂っていました。

現実を生きるがゆえに江戸っ子は怪異が好き

江戸時代はオカルトブームの時代でもあった。といっても、日常に怪異が溢れていたわけではない。天下安泰の世の中に暮らす江戸っ子たちが、想像力を働かせ、「ホラー」というエンターテインメントの文化を育てていったのである。

現在の幽霊のイメージのひとつである、白装束に三角の頭巾、手を前に垂らし足がない姿は、江戸時代中期の画家の**円山応挙**の作品がきっかけだ。以前は、歴史上に名を残す**菅原道真**の怨霊など、御霊信仰と結び付いた伝説はあったが、江戸時代になると、身近な人間ドラマとして取り上げられる作品が登場するのが特徴である。特定の人への恨みや執着によって現れるのが幽霊で、有名なのは四世**鶴屋南北**「**東海道四谷怪談**」のお岩さん。妻のお岩を追い出した田宮伊右衛門が新しい妻との間に4人の子供をもうけたものの、次々に変死し家が廃絶したため、お岩の怨霊の所為と噂されたことを元に物語が作られ、歌舞伎などで上演された。

また、江戸各地で生じた噂に尾ひれがついて怪異譚となり、本所、麻布、江戸城など、地域ごとの「**七不思議**」が流行した。

怪異を記した主な書物

怪現象や怪談が歴史書や随筆に記録される一方、『東海道四谷怪談』や『真景累ヶ淵』などの怪談も創作されて芝居小屋で上演されたり、妖怪絵が描かれたりと、江戸は空前の怪談ブームに沸いていた。

『徳川実紀』

徳川家の正史には、駿府城にて徳川家康が肉人と呼ばれるのっぺらぼうのような化け物に遭遇したという記録がある。

『耳嚢』

江戸時代中期から後期にかけての旗本で、南町奉行の根岸鎮衛が公務の傍らで各地の奇談を書き留めて編集した雑話集。

『江戸砂子』

俳人の菊岡沾涼が著した江戸時代中期の地誌。番町皿屋敷などの怪談が紹介されている。

東海道『四谷怪談』

元禄時代のある事件をベースに生まれた怪談。夫に裏切られて惨殺された貞女・岩が、幽霊となって夫に復讐を果たす展開で、鶴屋南北が『東海道四谷怪談』として脚本を描き大人気となった。

江戸の七不思議

江戸市中で噂された怪現象は、いつしか「七不思議」の名のもとに各地でひとくくりにされ都市伝説となっていく。

番町皿屋敷

旗本にいわれなき罪を着せられて殺害された女中・お菊の霊が、夜な夜な皿の数を数えるという。

番町七不思議

旗本にいわれなき罪を着せられて殺害された女中の霊が、夜な夜な皿の数を数える番町皿屋敷が有名。

本所七不思議

「おいてけぼり」のほか、夜道に不意に提灯が現れ、近づこうとすると消えてしまう「送り提灯」など、7つの怪談が伝わる。

麻布七不思議

若死にした夫と60代で死去した妻が、幽霊となって再会する姿を目撃する話などが伝わる。

馬喰町七不思議

商人の女房が卵を産んだという奇談などが、曲亭馬琴ら編の随筆『兎園小説』に記される。

江戸城七不思議

開かずの間となっている「宇治の間」の前に現れる老女の霊や、奥女中を身投げに誘う井戸の話などが伝わる。

八丁堀七不思議

与力・同心の町であったため、怪談というより、与力・同心にまつわる逸話が七不思議として伝わる。

おいてけぼり

釣った魚を魚籠に入れて帰ろうとすると、どこからともなく「おいてけ、おいてけ」という声が聞こえ、魚籠が空っぽになっている。

江戸の寺社

江戸では寺社巡りがトレンドの行楽でした。

江戸の主要な寺社と御開帳

明暦の大火以降、近郊に移転された江戸の寺社は、賽銭や寄進を集めるために定期的に御開帳を行った。こうした寺社の周辺には参詣客を当て込んだ飲食店などが集まり、「盛り場」が生まれた。

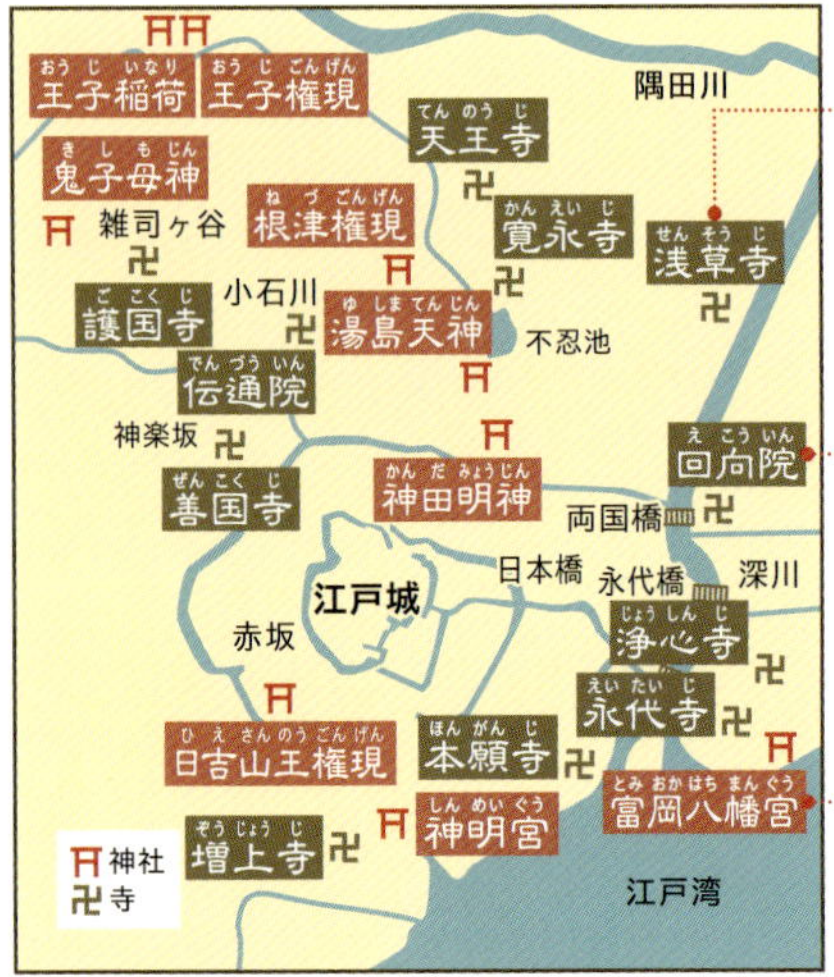

浅草寺
聖観世音菩薩の居開帳が行われた。

回向院
出開帳が盛んに行われ、近くの両国橋の両詰は江戸最大の盛り場となった。

富岡八幡宮
成田山新勝寺、箱根権現、安房誕生寺、江の島弁財天などの出開帳が盛んに催された。

目白不動
五不動巡りの寺のひとつ。寺社は各地の霊場・神仏を勧請して、六地蔵・七福神・三十三か所・八十八か所巡りなどの巡礼コースを江戸市中に設けた。

江戸時代中期からブーム 寺社巡りがレジャーに

江戸時代中期頃から江戸っ子の間で江戸や江戸近郊の寺社巡りが人気のレジャーのひとつとなった。

これは江戸っ子たちの生活に経済的安定が生まれ、娯楽に割く時間が増えたことによる。人気だったのは芝**増上寺**、上野**寛永寺**といった徳川将軍家ゆかりの寺や、**王子稲荷**や**富岡八幡**など、今日も信仰を集める神社だ。

近郊の寺社を2～3日かけて巡る小旅行や、市中の地蔵尊だけを巡るなど、各々ができる範囲で時間や懐具合と相談しつつ、神社仏閣への参拝を楽しんだ。

ブームが起こると、これをさらに加速させる仕掛け人が出ることは古今東西変わらない。江戸の寺社巡りでも同様のことが起こった。**七福神巡り**だ。

COLUMN
江戸の庶民学
迷子石

江戸時代、行楽中に親とはぐれて迷子になる子供が後を絶たなかった。迷子になった子供を探すのはひと苦労であり、結局、行方知れずのまま生き別れというケースも少なくなかった。

こうした状況を改善するために設けられたのが迷子石だ。正面に「満よひ子の志るべ」と書かれていて、右側に「志らす類方」、左に「たづぬる方」と書かれた石標で、迷子を捜す親と迷子を保護している人が、情報交換をできる場となっていた。親が見つからない場合、保護した町が養育したという。

寺社で頒布された縁起物

寺社側は霊験あらたかなお札やお守りのほか、縁起物を製作して門前や境内で頒布した。以下はその一例である。

亀戸天神のウソ

文政３年（1820）に始まったとされる１月24～25日の「ウソかえ」という神事の主役となる縁起物。毎年買い替えることで「ウソを誠に変える」ご利益があるという。

雑司ヶ谷鬼子母神のススキミミズク

安産・子育ての神として崇敬を集めた鬼子母神の縁起物。疱瘡（天然痘）除けとして人気があった赤いミミズクを象っている。

王子稲荷の火防凧

毎年２月の初午の日に境内に立つ凧の市において、風を切って上る凧を火事除けのお守りにと、民衆が買い求めたことが起源という。

大田南畝らが発案 隅田川七福神巡り

七福神とは恵比寿・大黒天・布袋・弁財天・福禄寿・寿老人・毘沙門天の7神をいう。財に関する福徳をもたらす神として中世から信仰を集めており、江戸時代には正月の七福神詣が年中行事となっていた。ここに着目して誕生したのが、現在も人気の**隅田川七福神巡り**だ。江戸時代後期の文人墨客で、隅田川沿いの向島界隈をこよなく愛した大田南畝（蜀山人）らが発案者である。コースの長さも手頃で、江戸市中からも近かったため、多くの行楽客で賑わったそうだ。

寺院も秘仏や霊宝を一般に公開して拝観させる**御開帳**を頻繁に開催し、参詣客集めに余念がなかった。期間中、門前には多数の屋台も並んだため、さながらレジャーランドの様相を呈した。

江戸の暦

月の満ち欠けを基準に、二十四節気で季節感をカバーしました。

暦の基本は月の満ち欠け 季節は別手段で把握

江戸時代に用いられていた暦は、月の満ち欠けを基準とする**太陰太陽暦**、現在「旧暦」と呼ばれる暦である。

この旧暦では1ヶ月を大の月（30日）と小の月（29日）に分け、1年を354日と割り出していた。ただ、太陽の運行に基づく1年365日とは差異が生じるため、**閏月**を入れて調整した。この暦は暦問屋と暦売りという行商人によって、江戸市中に流通した。

ただし太陰太陽暦では、閏月のある年は1年が長くなるため、日付と季節が大幅にずれるという弊害が生じる。

この弱点をカバーするため、江戸時代には「**二十四節気**」が併用され、正確な季節はこちらで判断したのだ。現在も使われる**啓蟄**・**雨水**・**大暑**などの呼称も二十四節気に基づく。

二十四節気のサイクル

二十四節気とは黄道（太陽の軌道）を等分し、それぞれに節気名を配した中国由来の太陽暦のこと。季節がそのまま反映されるため、農作業の指針として重宝された。

雑節			
土用の入り	1月17日頃 4月17日頃 7月19日頃 10月20日頃	八十八夜	5月 2日頃
節分	2月 3日頃	入梅	6月11日頃
彼岸の入り	3月20日頃 9月23日頃	半夏生	7月 2日頃
社日	3月23日頃	二百十日	9月 1日頃

節分・八十八夜・入梅・半夏生・二百十日・土用・彼岸など、二十四節気以外に、季節の変化の目安とする特定の日の総称。

江戸の年中行事

睦月（1月）	1日	元日、恵方参り
	2日	仕事始め（魚河岸初売り、初商い、町火消の出初）
	3日	芸事始め
	6～7日	奉公人藪入り（休日）
	7日	人日の節句
	11日	蔵開き
	20日	恵比須講
如月（2月）	最初の午の日	初午（稲荷社の祭り）
	8日	淡島神社の針供養
	15日	涅槃会
	25日	雛市の始まり
弥生（3月）	3日	上巳の節句
	4～5日	奉公人年季交代
	上旬の大潮	潮干狩り
	17～18日	浅草三社祭
		花見（P.154）
卯月（4月）	1日	衣替え
	8日	灌仏会
皐月（5月）	5日	端午の節句
	28日	両国（隅田川）の川開き（P.157）
水無月（6月）	1日	氷献上、富士の山開き
	14～15日	山王祭り（天下祭）
	晦日	夏越の祓
		夏祭り（P.158）
文月（7月）	7日	七夕の節句、井戸替え
	13～15日	盂蘭盆会
	14～17日	大山詣
	16日	奉公人藪入り（休日）
	26日	二十六夜
葉月（8月）	1～末日	吉原俄
	15日	十五夜（P.160）、放生会
	15日	深川八幡祭礼
	28日	川じまい
長月（9月）	1日	衣替え
	9日	重陽の節句
	11～21日	芝神明だらだら祭
	15日	神田祭（天下祭り）
神無月（10月）	最初の亥の日	玄猪、炉開き
	20日	恵比須講
霜月（11月）	1日	大歌舞伎顔見世興行
	最初の酉の日	酉の市
	15日	袴着（七五三）
師走（12月）	8日	お事始め（正月の準備）
	13日	すす払い
	中旬・下旬	深川八幡・浅草で歳の市
	節分の日	節分会
	大晦日	除夜の鐘

※日付は旧暦に基づく。

江戸の年中行事

江戸の歳時記①

花見（はなみ）

春になると徳川8代将軍が設けた花見の名所が賑わいました。

花見をする江戸っ子と花見弁当

桜の名所のひとつ御殿山での花見の様子。江戸庶民のための行楽地として桜が植えられた御殿山からは、江戸湾が一望できた。

山の下に広がる街並みは東海道沿いに広がる品川宿。
御殿山からは桜とともに品川の海の眺めを楽しむことができた。海上には無数の船が停泊している。
毛氈（もうせん）を敷いて弁当を広げ、宴会を楽しむ女性たち。

花見弁当

花見弁当の弁当箱は重箱のほか、飯碗・汁椀などの食器、酒器も備えられ、茶を点てる道具まで収納されるなど、工夫が凝らされていた。イラストは享和元年（1801）に書かれた『料理早指南』をもとに飛鳥山博物館が再現した花見弁当。

複数あった桜の名所 上野山はマナー遵守

花見は人々にとっても春の到来を告げる一大イベントであり、多くの人々が桜の名所に繰り出して、酒食を楽しみつつ陽気に騒いだ。

ただ、近くに将軍の廟所（びょうしょ）たる東叡山寛永寺があるため、上野だけは例外だった。将軍の御霊（みたま）に対する不敬との理由から、花見の宴会や遊興が禁止されており、夕七ツ（午後四時頃）になると退去を強いられた。このため昼間、静かに桜観賞をするのが上野山の花見マナーだった。

個性的な有名スポット 江戸っ子総出で楽しむ

一方で**飛鳥山**（あすかやま）・**隅田堤**（すみだづつみ）**（墨堤）**・品川**御殿山**（ごてんやま）などが、飲食や宴会、仮装などの遊興が許された花見のスポットで、

江戸の花見の名所

江戸市中には桜以外にも藤や梅、蓮の名所などが点在し、行楽地として賑わった。庶民のための花見の名所を設けたことでも知られる徳川吉宗は、飛鳥山や向島の墨堤に桜を植えたほか、中野にも桃を植えている。

それぞれに個性があって人気だった。

飛鳥山は富士山も見える風光明媚な場所なのに加え、上野の桜が散る時分に開花したので、宴会がてら花見したい江戸っ子が集うスポットだった。

隅田堤は現在の向島の**墨堤**（ぼくてい）で、隅田川を利用した舟便が使えるうえに、周囲に料理茶屋など飲食を提供する店が多く、吉原や浅草寺にも近かったので、桜・料理・花を楽しんでから、遊びに出る人も多かった。また、奇抜な衣装をまとう「茶番（ちゃばん）」と呼ばれる芸人集団が現れて、持ち前の技を花見客の前で披露し、笑いと驚きを誘った。

御殿山は品川湊一帯を見下ろせる小高い山であり、海を眺めながらの花見ができる絶景スポットだった。

上野以外の花見スポットは、8代将軍**吉宗**（よしむね）の新設によるものであり、現在も東京都における桜の名所として、花見時期には多くの人々で賑わう。

江戸の年中行事

江戸の歳時記②

花火（はなび）

毎年5月の川開きの日、江戸の夜空を花火が彩りました。

江戸っ子の花火鑑賞

両国の花火は隅田川の川開きの日に行われた。夜店や納涼船の営業が許され、両国橋や広小路が見物人で溢れかえった。川幅いっぱいに船が浮かび、両国はその年最高の賑わいを見せる。

イギリスから伝来し世間に浸透した花火

慶長18年（1613）、イギリスの使者が**徳川家康**に、火をつけた筒先から、炎や火の粉が噴出する道具を披露した。この「**立花火**（たちはなび）」が日本最初の花火である。

見た目の美しさから花火は人々の関心を引くが、火災の原因ともなるので、幕府はしばしば禁令を出し、やがて江戸市中では**隅田川**以外での花火が禁止となった。この一方で立花火を披露する花火舟や、花火売りの扱う玩具のような花火を楽しむ人も増え、花火は江戸に浸透していった。

転機となったのは8代将軍**吉宗**の治世である。享保17年（1732）、諸国では飢饉や疫病によって多数の死者が出ていた。幕府は翌年に死者の御霊の慰撫（いぶ）と疫病退散を願って**両国橋**付近

打ち上げ花火の構造

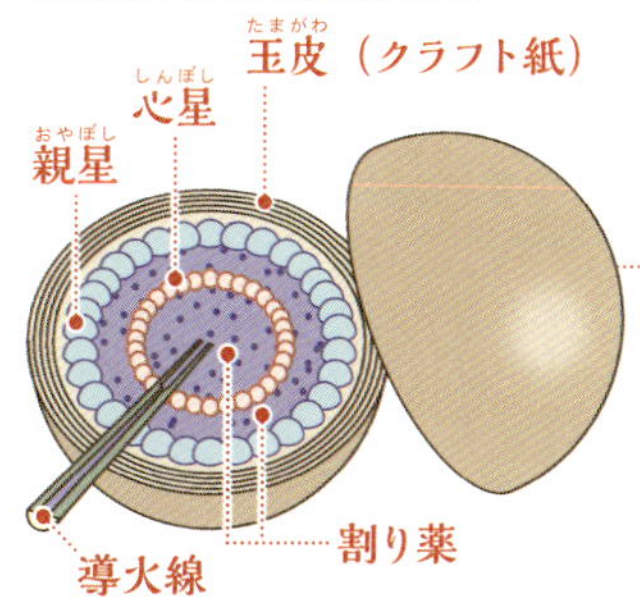

江戸時代の花火は、炭と硝石、硫黄を混ぜた黒色火薬のみが使われていたため、火の粉のようなオレンジ一色だったといわれる。現代のように明るく色鮮やかになったのは明治時代に入ってから。ただし花火の種類は享和年間（1801～1804）までに打ち上げ花火だけでも数十種類開発されていたらしい。構造や製造過程自体は江戸時代から現在までほとんど変わっていない。

橋の東西は広小路で盛り場になっており、川岸は茶店などの屋台が出て賑わっている。
屋形船を手配できるのは江戸っ子のなかでも裕福な人々。当時から隅田川の花火の特等席は川の上だった。

両国の花火は船の上から打ち上げられた。花火の打ち上げは万治２年（1659）創業の「鍵屋」と、文化５年（1808）創業の「玉屋」の２業者によって行われた。異なる打ち上げ場所から交互に打ち上げられ、群衆は花火が上がるたびに「たまやー」「かぎやー」とその名を呼んだ。

で水神祭と川施餓鬼会を実施。そして**川開き**期間中に限って、隅田川で花火を打ち上げることを許可したのだ。

川開きとは5月28日から8月28日まで、隅田川に納涼船を浮かべて良い期間であり、この川開きとセットになることで花火は、川開きの合図になるとともに、夏の風物詩として定着した。

色はほぼオレンジ一色 打上は鍵屋・玉屋が担当

花火は隅田川べりの料亭や納涼船の遊客の注文に応じて打ち上げられたのであり、その費用は注文した遊客が負担した。花火の打ち上げは両国橋の上流を両国吉川町の玉屋が、下流を日本橋横山町の鍵屋が担当した。

当時の花火はオレンジ単色だったが、形や濃淡に工夫がこらされていた。なお、江戸時代の花火は現在の花火と区別する意味で、「和火」とも呼ばれる。

江戸の歳時記③

夏祭り

夏の江戸には、江戸っ子たちを熱狂させた、ふたつの天下祭がありました。

神田明神の氏子の町数は六十町。隣接する町が共同で山車を出すため、祭礼番組は三十六番までとなる。
行列は、御幣、太鼓、榊を先頭に巡行する。
氏子たち
彼らの大半は地主や家主、店を経営する店主らを中心とした人々であった。

江戸の夏は祭りの夏 大祭が各地で目白押し

祭りは大別して2種類ある。ひとつは農耕儀礼の結びついた祭りで、主に農村部において祈願祭のための春祭り、収穫祭としての秋祭りとして行われる。もうひとつは祝祭空間演出としての祭りで、生産とは切り離された都市部において、夏に行われるものだ。江戸における祭りは後者に属している。

夏季の間、江戸は祭り一色である。**神田明神天王祭**、**山王祭**、赤坂氷川神社祭礼、佃島住吉明神祭礼、品川天王祭など大祭が目白押しだった。夏祭りのハイライトというべきは、6月15日に行われる山王祭だ。この祭りは現在の東京都千代田区に鎮座する日枝神社の祭りで、同社は神仏習合期の江戸時代に「山王権現」と呼ばれていたため、祭礼はこの名称で呼ばれている。

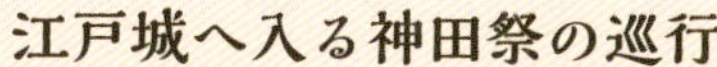

江戸城へ入る神田祭の巡行

天下祭の行列は、それぞれ山王祭が半蔵門、神田祭が田安門から江戸城内に入り、将軍の上覧を受けた。イラストは『神田大明神御祭図』における、神田祭の行列が田安門より江戸城へ入る場面である。

山車

花や人形で飾られた各町の山車が、氏子に曳かれている。当初は一本柱の目印程度のものであったが、後期になると三層の櫓を持つまでに高層化。さらに高い場所に人形を乗せるなど派手になっていく。

動物に仮装した人々。氏子たちは着飾ったり仮装したりと思い思いの姿で祭りに臨んでいる。

将軍上覧の栄に浴し、「天下祭」の異称も

神田明神の祭礼とともに、別名を「天下祭」とも呼ばれるこの祭礼のクライマックスは15日である。数百余町の氏子に引かれた40を超える山車が、町内を曳きまわされたあと、半蔵門から江戸城内に入り、将軍上覧の栄に浴した。先頭の山車が常盤橋御門から出てくるのが昼頃で、最後尾の山車が出てくるのは夜であったという。通り筋の商家では店先に桟敷席を設けて見物人に対応し、武家からは六尺棒を持った足軽が、警備に駆り出されたことが、北尾重政の「浮絵大祭礼唐人行列之図」からわかる。

江戸っ子たちは徳川将軍の威光を損なわないのと、神とのより親密な交流のため、派手で華やかな祭りを意図的に演出していた。

江戸の歳時記④

月見（つきみ）

月の満ち欠けを生活の基準にした時代にあって、月見は重要な行事でした。

月見をする江戸っ子

月見というと中秋の名月の十五夜が有名であるが、江戸時代、もっとも盛大に行われたのが「二十六夜待ち」であった。

三方に高く盛られた団子。江戸において団子は丸型だったのに対し、上方では里芋状に作る慣わしだった。

7月26日の月待は江戸の一大イベント

季節の推移を知る指針でもあった月は、古くから神聖視され、各地で**月待**（つきまち）という宗教的儀式が行われていた。

江戸時代に入ると宗教的意味合いは薄れて、親睦を深める民俗行事としての意味合いが強くなった。「**講**」という単位で一ヶ所に集まり、酒宴に興じつつ月の出を待ち、出た月を拝んでお開きになる。月待は**十三夜**・**十五夜**・**十七夜**・**二十三夜**などがポピュラーであるが、江戸では旧暦の7月26日の夜、高輪や品川など、各所で盛大な月待が行われた。

この日に昇った月に、阿弥陀如来（あみだにょらい）と観音（かんのん）・勢至（せいし）の両菩薩が顕現するため、月を拝めば幸運を授かるという伝承があった。江戸っ子たちは明け方近くに昇る月を辛抱強く待った。

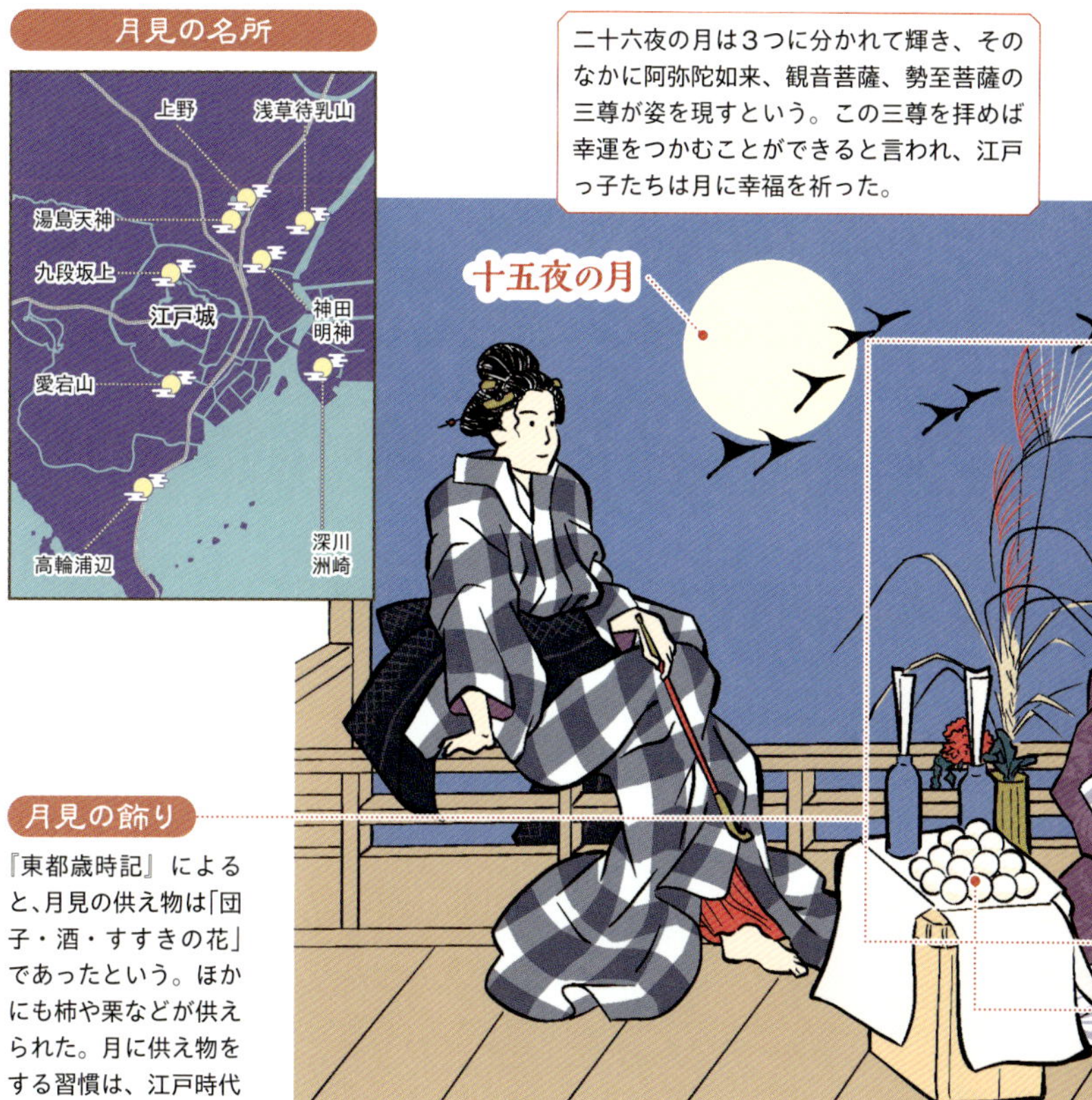

『東都歳時記』によると、月見の供え物は「団子・酒・すすきの花」であったという。ほかにも柿や栗などが供えられた。月に供え物をする習慣は、江戸時代に始まったとされる。

江戸っ子たちの愛した中秋の名月と9月の月

旧暦8月15日の夜は**中秋の名月**（ちゅうしゅう）を愛でた。この日は一年のうちで最も空気が澄む時期とあって、月光も普段よりは鮮やかであった。

家族揃って団子を作ると縁起が良いとされていたので、家庭では一家総出で団子を作った。また、風流な江戸っ子のなかには、川に舟を浮かべて、弦歌を奏でつつ月光を浴び、一夜を過ごす者もいた。また、自宅で月見の宴を催す人々もいた。

9月には十三夜月と十六夜月を楽しんだ。十三夜月とは満月になる直前の月であり、十六夜月とは満月から少し欠けた状態の月をいう。十六夜を「いざよい」と読むのは、十五夜満月より少し遅れて昇る様が、いざよう（ためらう）ように見えたからだという。

江戸の食卓

庶民の食事

米を主食に、野菜と魚が江戸っ子の胃袋を満たしていました。

主食が多くておかずは少し手をかけずに短時間で料理

『守貞謾稿』に「江戸では、朝、ご飯を炊いて味噌汁とともに食べる。昼は冷や飯で、野菜か魚肉などの一菜を添え、夕方はお茶漬けに香の物」と記されているように、庶民の食事は一汁一菜が原則であった。一日の活動に必要なエネルギー源となったのは主食の米である。

一菜となるおかずを**振り売り**（P.58）から買わず、自分で作る場合は、簡単な料理に限られた。これは経済的事情に加え、手狭な台所では手の込んだ料理が作れなかったことによる。

そんな庶民の日常食は、安くて手早くできる料理のランキング書『日々徳用倹約料理角力取組』なる書から知ることができる。

動物性たんぱく質の食材では、「めざしいわし」が最高位の大関となっている。安価なうえに干してあるので日持ちも良く、焼けばすぐに食べられたので重宝された。

以下、貝のむきみ、芝えび、こはだなどの魚介類がランクインしており、江戸湾の魚介類が庶民の胃袋を支えていたことを窺わせる。

動物性たんぱく質以外の一菜では、豆腐を細長く切ってすまし汁に浸して食べる「八杯豆腐」が最高位であり、以下、昆布揚げ、きんぴらごぼう、煮豆、切り干し大根など、作り置きができる料理が上位をしめている。

COLUMN

江戸の庶民学 やっちゃ場

江戸に野菜を供給したのは、江戸近郊の農村地帯である。市中周辺の目黒・駒込・葛西などをはじめとして、最終的には日本橋を起点として30kmほど離れた地域から、野菜が運ばれた。

野菜は「やっちゃ場」と呼ばれる青物市場に集められたあと、江戸の町に流通した。複数ある市場中で最も大きかったのは、江戸時代初期の貞享３年（1686）に誕生した神田多町のもの。千住の青物市場、駒込の青物市場がこれに次ぐ。

野菜は市場において、問屋と農家が相談して決める相対相場によって売買されていた。

小商ではこうしたやっちゃ場から入ってきた野菜が売られていた。

町屋の台所と江戸っ子の食事風景

長屋にある調理設備は、竈と七輪、水がめと小さな流し程度のもので、単純な焼き物や煮物くらいしか作れなかった。

鍋

水がめ

水は井戸から汲んで手桶に入れて運び、水がめにためて使用する。

竈（かまど）

焚口が３つの竈。火打石と火打鉄を叩き合わせて火花を生じさせ、穂綿などに着火させる。さらにそれに息を吹きかけて小さな炎を作り、さらに木片などに移して竈に火をつける。

釜

煮炊きには釜や鍋を使い、火の具合を薪によって常に調節しなければならなかった。

火起こしは面倒な作業であったため、火のついた炭を灰の中に埋めておくなどしていた。

江戸っ子の食事風景

町家の食事風景。江戸時代初期は１日２食だったが、米の生産量が増えたこともあり、庶民の間でも３食が一般化した。

食事の際にはそれぞれが膳を用いた。ちゃぶ台の普及は明治以降のこと。

ご飯は朝炊いて木製の米櫃に入れ、昼は冷や飯に一菜、夜はお茶漬けにして香の物と一緒に食べた。

振り売りから買った野菜や魚、煮売屋から購入したおかずなどの総菜はその日のうちに残さず食べた。

江戸庶民の主食は白米。元禄年間に白米食が普及した。江戸の食生活は白米の量が多かったことから、ビタミンB_1不足によって脚気が流行。脚気を患った人が地方で雑穀の混じった食事をすると快方に向かったため「江戸わずらい」と呼ばれた。

江戸っ子のある日の晩御飯

江戸っ子が食べたであろう夕食の復元。朝は白米とおかずにみそ汁、漬物。夕食ではこれらに野菜の煮物や焼き魚などをつけた。

最も人気のあったおかずは「八杯豆腐」。拍子切りにした細長い豆腐を、水４杯、酒２杯、醤油２杯の割合の汁で煮たてる料理。

18世紀後期頃からサンマが秋の味覚として人気になった。また、フグも江戸っ子に人気だったが、毒を取り除くさばき方が確立されていなかったため、食べるときは命がけ。

漬物も江戸時代に定着。多様化も進み、『漬物早指南』では64種類もの漬物が紹介されている。

大根汁。大根は江戸市中で最も身近な野菜で、大根おろしも味噌を溶いた汁に入れて食べるなど、工夫がみられた。

江戸の食卓

料亭（りょうてい）の味（あじ）

江戸の名士たちが食と時間を楽しむ料亭が次々に開店しました。

変化した食への意識「食べる」から「楽しむ」へ

江戸で「食」に対する傾向が変化したのは8代将軍・**吉宗**以降だろう。それ以前は食＝腹を満たす行為という意識が強く、屋台や小型店舗による外食産業が発展しても、安く手っ取り早いが基本だった。

吉宗が推進した**享保（きょうほう）の改革**も、人々の食に対する関心に歯止めをかけていた。しかし、享保の改革が終焉を迎えるのにあわせるように、江戸っ子の間にグルメ志向が発生。世間の傾向に後押しされるかたちで、**料理茶屋（りょうりちゃや）**が次々と開店するのである。

料理茶屋とは座敷でくつろいで、景色や庭木を愛でつつ、料理と酒を味わう店をいう。提供されたのは現在でいうコース料理であり、6～7品の会席料理で酒を楽しんだあと、一汁一菜とご飯でしめたようである。

この料理茶屋は時代を経るごとに規模が大きくなり、店内に風呂を設ける、船遊びをする客に料理を出すなど、多種多様なサービスを行うようになった。芸者や幇間（ほうかん）（太鼓持ち）を呼んでの宴会に対応した店もあったという。

こうした店は江戸の東部、隅田川沿いの風光明媚な場所に多く、同川で捕れた新鮮な魚介はむろん、卵焼きや潮汁など各店の名物料理を提供して、大いに繁昌したという。

向島界隈の有名料亭

宝暦年間（1751～1764）以降、江戸には食事ができる料理茶屋が生まれた。別荘地として発展した向島には、四季折々の味を看板にした料亭が立ち並んだ。

料亭武蔵屋（むさしや）
秋葉権現の横にあった料理屋で、麦飯と蜆汁、鯉料理が有名だった。

料亭大七（だいしち）
秋葉権現横にあった鯉料理で有名な料理茶屋。

料亭平岩（ひらいわ）
牛御前(現在の牛島神社の故地)の前にあった料理茶屋で、鯉料理が名高かった。

料亭小倉庵（おぐらあん）
常泉寺の裏手にあった懐石料理の料理茶屋。

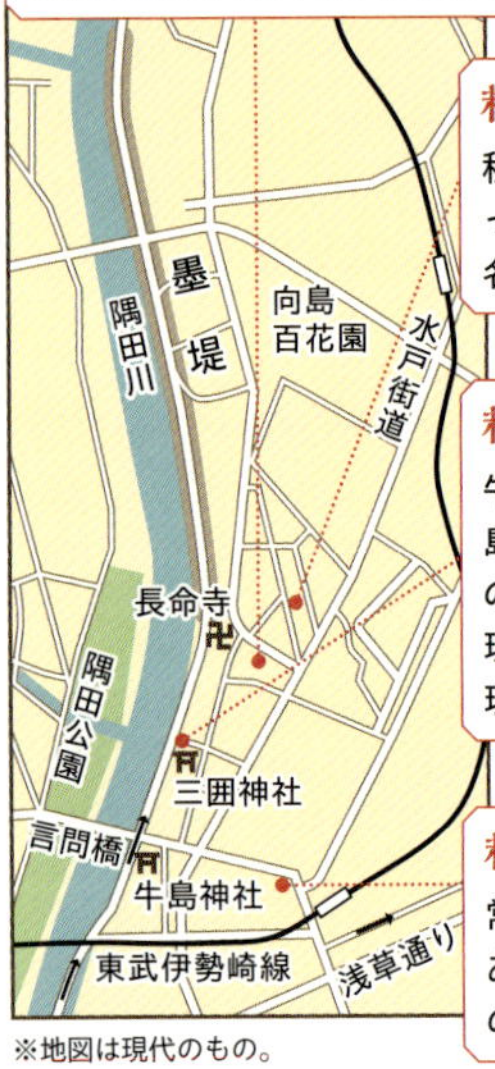

墨堤
隅田川
向島百花園
水戸街道
長命寺
隅田公園
三囲神社
言問橋
牛島神社
東武伊勢崎線
浅草通り

※地図は現代のもの。

有名料理茶屋〜向島・八百善の風景

八百善は享保年間（1716〜1735）創業の料理茶屋。もともと八百屋だったが、主人の栗山善四郎が寺への精進料理の仕出しを始めたところ、味やサービスが評判になり、料理茶屋を開業したというのが始まりである。

料理茶屋を利用したのは、武士や裕福な商人のほか、「通人」と呼ばれた文化人が中心であった。

八百善ではお茶漬けのために多摩川まで水を汲みに行っていたという。この噂は待たされた客が料理を催促したところ、「多摩川まで水を汲みに行っているので」と返されたことが由来とか。

窓の向こうに見えるのは隅田川の流れ。グルメ志向が高まるなかで店の雰囲気やサービスにも気を配るようになった。

いつしか芸者や幇間を手配して宴会も行う店も登場し、現在の料亭と呼ばれる形式が整っていく。

料理屋の献立は魚が主体。隅田川の川魚や江戸前の魚を用いた料理が提供された。川魚では鮎や鯉、大衆魚のボラが意外にも高級魚だった。

４代目栗山善四郎は『江戸流行　料理通』という料理本を出版した。

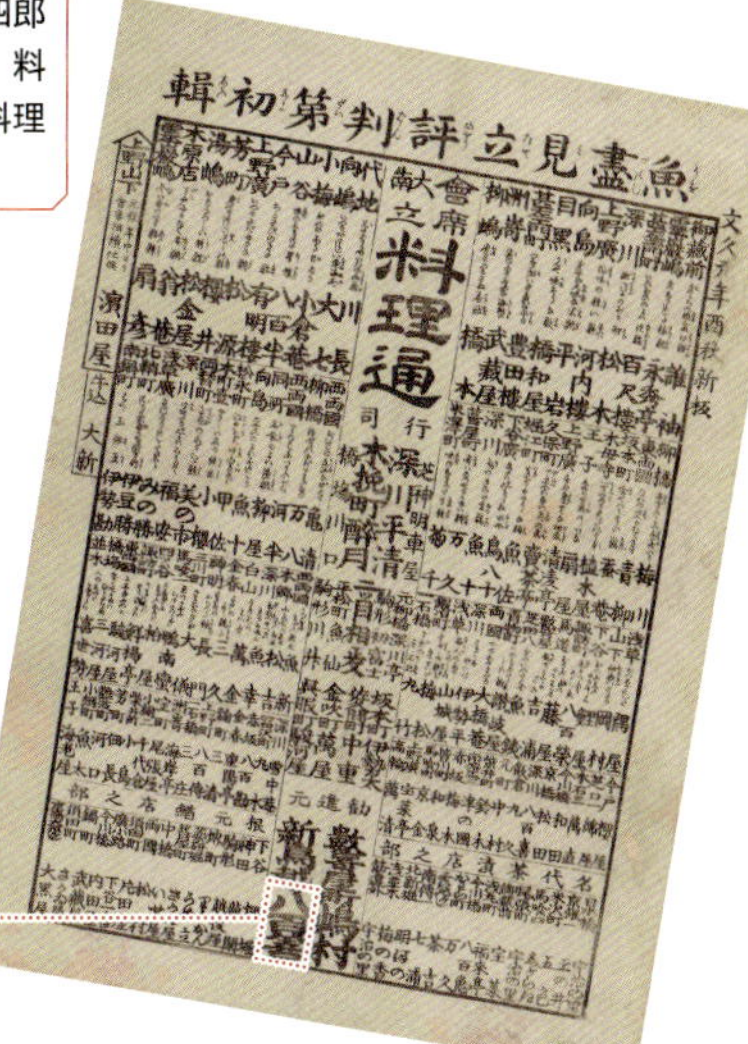

魚盡見立評判第初輯

料理通

八百善はどの番付でも、勧進元や行司として特別扱いの常連だった。

料理店ランキング

ランキング好きの日本人の習性は古くから変わらないようで、江戸時代には相撲に見立てた料理茶屋の番付が数多く出されている。この『魚尽見立評判』は、料理茶屋の評判を魚にたとえて紹介する洒落の利いた番付で、たとえば、蔵前の誰袖（たがそで）は「値うちの極らぬ初鰹」、深川の松本は「瀧門にのぼる鯉」となっている。

江戸の食卓

江戸のファストフード

寿司、天麩羅、鰻、蕎麦などのファストフードが江戸庶民の小腹を満たしていました。

江戸ならではの味は、ファストフード感覚

江戸で食文化が形成され始めたのは、**徳川家康**が幕府を開き、地方の新興都市から、日本の中核都市へと変貌して以降のことであり、数々の「江戸ならでは」という食べものが生まれた。

筆頭は江戸湾や隅田川などの河川でとれた魚介類を使った料理で、**天麩羅**・**寿司**・**鰻の蒲焼き**が筆頭格だった。これらは屋台で提供されており、江戸っ子たちは今日のファストフード感覚で舌鼓を打った。

蕎麦も江戸ならではの味で、「二八蕎麦」という屋台蕎麦を、昼夜関係なく食べることができた。

江戸っ子たちは「**初物**」に対するこだわりが強く、とくに初鰹は江戸っ子の垂涎の的。江戸っ子が競いあうようにして食べた。

江戸の初物カレンダー

江戸では「初物を食べると 75 日長生きする」といわれ、少々値段が張っても江戸っ子は初物を購入した。

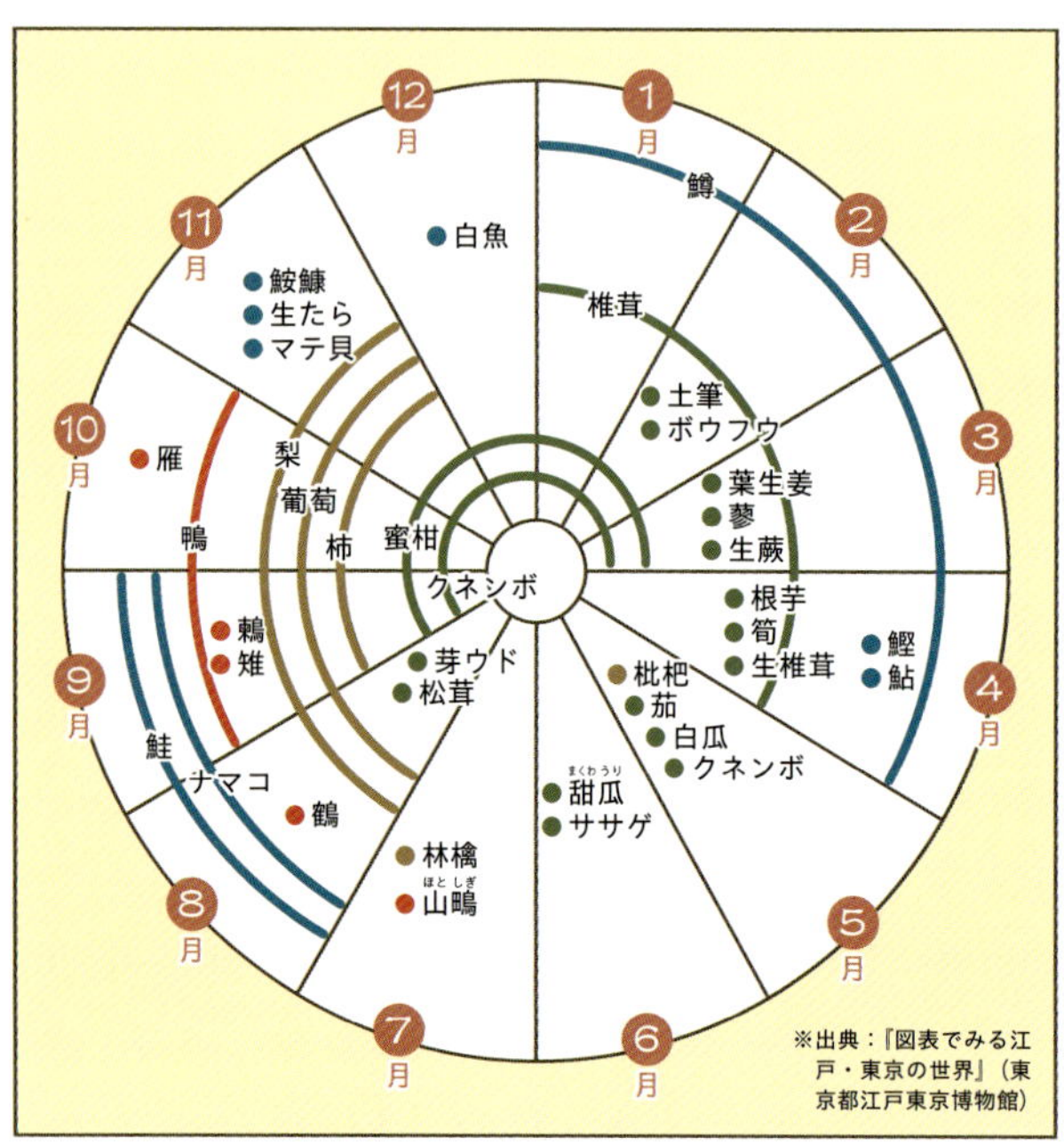

とくに４月初めに魚河岸に揚がってくる初鰹は珍重され、「勝つ魚」として縁起物とされた。初鰹の価格は高騰し、文政６年（1823）には１匹４両で取引された。

江戸のファストフード

屋台で販売された鮨や天麩羅など、江戸のファストフードも江戸の食文化を支える重要な役割を果たした。

屋台には調理器具やそば玉を茹でるための湯水まで備えられており、かなりの重量がある。

夜鷹（▶P.146）が蕎麦を好んで食べたため、深夜営業の蕎麦は「夜鷹蕎麦」と呼ばれた。

二八蕎麦

蕎麦にはもり、かけのほか、花巻（焼海苔）、しっぽく（卵焼き、かまぼこ、椎茸、くわい）、卵とじ、天麩羅などの種類があった。

天麩羅

串に魚の切り身を刺して油で揚げた料理。ひと串4文（約120円ほど）で、立食スタイルを取っていた。

野菜を揚げた場合は「揚げ物」「ごま揚げ」と呼んだ。

「てんぷら」の命名は戯作者の山東京伝によるものとされる。

ネタはアナゴ、芝エビ、ハマグリなど。江戸で「天麩羅」というと、ネタは魚に限られた。

寿司

従来は上方と同じ押し寿司であったが、文化年間（1804～1818）に与兵衛寿司の花屋与兵衛が握り寿司を創始したという。値段はおおよそ8文（約240円）ほど。

ネタは卵、刺身、コハダなど。現代の寿司よりサイズは大きかった。

誕生間もない稲荷寿司の中身は豆腐のおからだったという。

油揚げにご飯を詰めて売り、わさびじょうゆをつけて食べるものも。

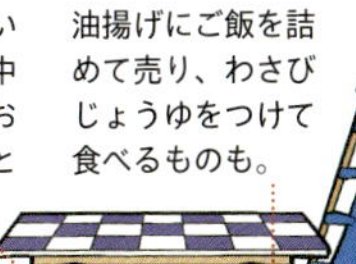

稲荷寿司

天保年間（1830～1844）頃の登場。ひとつ6文（約180円）で、夕方から夜にかけて辻々で売られていた。

鰻屋

生きた鰻を注文に応じてその場で割き、蒲焼にした。ひと串16文（約480円）ほど。

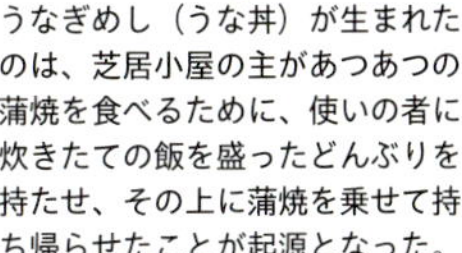

うなぎめし（うな丼）が生まれたのは、芝居小屋の主があつあつの蒲焼を食べるために、使いの者に炊きたての飯を盛ったどんぶりを持たせ、その上に蒲焼を乗せて持ち帰らせたことが起源となった。

「蒲焼」は鰻の腹を割いて串刺しにして焼く。江戸では背割り、上方では腹割り（江戸の背割り、上方の腹割）だった。

江戸の食卓

江戸の和菓子

京菓子が人気でした。「おやつ」の習慣が定着するなかで、今に伝わる老舗も生まれました。

江戸の和菓子いろいろ

生菓子

あまり日持ちはしないが、ふんわりとした食感を楽しむことができる。

粒あんの皮が散っている様が萩の花が揺れている様子にたとえられ、「萩の餅」「萩の花」と呼ばれた。

おはぎ

もち米とうるち米を混ぜて蒸すか炊き上げたのち、米粒が残る程度に搗いて丸い形に仕上げたものに、餡をまぶした生菓子。

桜餅

塩漬けした桜の葉で餅菓子を包んだ生菓子。関東と関西で餅の生地が異なり、関東では水で溶いた小麦粉を平鍋で薄く焼いて作る。

桜の葉で餅を包むというアイデアは、向島の長命寺で掃き集めた桜の葉の処理に困って考案された。

当初は蒸して作っていたが、寛政の頃（1800年頃）に寒天が発見されて煉羊羹が誕生した。

羊羹

一般に餡を型に流し込んで寒天で固めて作る生菓子。中国から茶と共に伝わった点心「羹」がルーツといわれる。

練切

白あんにつなぎを加えて練り上げ、美しい細工を施した生菓子。「上生菓子」とも呼ばれ茶道に欠かせない和菓子となっている。

練って作るという特性から、様々な色、形状に仕上げることが可能。

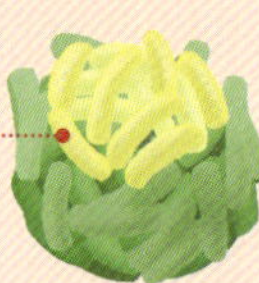

江戸で好まれた京菓子将軍家御用達の有名店

和菓子は砂糖の国産化に成功した江戸時代中期以降に発展し、江戸でも菓子屋が林立した。

江戸で好まれたのは京菓子だ。菓子作りの歴史が浅い江戸に対し、京都は朝廷に菓子を献上してきた伝統があるため、「下り物」と呼ばれる京菓子を江戸菓子よりも、格上と見る傾向が強かった。幕末期の医師原田某が著した見聞録『江戸自慢』には、「菓子は上方に及ばない、看板、暖簾などに京菓子と書いてあるのを見ても推測できる」と明記されている。

江戸にある菓子屋のなかでも、金沢丹後、虎屋三左衛門、桔梗屋河内、鯉屋山城、宇都宮内匠、鈴木越後は将軍家御用達の菓子屋であり、江戸城に和菓子を納入していた有名店であった。

半生菓子

比較的日持ちがよく、適度な柔らかさを保つ。

最中（もなか）

こしあんや粒あんを、糯（もちごめ）を原料とする皮で挟み込んだ和菓子。江戸時代に販売された際、平安時代の月見の行事で詠まれた源順（みなもとのしたごう）の和歌「水の面に照る月なみを数ふれば今宵ぞ秋の最中なりけり」から取った、「最中の月」という商品名が一般化した。

平安時代は皮の部分だけの干菓子だったが、のちに餡を入れるようになった。

餡子を皮で包んだ一般的な最中のほか、栗や求肥（ぎゅうひ）などが入ったもの、皮のバリエーションが異なるものなど、店や地域によって様々な最中がある。

干菓子

硬めの食感の菓子がほとんどで、長持ちし、長距離の移動でも持ち運びやすい。

平安時代、遣唐使によって持ち込まれた唐菓子を起源とする。

おこし

米を蒸して餅状にしたものに、砂糖や蜜をかけて練り固めた和菓子。浅草の「雷おこし」が有名。

名称の由来はほかにも、蓮如上人が石山寺にて近江八景の瀬田あたりに雁が降りるところを見立てた、という説もある。

落雁（らくがん）

穀類の粉と砂糖や水飴を押し固めた和菓子。日本三大銘菓（「長生殿」「越乃雪」「山川」）はすべて落雁である。中国伝来の「南落甘（なんらくかん）」という菓子が、日本で「落甘（らくかん）」と略して呼ばれ「落雁」となったとされる。

すりつぶした栗や芋類などをひと口大程度に平たく押しつぶして焼いた物が、縄文遺跡の住居跡から出土しており、製法の起源は相当古い。

せんべい

米粉や小麦粉などを練って薄くのばして焼いた和菓子。醤油や塩で味付けしたものが多い。

初期の頃は、クルミのように筋がつけられた丸い形をしていたが、徐々に細工が細かくなっていった。

金平糖（こんぺいとう）

煮詰めた砂糖に少量の水飴を加えてさらに煮詰め、整形と着色を施した和菓子。ポルトガルから伝来した南蛮菓子のひとつで、日本に初めて輸入されたハードキャンディとされる。

江戸の食卓

江戸の酒

江戸っ子の好みは、上方で作られた諸白（清酒）でした。

江戸っ子は大の酒好き 酒は上方から運ばれた

最盛期に100万以上の人口を抱えた江戸では、膨大な量の酒が日々消費されていた。白酒、濁り酒など多彩な酒があるなか、上方で作られた**諸白**（清酒）が人気だった。元禄期の『**本朝食鑑**』には「酒ノ絶美ナルモノヲ呼テ、諸白トイフ」と記されている。

酒は「**下り酒**」が好まれた。これは現在の大阪・兵庫で作られた酒をいう。**樽廻船**という船によって運ばれる下り酒は、年間で100万樽を超えることもあったそうだ。関東でも酒は醸造されたが、上方の酒に慣れた江戸っ子には、不人気であったという。

水揚げされる酒

新川に立ち並ぶ酒問屋と酒を運び込む無数の猪牙船。水揚げされた酒は酒問屋を経由して市中の小売店へと出荷される。

酒問屋はもともと日本橋や京橋に集中していたが、のちのその多くが新川沿いへ移転した。
酒樽を運ぶ数多くの船。江戸市中で流通した酒のほとんどが上方から輸送されてきた「下り酒」であった。
新川

江戸時代の酒器

当時は徳利より、鉄瓶に似た形の銚子や貧乏徳利、胴の長いちろりが一般的だった。

銚子

ちろり

貧乏徳利

徳利

第3章

武士の暮らし

名誉と格式を重んじる支配階層の
日常生活を垣間見る

江戸の武士の生活

武士の住居①

旗本の屋敷

広大な屋敷を拝領する大禄の旗本がいる一方、小禄の旗本が拝領した屋敷は小規模でした。

禄高で異なる坪数 大禄者ほど広く

旗本・**御家人**は徳川将軍家と直接主従関係を結ぶ武士であり、知行1万石が大名との境界線になっている。

旗本と御家人の区別については176頁で詳述するが、一般に将軍に**御目見得**できるのが旗本、御目見得が許されていないのが御家人とされる。

彼らは幕府から与えられた屋敷に住んでいた。これを「**拝領屋敷**」と呼ぶ。旗本は通常、一ヶ所に屋敷を与えられるが、特定の役職に就いた際には、役宅が与えられることもあった。

拝領屋敷の造りも、大禄の武士ほど豪華で、禄が下がるにつれて簡素になっていった。たとえば、大禄を食む旗本の屋敷には、泉水・築山のある庭園が造られており、各所に休息用の茶屋建築が設けられている。また、屋敷内には物品の保管や火災時の備えとして、複数の土蔵が建てられている。

小禄の旗本の場合、屋敷の規模は小さくなるので、意匠を凝らした庭園はない。ただ、70俵5人扶持という御家人の屋敷でも、趣向を凝らした庭園が見られる場合もあり、その活用は個人の裁量や好みが反映されていた。

旗本拝領屋敷の規模

江戸の武士が暮らす屋敷は幕府から下賜されたもので、所有権は幕府にあった。人事異動などにより、転居を命じられる場合もあった。拝領屋敷の規模には規定があり、たとえば3000石の旗本の屋敷は1200坪とされている。

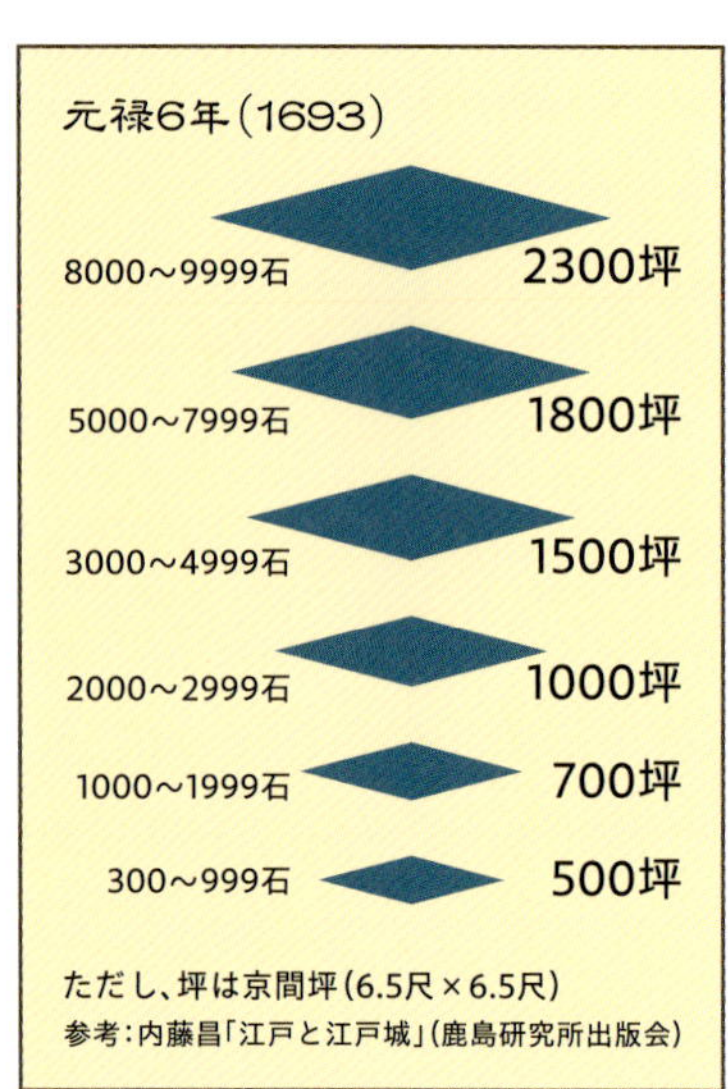

※左図の武井善八郎の場合、禄高200俵(＝約70石)に役料200俵が加算されて140石相当となる。

中級旗本の邸宅の間取

この図は禄高200俵の旗本で、当時、賄頭（まかないがしら）を務めていた武井善八郎という旗本の屋敷である。

書院のつくり
床柱
床の間
付書院
帳台構
違い棚

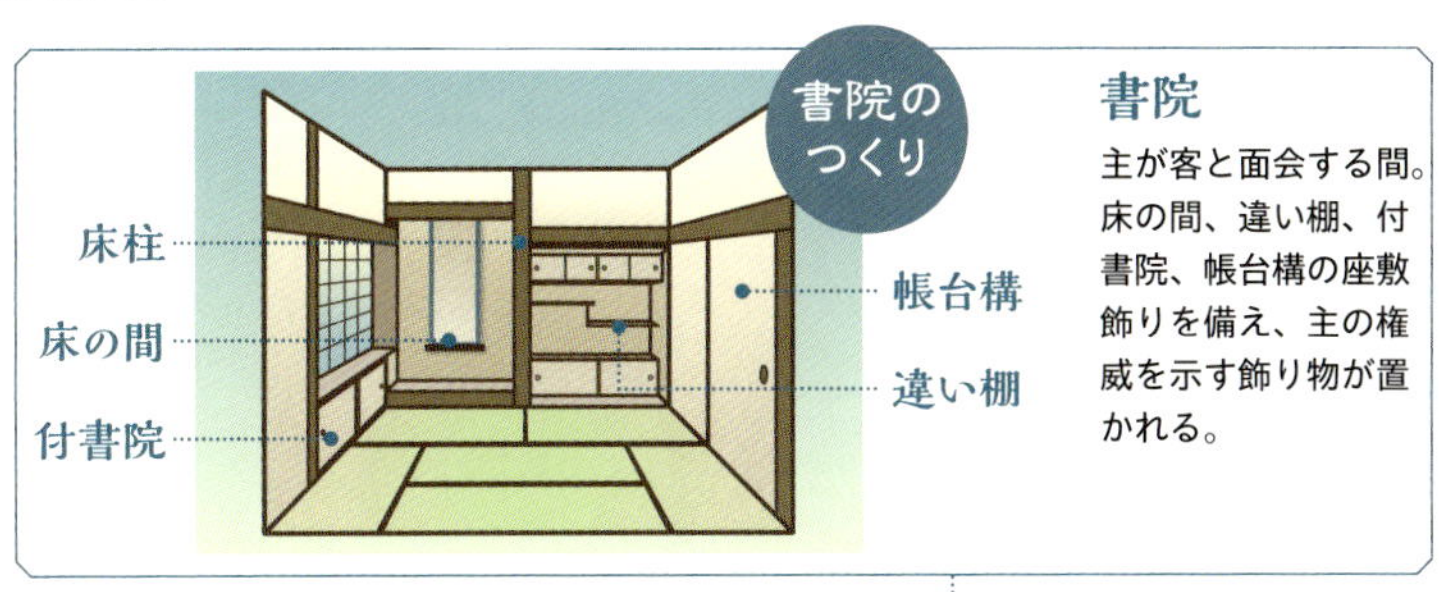

書院

主が客と面会する間。床の間、違い棚、付書院、帳台構の座敷飾りを備え、主の権威を示す飾り物が置かれる。

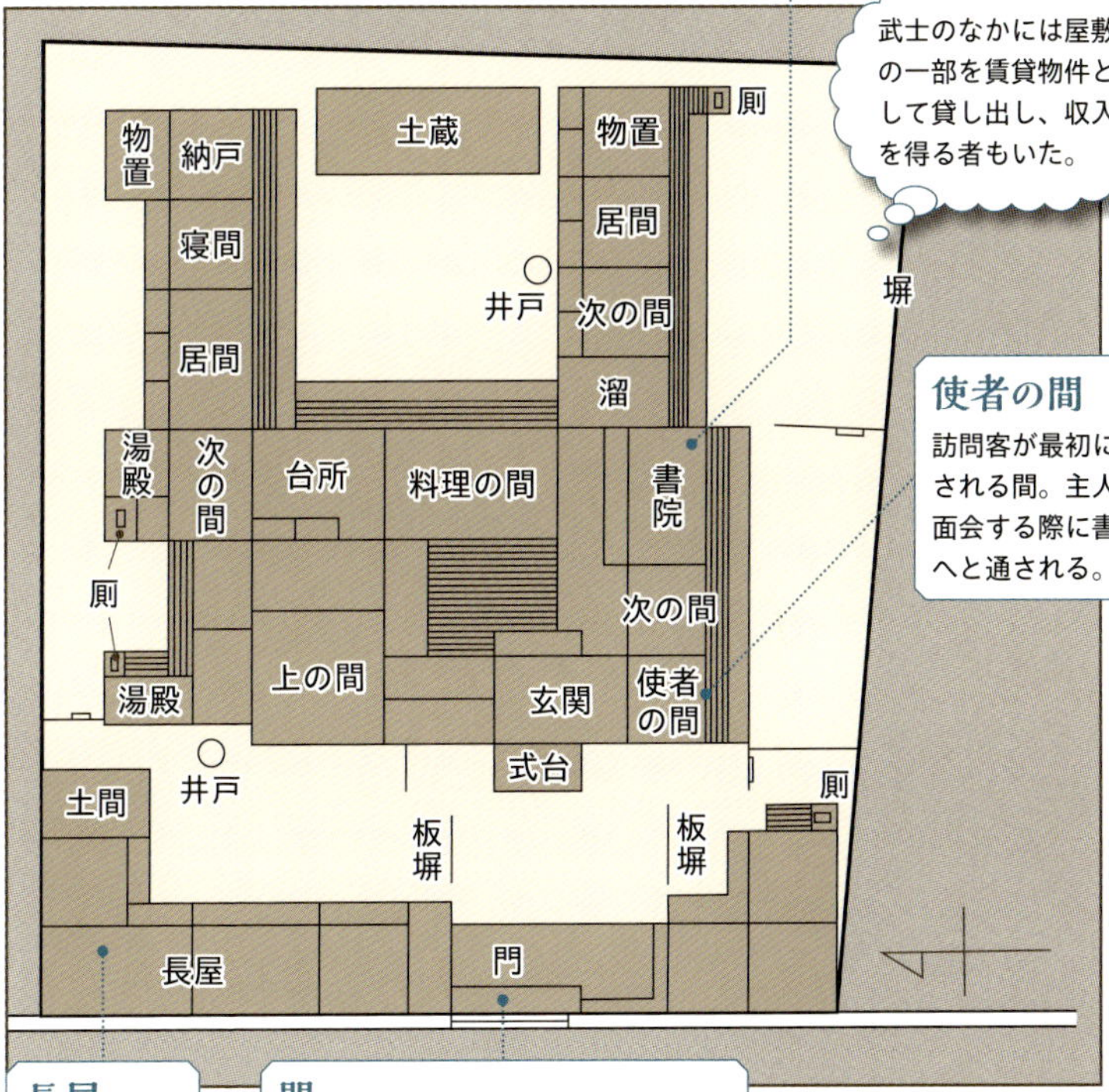

物置
納戸
土蔵
物置
厠
寝間
居間
井戸
次の間
居間
溜
湯殿
次の間
台所
料理の間
書院
厠
次の間
上の間
使者の間
湯殿
玄関
式台
井戸
土間
厠
板塀
板塀
塀
長屋
門

武士のなかには屋敷の一部を賃貸物件として貸し出し、収入を得る者もいた。

使者の間

訪問客が最初に通される間。主人と面会する際に書院へと通される。

長屋

足軽や中間の住居に充てられるスペース。

門

道路に面して長屋門を構え、その北に長屋が並ぶ。長屋の内部には家臣が暮らす住戸が2～3室配されていた。

※坪数412坪、建坪210坪
※『図説江戸2　大名と旗本の暮らし』『江戸博覧強記』所収図などをもとに作成。

江戸の武士の生活

武士の住居②

御家人の屋敷

御家人たちは組ごとに数千坪単位の土地を拝領し、土地を分け合って屋敷を建てていました。

限られた土地を貸したり、副業に活用したり

個々に屋敷地を与えられた旗本に対し、御家人は一括した屋敷地を、**与力**や**同心**、**弓組**、**徒歩組**といった同じ組のグループごとに与えられていた。屋敷地は概ね数千坪単位でまとめて下賜されるもので、組ごとに分け合って使用する。これを「**組屋敷**」「**大縄屋敷**」と呼ぶ。**御徒町**、**百人町**、**弓町**という東京の地名はその名残で、当時は御家人の組屋敷が広がっていたのである。

ただし、長屋のようにひとつの棟に集住するのではなく、各組に割り当てられた敷地内に、それぞれの屋敷が用意されていた。

たとえば、**町奉行所**に勤務する**八丁堀**の与力・同心（P.209）の組屋敷を見ると、総敷地面積３万２７００余坪。そのなかに与力50人、同心２４０人分の屋敷が構えられている。概ね御家人たちは２００坪程の敷地内に30坪ほどの建物を建てて暮らしていた。

175頁に掲載した御家人・**山本政恒**の屋敷の間取りを見ると、貸家の文字が見える。これは江戸時代後期になって暮らしが窮乏するなか、町医者などに屋敷内の土地を貸して生活の足しにした痕跡である。

COLUMN

サムライこぼれ話

武士も畑を耕していた!?

屋敷地の余った土地を貸家にするほか、農地を設けてナスやキュウリなどを自家用に栽培していた武士も多かった。食料の一部を自給することは、御家人たちにとって当たり前の経済活動であった。

一方で、朝顔など観賞用植物の栽培を手掛けたり、昆虫、金魚の飼育を行ったりと、庭を使ってサイドビジネスを行う者もいた。

江戸の文化は、こうした御家人たちが支えたものでもあった。

自宅の庭の畑を耕す武士。

御家人の屋敷の間取り

現在の御徒町付近にあった御家人・山本政恒の屋敷見取り図。主の山本政恒の家禄は70俵5人扶持で、200坪ほどの屋敷地を拝領していたと考えられている。住居の建坪は30坪ほどで、南側に池や築山を備えた庭園があった。

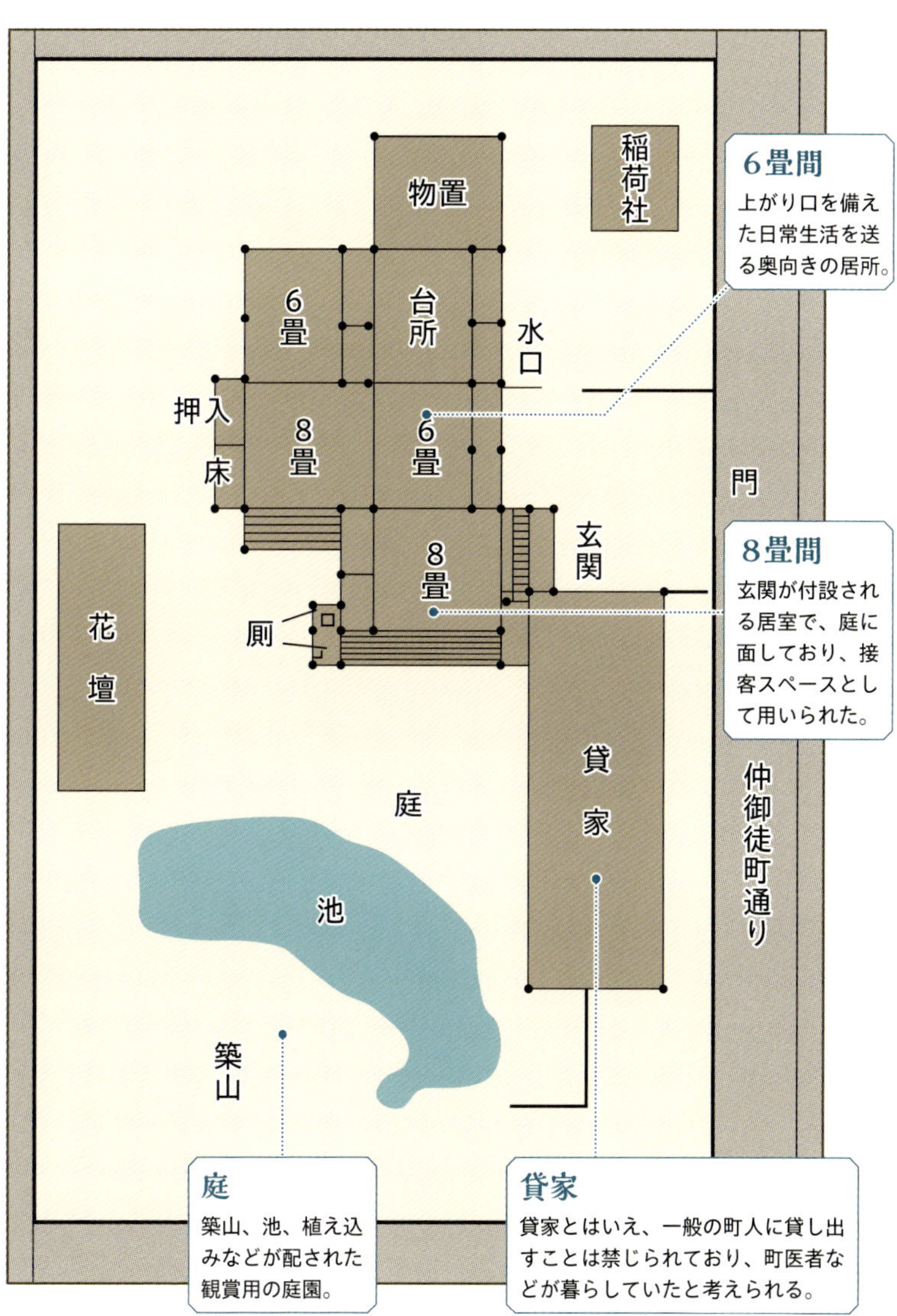

武士の仕事（ぶしのしごと）

家禄を世襲しても役職まで世襲できるとは限りませんでした。

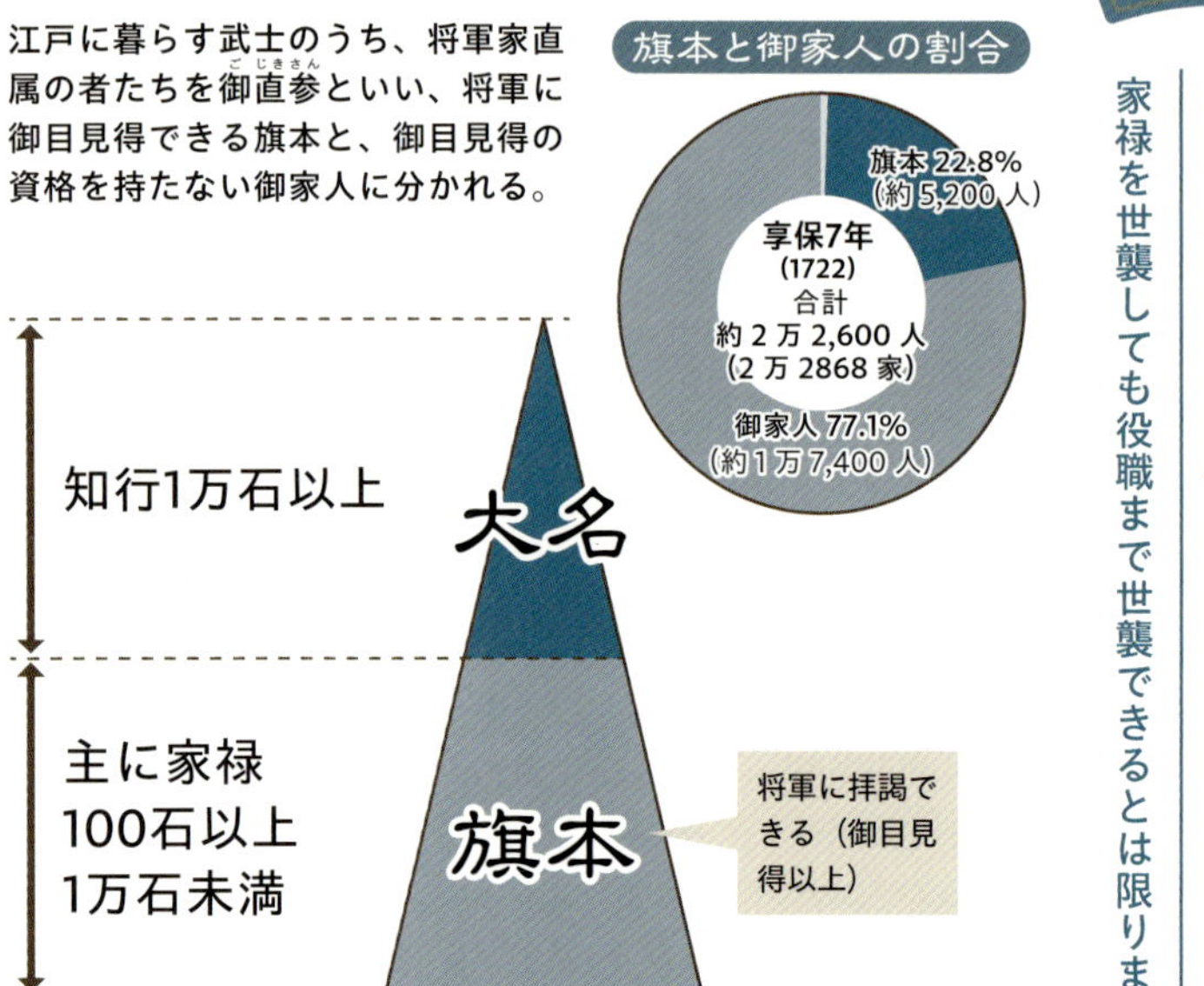

役職に就ける武士は半分以下に過ぎなかった

幕臣も藩士も役職に就けなくても、家禄という形で所領や定額の**俸禄米**（ほうろくまい）を代々保障された。要するに世襲である。だが、旗本が役職に就けなかった場合は**寄合**（よりあい）や**小普請組**（こぶしんぐみ）に編入され、禄高に応じた小普請金の上納を義務付けられた。事実上の給与返納である。

よって、旗本は役職に就くことを強く望む。役職に就けば手当のほか、功績次第で家禄（かろく）が増える可能性もあった。

御家人の場合は旗本のように小普請金上納の義務はなかったものの、もともとの禄高が少ないこともあり、役職に就いて加増あるいは役職手当が支給されるチャンスを狙った。

しかし、旗本も御家人もその数の半分以下しか役職の数がなく、武士の就職運動は熾烈を極めた。

幕臣の役職と出世ルート

家禄が多い武士が重職を勤めたが、徳川吉宗に抜擢された大岡忠相のように、能力ある者が抜擢されるケースも多かった。

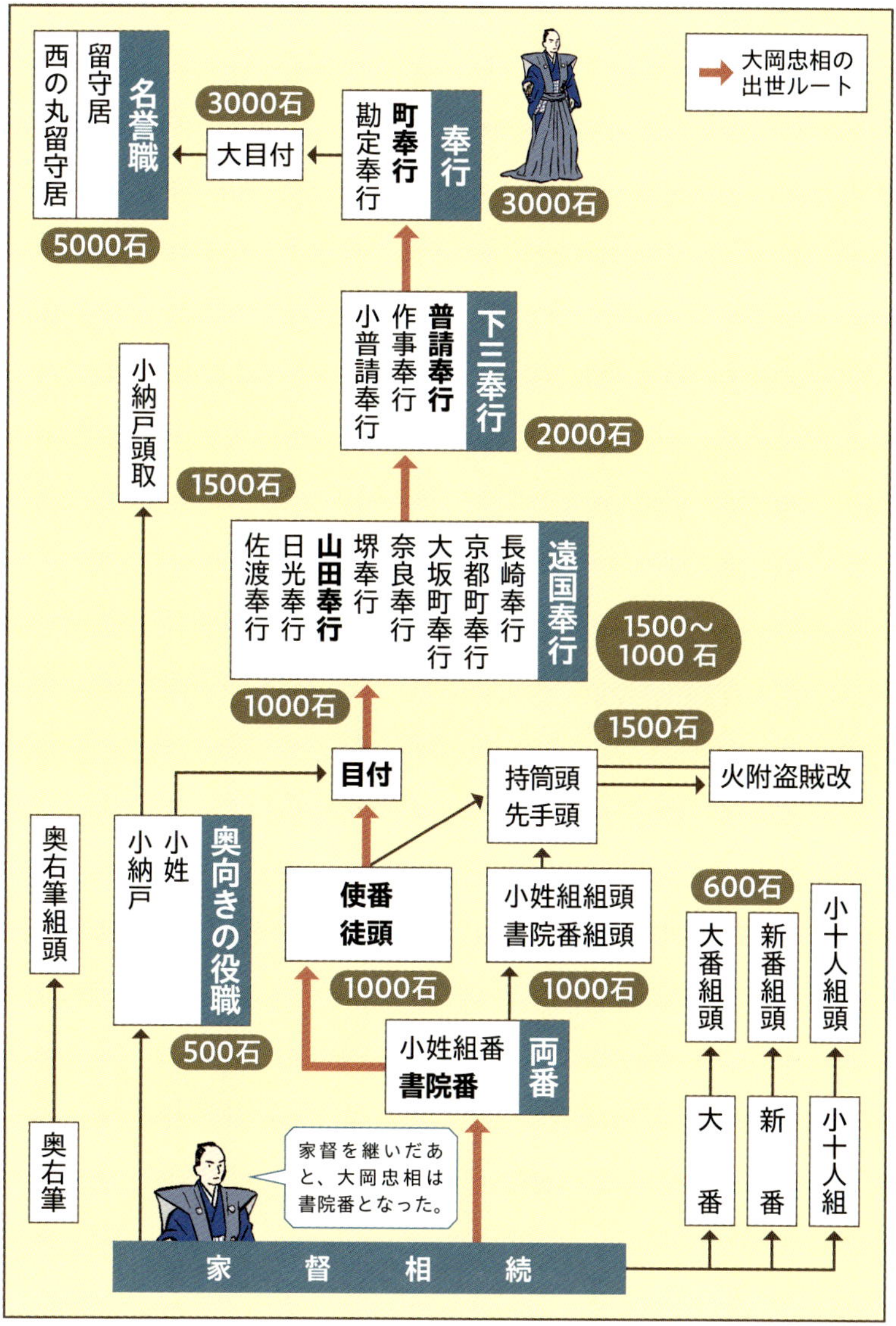

大岡忠相の出世ルート

家督相続

家督を継いだあと、大岡忠相は書院番となった。

- **両番**：小姓組番／**書院番**
- 小姓組組頭／書院番組頭　1000石
- **使番**／**徒頭**　1000石
- 持筒頭／先手頭　1500石
- 火附盗賊改
- **目付**　1000石
- **遠国奉行**　1500〜1000石：長崎奉行／京都町奉行／大坂町奉行／奈良奉行／堺奉行／**山田奉行**／日光奉行／佐渡奉行
- **下三奉行**　2000石：**普請奉行**／作事奉行／小普請奉行
- **奉行**　3000石：**町奉行**／勘定奉行
- 大目付　3000石
- **名誉職**　5000石：留守居／西の丸留守居
- **奥向きの役職**　500石：小姓／小納戸
- 小納戸頭取　1500石
- 奥右筆 → 奥右筆組頭
- 大番 → 大番組頭　600石
- 新番 → 新番組頭
- 小十人組 → 小十人組頭

江戸の武士の生活

武士の内職

上がる物価、上がらぬ給料……江戸の武士たちは余った時間を利用して副業にいそしみました。

生活が苦しい武士たち 中・下級は内職に精励

物価が上昇しても、俸給の変わらない江戸時代の武士たちは、総じて生活が苦しかった。支給される禄を担保に、金融業を兼ねる**札差**から借金を重ね、進退窮まる者まで出る始末であった。

幕府も手をこまねいていたわけではなく、寛政元年（1789）には「**棄捐令**」を出している。これは**老中**の**松平定信**が**寛政の改革**の一環として出した借金免除の法令だ。窮乏する**旗本**・**御家人**を救うために出した同法令では、札差に対して5年以前の借金は棒引き（帳消し）とさせ、以後の分は返済の利率を低くすることが命じられた。しかし、武士の経済的悪化に歯止めはかからず、一時的な措置に終わった。

経済的困窮から中級・下級武士の多くは内職に精を出した。左の図に掲げたのはポピュラーな内職だ。このうち傘張りは青山居住の武士の間で盛んになった。そのほか、江戸の名物となった武士の内職は複数ある。下谷の御家人の組屋敷は、朝顔の育成と金魚の飼育で知られ、麻布では草花の栽培、代々木・千駄ヶ谷ではこおろぎや鈴虫の飼育が行われた。大久保の百人町ではつつじが数千本も植えられ、開花の時期には多くの見物人で賑わったという。

COLUMN

サムライこぼれ話 辛い浪人生活

浪人とは仕えるべき家を失った武士をいう。要するに失業者である。

江戸初期の浪人の多くは、盛んに行われた大名の改易に伴って主家を失い浪人となった者が多く、治安悪化の原因となった。中期以降になると、主家内で派閥争いに敗れて放逐された者や、役職で不始末を起こし、召し放ちとなった者が一般的になった。

戦国の世ならいくらでも需要があったが、泰平の世になると、もはや出番はなくなる。剣術に秀でた者や、抜群の学識を持つ者が召し抱えられることはあったが、それはあくまでレアケース。通常は仕官できなかった。

無収入だから生活は厳しく、様々な内職に精を出して生活した。手習いの先生、出版の際の版下書き、大道芸人…。武士の身分を捨てて百姓・職人・商人に転じる者もいた。

武士がいそしんだ内職

時代を経るごとに物価は上がるものの、武士の俸給は変わらない。収入が足りない中・下級の武士たちは様々な内職に励んでいた。

盆栽

園芸ブームの江戸において、盆栽を育てたり、植物を栽培して商品に仕上げていた。盆栽を管理維持するには武家屋敷の広いスペースがぴったりだった。また、新しい品種を作り、植物を育成するには高度な知識も必要で、家禄のない旗本の次男、三男のほか、御家人らはこれにぴったりの人材だった。

手習いの師匠

武士は江戸の知識階級。漢学の知識や読み書きの腕を使って町人に学問を教える者もいた。

傘張り

時代劇などでよく見られる武士の内職。傘は本来高価で庶民が新品を買えるものではなかった。そこで紙が破けた傘を買い取る「古骨買い」という職業が登場。これに新しい油紙を張って「張替傘」として、安価で売った。このときの油紙を張り替える仕事が傘張り。多くの武士が手を出し、特に青山百人町の鉄砲百人組には熟練者が多かったという。

金魚の養殖

金魚の養殖は、下谷においてとくに盛んだった。愛玩用の金魚を育てるのが仕事である。江戸ではないが、大和郡山の金魚の養殖も武士の仕事として始められたものだった。

絵付け・代筆

祭り用の地口行灯や提灯への絵付け、手紙の代筆など、学識と技術を求められる仕事は、武士の面目を保ちながらお金を稼ぐ仕事であった。

生涯(しょうがい)と通過儀礼(つうかぎれい)

武家に生まれれば安定した生活を送れる一方、結婚に自由がありませんでした。

武士の一生と通過儀礼

江戸時代の支配階級である武士にとって、役職を得ることが最初の関門。その後はいかにして家を子孫へ残していくかに腐心する生涯を送った。

初めて袴をはく武家男児の成長儀礼。5～6歳で行われ、のちに七五三となる。

5～6歳から13～14歳の元服まで学問や武芸を学び鍛錬を積む。親はこの間、子が役職をもらうための働きかけを有力者に行う。

前髪を剃る役は親族が勤める。

前髪をすべて剃り落として月代にする。儀式が済むと、諱（実名）が与えられる。

元服

元服後、主君となる将軍や大名に拝謁する。

初御目見得

一生安泰な武士の生涯　難関は結婚だけだった

御家断絶(おいえだんぜつ)による主家の消滅など不測の事態がない限り、武士の家に生まれれば生涯は安泰だった。俸禄(ほうろく)だけで生活するのは経済的に苦しかったが、飢え死にする心配はなかったのである。

だが、江戸時代は封建的な身分制度の時代であり、婚姻については身分はもちろん、家格の縛りから逃れられなかった。武士と町人というような身分違いの結婚は許されておらず、たとえ同じ身分でも家格の釣り合いが重要視されたのである。

その上で、武士は自分と同じか、少し上の家禄を持つ家から妻を迎えるのが通例だった。家計が苦しい家にとり持参金は魅力的だったからだ。

なお、結婚だけでなく離婚にも主君たる幕府や藩の許可が必要であった。

家の者が死亡届を提出し、相続が済んでいない場合は、跡目相続願いを提出する。これを怠ると御家断絶となる。(P.190)

跡取りである嫡男に家督を譲る。定年はなく、本人の意思によって隠居のタイミングが決定した。(P.192)

出世によっては同僚や先輩の妬みを買うので、足もとをすくわれぬよう根回しが肝心！　何事も謙虚に謙虚に。

家督相続に当たっては跡目相続願いを幕府に提出する。(▶P.190)

任務をこなす日々を送り、出世をしていく。

落ち度があったり、何らかの不祥事に巻き込まれるなどした場合、失職したり、召し放ち（家禄・所領没収の上追放）のほか、家を取り潰されることもあった。

武士が受ける罰

叱り・吃度叱り（きっと）	奉行所などに呼び出されて叱責を受け、屈辱を味わう。吃度叱りは一段強い叱責。
閉門・蟄居（ちっきょ）	邸宅の門に竹竿が打ち付けられ、家の窓も塞がれる。外出を禁じられるばかりか、屋敷の一室で過ごすよう強制される。一般に期間は50日か100日。
召し放ち（め はな）	家禄や所領を没収の上、追放処分となる罰。武士身分も剥奪されるが、一定期間経過後、再出仕が許されることもあった。
押し込め	屋敷内に座敷牢が設けられ、謹慎を強制される。失政を改めない大名が、家臣によって押し込め処分を受けた例もある。
切腹	腹を切ることで体面を保つ。(P.220)

武家の場合、嫁入りは基本的に夜間に行われ、祝言と三々九度の杯の後、お披露目が行われる。

主家の許可を得たうえで、親の決めた相手と結婚する。前提として、武士は身分の異なる町人や農民とは結婚できなかった。

有力者への働きかけが叶い、役職を得ると、お抱え入れの儀式が行われる。

御家人の場合、支配役の屋敷において、守るべき事柄が記された誓詞が読み上げられたのち、これに記名・血判する。

生涯にわたり役職を得られず、家禄のみで過ごす武士も多かった。

武士の教育機関

旗本・御家人のエリートが学ぶ公立の学校がありました。

江戸時代の私塾と昌平坂学問所

徳川綱吉の時代より、武士の間でも学問を重んじる気風が生まれた。旗本・御家人の子は昌平坂学問所で、各藩藩士の子は藩校で学んだ。

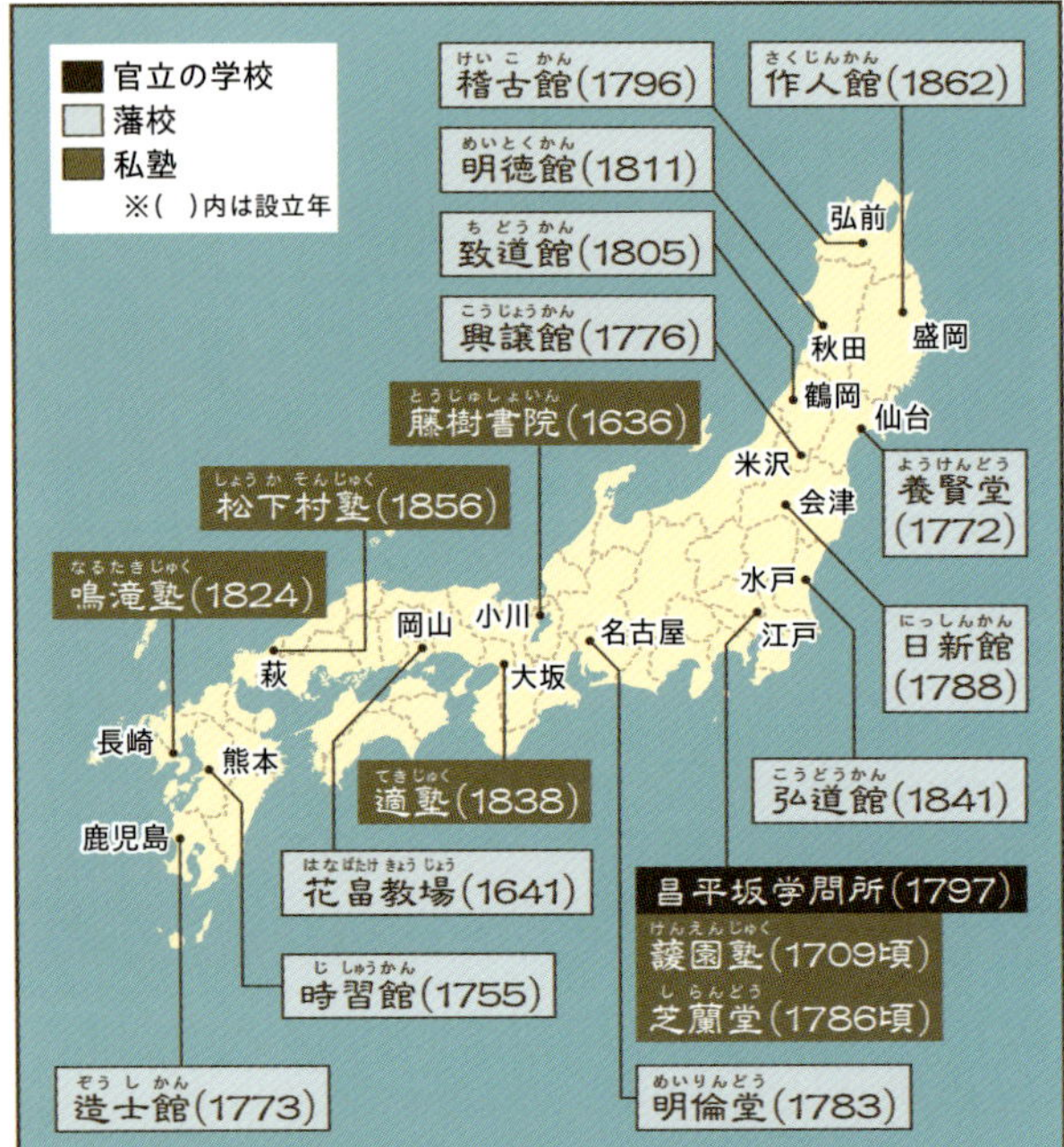

諸国から集った英才
幕府のエリート養成校

武士の教育は当初、親子の間や私塾で行われていたが、寛政年間(1789〜1801)以降、公的教育機関が各地で増加するようになった。江戸では**昌平坂学問所**がそれに当たる。別名を「**昌平黌**」ともいう。

同学問所は幕府直轄の教育機関であり、幕府が官学とした儒学が学ばれた。幕府の学問所と林家(幕府の大学頭を勤める家)の私塾を兼ねていたが、寛政9年(1797)から、幕府による経営に一本化されたのである。

昌平坂学問所で学んだのは、幕臣の子弟と各藩の藩校から選りすぐった秀才たちである。各藩の子弟は「**書生寮**」に入って、『**大学**』『**中庸**』『**論語**』など、儒学の中核をなす「**四書五経**」の習得に精を出した。

昌平坂学問所の講義風景

『聖堂講釈図・寺子屋図』に描かれた昌平坂学問所の講義風景。

学問所のテキストは主に、四書(『論語』『大学』『中庸』『孟子』)、五経(『詩経』『書経』『礼記』『易経』『春秋』)など中国の哲学書、史書などの古典が使われた。

入学年齢は14歳～30歳。聴講だけなら陪臣や町人・農民でも許されていたが、学問所内に寄宿して1年以上学ぶことができるのは幕臣のみに限られた。

寄宿生の外出には制限があり、月に12日以下とされ、門限は夜五ツ(午後8時頃)とされた。

寄宿制の定員は天保年間(1830～1844)に御目見得以上が28名、御目見得以下が20名と定められた。寄宿生になるには、学問所に願書を提出すればよく筆記試験はなかったが、出願者は林大学頭以下、教授たちの協議によって合否が判定され、上司などに照会されて厳しい審査を受けた。

昌平坂学問所

昌平坂学問所は神田湯島にあり、1万6000坪(約5万2800m^2)の規模を誇る。
寛政9年(1797)に幕府直轄の学問所となり、武士の最高学府となった。

学生のために3棟の寄宿所があり、小机や行灯、火鉢、煙草盆など生活道具が支給された。また、食事が三食支給され、すべて官費によって賄われた。
崖下には神田川が流れている。

覚えておきたい
江戸の名学者

伊能忠敬

自分に厳しく部下にも厳しい厳格な測量隊長

江戸時代中期の地理学者・測量家。現在の千葉県香取市佐原の人。旧姓は小関。18歳で伊能家の婿養子に入って、伊能姓を名乗るようになった。家運が傾いていた伊能家を酒造業や米穀の取引などで立て直すかたわら、名主としても精力的に活動。各種の普請、窮民救済の功績から苗字帯刀を許された。

50歳で隠居すると、**幕府天文方**の**高橋至時**に入門して天文暦学を習得。寛政12年(1800)の蝦夷地測量を皮切りに、日本列島全域の沿岸測量を実施して「**大日本沿海輿地全図**」の作成に当たった。

◆生没年
1745年～1818年
◆通名
三治郎、三郎右衛門、勘解由
◆字　子斎
◆号　東河

図解 伊野忠敬

伊能忠敬は第二の人生で大きな業績を残した人物である。

厳格な測量隊長

性格は厳格で、測量期間中は隊員に禁酒を命じるなど、規律を重視した。金銭の扱いにも厳しく、倹約も家人にも求めていた。また、能力不足の隊員に対する愚痴が娘に送った手紙に記されている。

驚異の健脚

測量のために歩いた距離は、約3.5万kmとも、地球一周分に相当する約4万kmともいう。

帯刀

町人ながらに佐原村の領主である旗本・津田氏から苗字帯刀を許され、さらに幕府からも直々に苗字帯刀を許された。ただ、測量中は方位磁針が狂うのを防ぐため竹光を所持していたという。

塙保己一

『群書類従』を編纂した盲目の国学者

塙保己一は江戸時代後期の国学者で、現在の埼玉県本庄市に生まれた。7歳で盲目となり、15歳で江戸に出府。音曲・鍼・按摩の修業をするも、学問への志が断ちがたく、諸師に師事して学問を学んだ。

34歳の時、諸国に散逸する国書を集めて刊行する大事業を志して精力的な史料収集を開始し、文政2年(1819)に『**群書類従**』670冊の編纂と刊行を実現している。同書を含め『続群書類従』『武家名目抄』などの編纂書は、日本の学問史上不朽の功績である。

◆生没年 1746年～1821年
◆諱 なし
◆通名 寅之助、多聞房、千弥
◆号 水母子

杉田玄白

『解体新書』で知られる蘭学者

江戸時代後期の蘭学医師・**杉田玄白**は、若狭小浜藩の藩医の家に生まれ、江戸に出府してオランダ医学を学んだ。

人体の解剖を見てオランダ医学書の翻訳を志し、**前野良沢**・桂川甫周・中川淳庵らと4年の歳月をかけて、ドイツ解剖書をオランダ語に訳した『**ターヘル・アナトミア**』を邦訳し、『**解体新書**』として刊行した。翻訳時の苦労は『**蘭学事始**』に詳しく記されている。

医薬を研究する本草学者の**平賀源内**（P.134）とも深い親交を結び、源内の死に際しては墓碑を建立した。

◆生没年 1733年～1817年
◆諱 翼
◆字 子鳳
◆号 鷧齋、九幸翁

青木昆陽

飢饉に備えてサツマイモの栽培を研究した救民の神様

青木昆陽は、伊藤東涯に師事して学問を学ぶなか、江戸町奉行の**大岡忠相**に学識と才能を見出され、幕府の書物方に抜擢された。

元文5年（1740）からは、8代将軍**徳川吉宗**の命によって、本草学者・野呂元丈とともにオランダ語の習得を開始した。この一方で、凶作の際に代用として食する作物としての**サツマイモ**に注目し、『**蕃薯考**』を著して、サツマイモ栽培の必要性を訴え、「甘藷先生」と呼ばれた。栽培作物として定着したサツマイモは、しばしば飢饉を救うこととなる。

◆生没年 1698年～1769年
◆諱 敦書
◆通名 文蔵　◆字 厚甫
◆号 昆陽

華岡青洲

妻とともに麻酔医療の発展に貢献した執念の人

江戸時代後期の医師・**華岡青洲**は、漢方とオランダ医学の両方を習得し、漢蘭折衷派の医師として臨床外科を研究した。

全身麻酔による外科手術を志していた青洲は、催眠・鎮痛の目的で使われていた**通仙散**の有効性に着目し、医学の研究に精力的に取組んだ。実験の過程で妻の加恵が失明するという事故はあったが、薬効と安全性を高めて実用化に成功。文化元年（1804）には、世界で初めて**全身麻酔**下での乳がん摘出手術を実現している。多くの門下生を育て、江戸期の医学を発展させた。

◆生没年 1760年～1835年
◆諱 震
◆通名 随賢　◆字 伯行
◆号 青洲

剣術道場

「武士道」を支える武士の嗜みとして、江戸には多くの剣術道場が生まれました。

江戸の主な道場と幕末の剣客

剣術は武士の間で江戸期を通じて流行し、江戸には玄武館・練兵館・士学館の三大道場をはじめ、多くの剣術道場が営まれていた。これらは幕末の不穏な情勢のなかで多くの志士を輩出することになる。

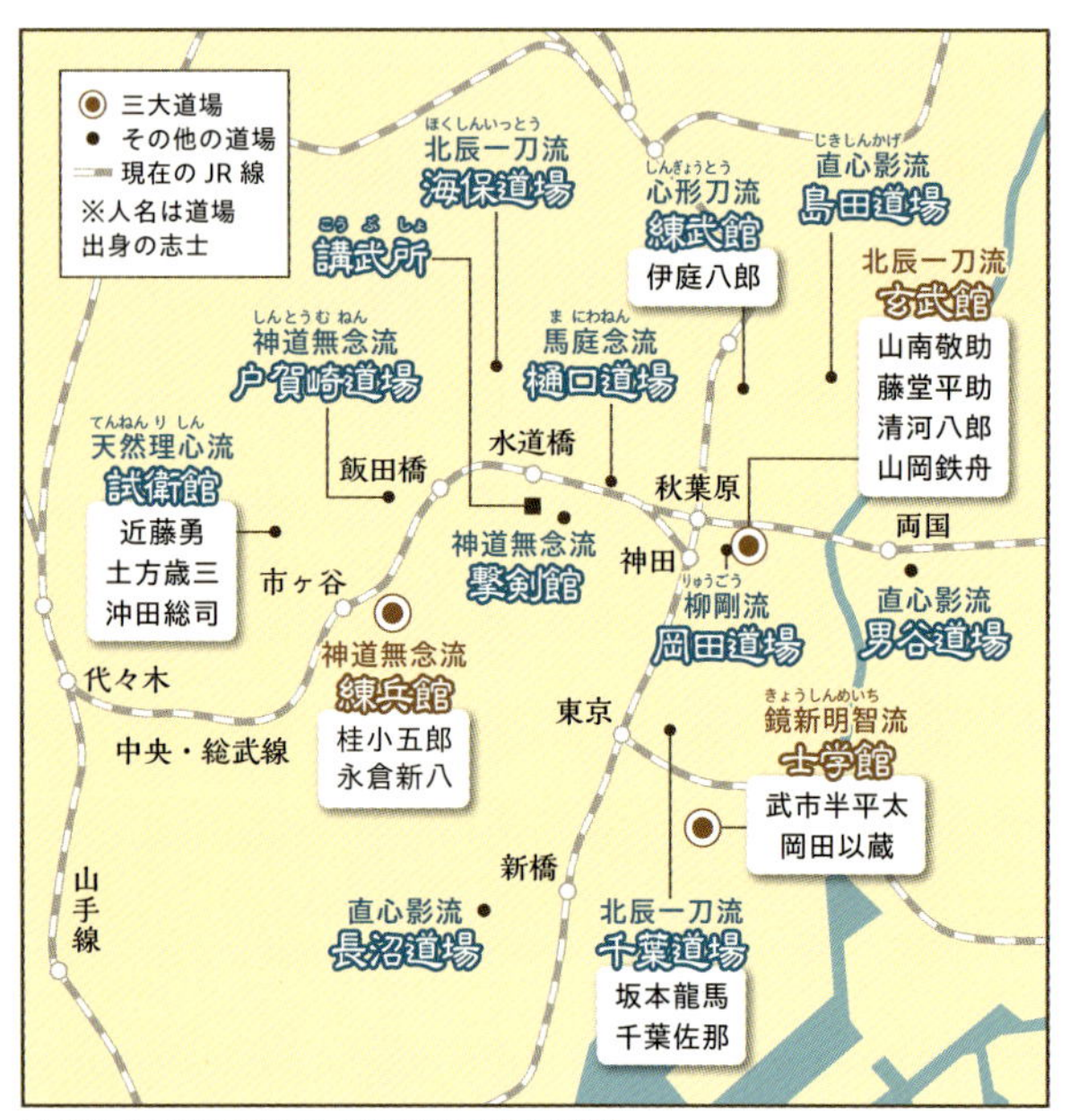

※『幕末江戸道場散見地図』（渡辺誠氏）をもとに作成。

武士道が定着するなか収入のない武士たちの仕事に

江戸時代初期には、戦国時代の遺風が残っていたこともあって、剣術修行が盛んであった。

武士の道徳意識が「武士道」という形で観念化され、独自の倫理観が定着したのも剣術の隆盛に影響を与えた。

刀を持って相手を殺傷するより、剣術とともに精神の修練を行うことが重んじられ、支配階級として民の上に立つ武士にとって、武芸が武士道を支える技能となっていったのである。

また、剣の技量は出世の目安となったから、家督を継ぐ資格がなく、成人に達しても家長の父や兄から監督を受ける男子、つまり次男・三男などにとって、武芸の腕を磨いて道場主となるのは、自立の手段のひとつとなった。

こうした背景から、熱心に剣術修練

に励む武士もいたのだが、元禄期以降、文治政治への転換が図られるなかで、剣術への関心は次第に低下していった。

外圧を契機として、再燃した剣術熱

こうした状況を一変させたのが、江戸時代後期から日本を襲い始めた外圧の数々である。

ロシアが通商を要求したのを皮切りに、イギリスやアメリカの商船が日本列島沿岸に接近し、通商を迫るようになると、武士たちの間で俄に国防意識が高まり、剣術熱を再燃させたのだ。

こうした時代の空気を反映し、幕末期の江戸には多くの剣術道場が開かれた。

幕末期の江戸にあった道場のうち、多くの剣豪を生み出したのが、**鏡新明智流桃井春蔵**の「**士学館**」、**神道無念流斎藤弥九郎**の「**練兵館**」、**北辰一刀流千葉周作**の「**玄武館**」、**心形刀流伊庭秀業**の「**練武館**」、**天然理心流近藤勇**の「**試衛館**」などである。

これらの道場がすべて私塾であるのに対し、安政元年（1854）に設立された**講武所**は、幕府直属の武芸修練場である。

当初は築地にあったが、施設が軍艦操練所に転用されると、神田小川町（現在の三崎町）へと移転した。

講武所では幕臣の子弟を集めて、剣術・槍術・柔術・砲術・兵学などの稽古が行われた。**勝海舟**、**大村益次郎**など幕末維新期に存在感を放った人材の多くが、講武所で教えている。

江戸時代の武芸十八般

武芸を奨励した徳川吉宗の時代、武士のたしなみとして、18の武芸が挙げられた。ただし、時代によっても異なり、一定していない。

抜刀術　短刀術　槍術　弓術　馬術　剣術

棒術　捕手術　十手術　手裏剣術　砲術　薙刀術

隠　水泳　柔術　含針術　鎖鎌術　錑術

武士の一生

仇討ち

届け出を出すと、仇を討つまで帰ることができませんでした。

武士だけの特権だが、成功率は極めて低かった

殺された肉親の仇を報じる**仇討ち**は、江戸時代において、支配層たる武士のみに与えられた権利で、被支配層には許されていなかった。幕府が武士にのみこの特権を付与したのは、尚武の気風を絶やさないためである。

しかし、誰かを殺した人物が無分別に仇討ちの対象となるわけではなかった。

まず、主君による手討ちや、主君の命令による上意討ちは、仇討ちの対象とはならなかった。果たし合いも同様だ。仇討ちが成立するのは、闇討ちや口論の果ての殺害など、相手が殺意を持って誰かを殺め、その責任を一切取らずに逃亡した場合に限られた。

加えて、仇討ちをする側（願人）も、相手を見つけてただ殺害すれば良いわけではなく、届け出をして幕府の裁可を得る必要があった。

仇討ちが認められると、敵を探す旅に出るわけだが、相手がどこへ逃げているか分からないので、必ず巡り合うとは限らなかった。首尾よく相手の居所を突き止めたとしても、相手が死んでいる場合は、成立しなかったし、**返り討ち**に遭う恐れもあった。

さらに仇を報ずるはずの討ち手が行き倒れとなるケースもあった。諸大名家の記録中にある「仇討ちに出たまま消息不明で絶家」という記録が、仇討ちの困難さを物語っている。

仇討ちのシステム

仇討ちを行うには幕府へ届け出て許可状をもらうことが必要だった。そのうえで仇討ちの旅に出るのだが、一度発行されると、仇討ちを果たすまで戻ることが許されなかった。

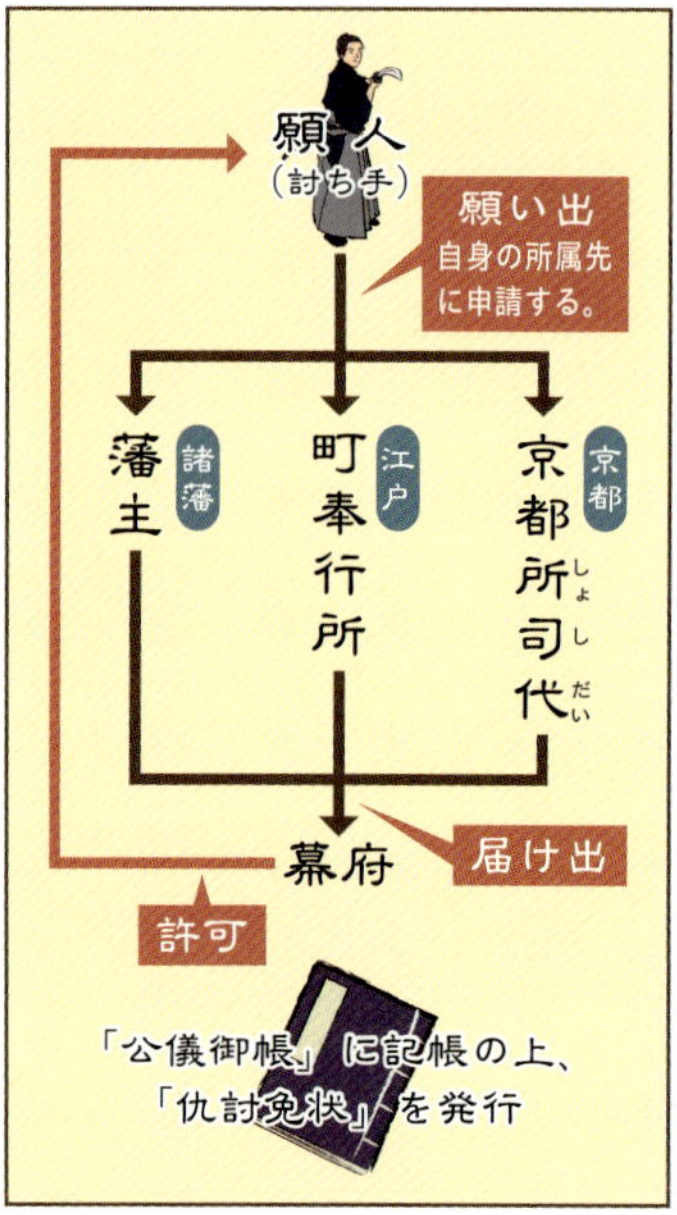

鍵屋の辻の決闘に見る仇討ちのルール

寛永 11 年（1634）に起こった鍵屋（かぎや）の辻の決闘の様相。岡山藩主・池田忠雄の小姓が殺害され、その仇の河合又五郎が幕府直参の旗本のもとへ逃げ込んだことが仇討ちの発端。その決闘からは仇討ちのルールを随所にみることができる。

実録!

鍵屋の辻の決闘

現在も語り継がれる伝説的な仇討の決闘

鍵屋の辻の決闘とは、寛永11年（1634）11月、現在の三重県伊賀上野市において発生した仇討ちの乱闘事件である。

仇人は河合又五郎（かわいまたごろう）、討ち手は小姓の兄・渡辺数馬（わたなべかずま）。殺された弟の仇を奉じるため、伊賀上野（いがうえの）城下に向かう又五郎一行を待ち伏せしていた。先手を取ったのは数馬側だった。助太刀の荒木又右衛門（あらきまたえもん）が、又五郎側の助太刀・河合甚左衛門（じんざえもん）を一太刀で討ち取ったのである。槍の名人である桜井半兵衛も又右衛門が討ち取り、又五郎側の戦力が大幅にダウン。最終的に又五郎は数馬に討ち取られたのだった。

仇人方　討ち手方　仇人方助太刀　討ち手方助太刀

探索

渡辺数馬らは江戸から京都に至るかなりの範囲を往来して、江戸を出奔した又五郎の探索を行い、奈良に潜伏中の又五郎を発見。江戸へ向かおうとするところを襲撃した。

幕府の裁定

岡山藩主・池田忠雄の死後、幕府は旗本に対して河合又五郎をかくまうことがないよう厳命する。

岩本孫右衛門
桜井半兵衛
渡辺数馬
河合武右衛門
荒木又右衛門
河合又五郎
河合甚左衛門

助太刀（すけだち）

仇討ちの際、又五郎方は総勢 11 名。渡辺数馬側は4名。仇討ちに際して助太刀も認められており、数馬は元郡山藩士の荒木又右衛門に助太刀を依頼している。

報告書

決闘ののち、渡辺数馬と又右衛門は藩に帰参後、藩主に『渡辺数馬於伊賀上野敵討之節荒木又右衛門保和助太刀打候始末』なる仇討ちの報告書を提出している。

家督相続

御家存続の分かれ目となる相続には、「家督相続」と「跡目相続」がありました。

父親の生前と死後 相続に2ケースあり

幕府での役職を務め続けた武士は、やがて**家督相続**の時を迎える。当主たる武士が何らかの理由で当主としての責務を果たせなくなった場合、武家では**後嗣**(こうし)が立てられ、家や禄を相続した。立てられない場合には**御家断絶**である。

相続には当主の生存中に家を継承する「**家督相続**」と、当主の死によって家を継承する「**跡目相続**」(あとめ)があった。

前者の場合、当主が事前に隠居願いを出しているので問題ないが、後者の場合は、跡目相続に関する書類を幕府に提出する必要があった。当主の死亡日時はむろん、相続人の氏名と年齢、兄弟の有無も記載したという。

家督相続・跡目相続という文言は現代の物言いで、江戸時代には大名家が父親の生存中に家を継承する場合は、「**封を継ぐ**」(ほう)と呼び、死後に継承する際には、「**遺領を継ぐ**」(いりょう)と区別していたようだ。**旗本・御家人**に対しても同様で、父親の生存中に家を継承した場合は「**家を継ぐ**」、死後に家を継承したケースだと「**遺跡を継ぐ**」と称したという。

隠居への流れ

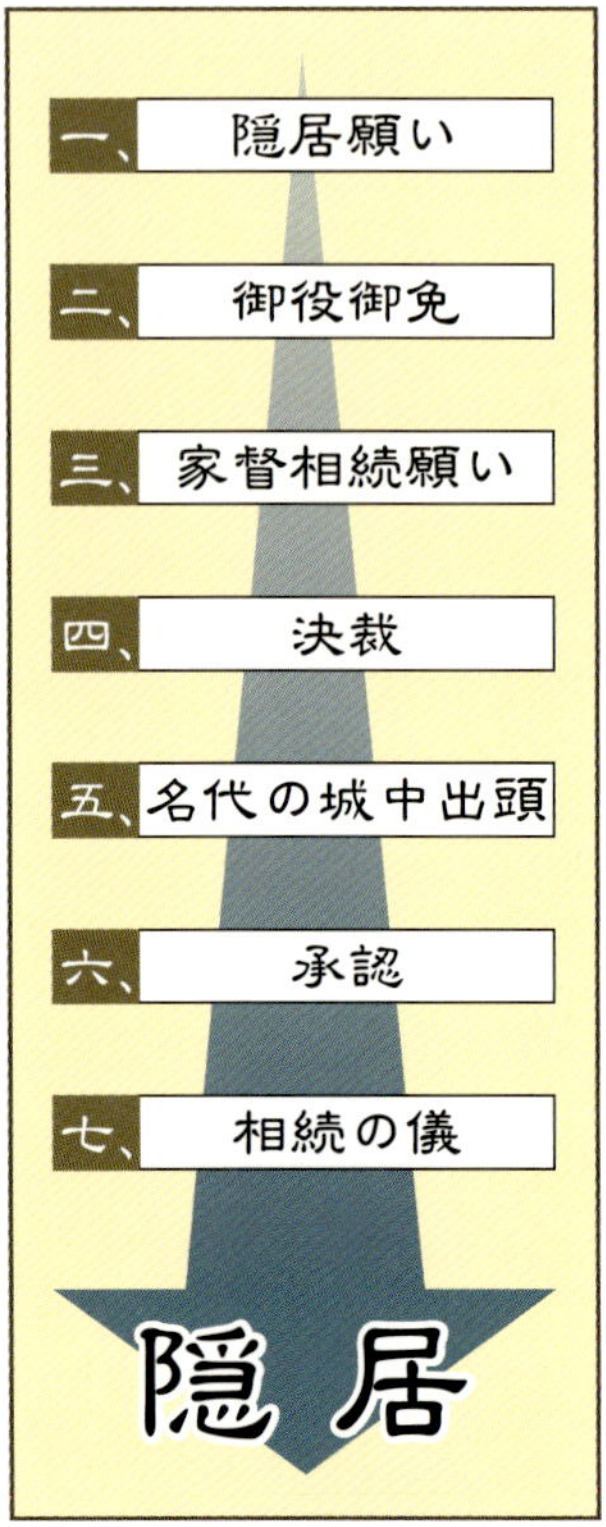

一、隠居願い
二、御役御免
三、家督相続願い
四、決裁
五、名代の城中出頭
六、承認
七、相続の儀

隠居

一代限りの場合は 新規召し抱えに

相続者は嫡男として届け出されている者だが、病弱や身体に障害がある場合には廃嫡(はいちゃく)の要請をすることができた。

これは職業軍人という武士の職務上、

家督相続の流れ

江戸時代の武士にとって、家督を次の世代に継承し、家を存続させることは最重要課題である。家督相続は父親から長男へと継承されるケースが一般的であるが、不在の場合は養子を迎えるなどして跡を継がせた。

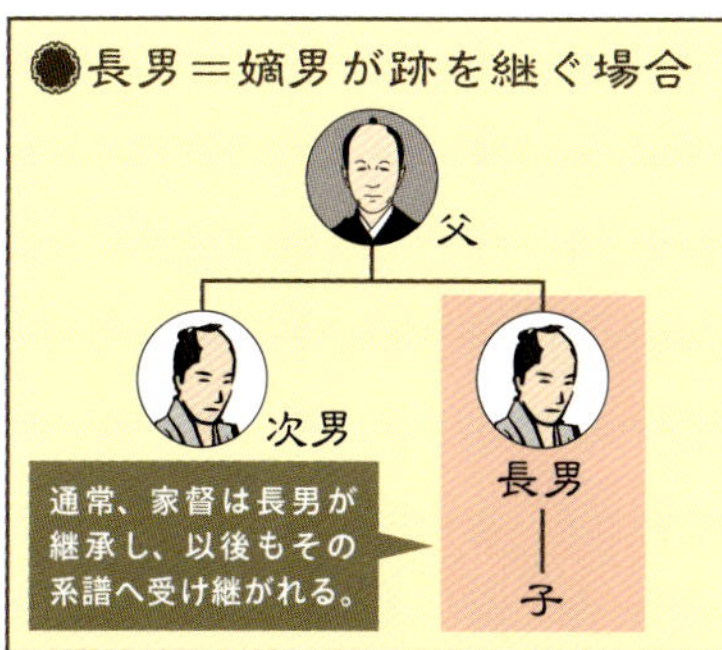

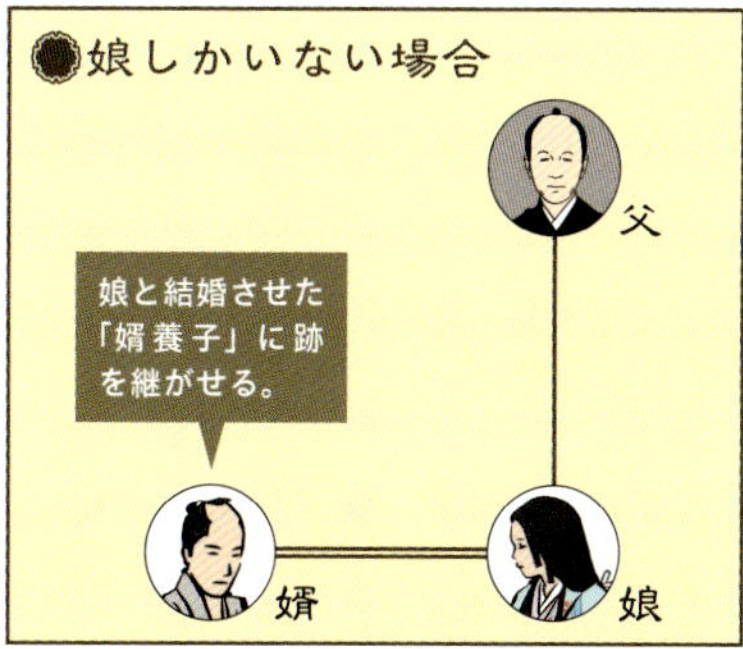

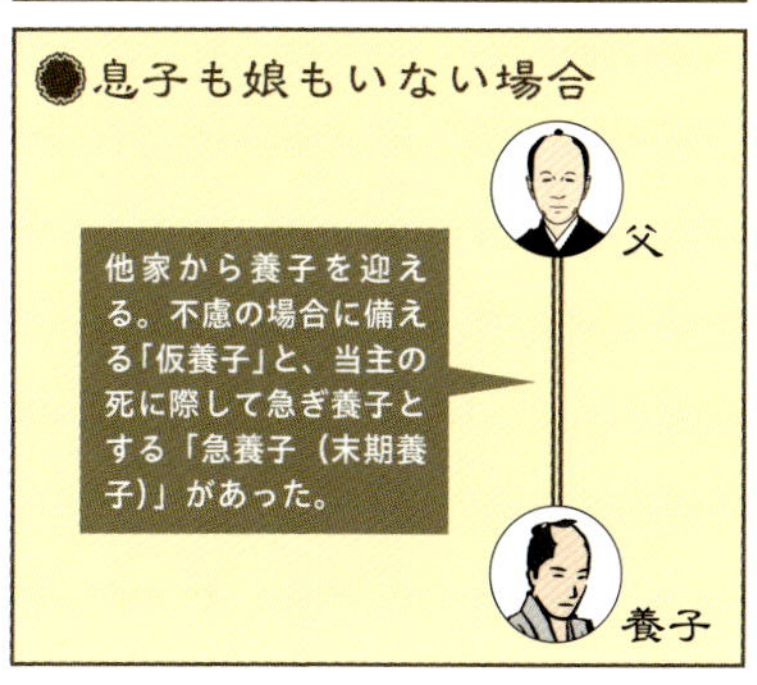

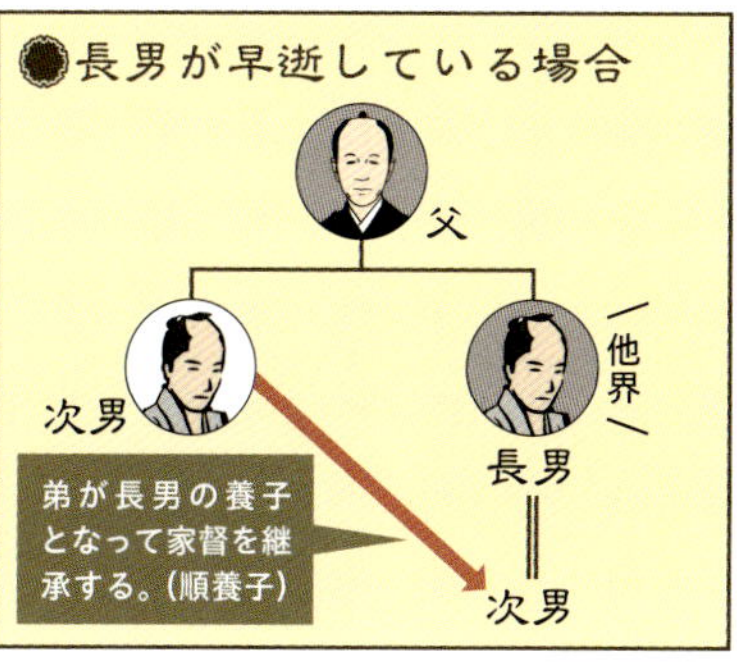

「軍役に堪えられない」との判断が優先するためで、この場合は他の男子が相続した。また、側室の子が最年長の場合、本妻に子が生まれると次男に格下げされ相続権は消失した。正妻にも側室にも子がないと、他家から養子を迎え入れて相続させた。

上級武士の相続の規定が厳格に守られる一方、中級・下級武士の相続は少し緩やかだったようだ。幕府御家人の場合、**譜代**(ふだい)席の者は世襲を許されたが、一代限りの**抱席**(かかえせき)の者は、役の相続を認められない代わりに、「新規召し抱え」で家の継承がなされた。通常は当該御家人の男子が新規召し抱えの対象となったが、男子がいない場合には、他人が対象者となることもあった。

ここで行われたのが「御家人株」の売買である。江戸時代後期には御家人株を買い取って、武士の身分を手に入れる町人も少なくなかった。

隠居生活と死

死ぬまで現役にこだわる武士もいました。

悠々自適の隠居生活か？生涯現役を貫くか？

家長が生前に地位や役割を後継者に譲渡し、第一線を引退することを**隠居**と呼ぶ。

百姓・商人は自身の判断で隠居できたが、武士の場合は、老齢や病を理由に隠居を幕府や藩に願い出て、裁可を得なければ隠居ができなかった。首尾よく隠居できれば、勤務中の功績に基づく**隠居料**・**隠居扶持**を主家から給されることもあり、贅沢さえしなければ悠々自適だった。

隠居の年齢は藩ごとに規定があり、会津藩は70歳、尾張藩は60歳、紀州藩は50歳であったとされている。幕府には明確な年齢規定はなかったが、家長が50歳となり、後嗣がいると周囲から隠居を勧められるケースが多かった。これは「武士としての軍役に堪えられない」という理由からである。

ただ、強制力はないため、家禄を失いたくないとの理由から、高齢の身で現役を貫く武士も少なからずいた。たとえば、嘉永5年（1852）8月、二の丸留守居役を勤める大八木藤左衛門なる旗本が88歳の米寿を祝う酒宴を開いた際、駆けつけた客は全員が83歳以上の高齢者で、100歳以上が3人もいたという。しかも全員が現役であったそうだ。

隠居も現役も死ねば葬られる。葬儀に家格は関係なく、相応の礼節をもってとり行われたという。

COLUMN

サムライこぼれ話
武士は禿げると隠居した

病気や老齢とともに、隠居の理由のひとつとして認められていたのが、「禿」。つまり髷を結えなくなったことが隠居の理由となったのだ。

本来、髷は禿になっても残ることが多い後頭部の毛をまとめれば結えるものであり、髷を結えなくなることは、もはや毛がほとんどない状態である。同時にそれは、武士にとって恥ずべきことであったのだ。

もちろん若いうちから薄毛に悩む武士もいて、主や上司の許しを得て「付鬢」と呼ばれるかつらを使っていた。

刑罰としての隠居もあり、大きな失態をさらしたり、品行不良だったりすると、主君から隠居差控を命じられた。この処分を受けたものは、家の門を閉ざして外出を禁じられる。公用に限って外出を許される「慎隠居」と、一切の外出を禁じられる「蟄居隠居」とがあった。

隠居から死、そして葬儀

煩雑な相続を終えて隠居した武士は余生を送る。一方で、隠居することなく生涯現役を貫き通し在職中に寿命を迎える者もいた。

隠居生活を送る武士

50歳を過ぎたら家督を譲って隠居するのが理想的とされ、経済的に余裕のある者のなかには、都市部を少し離れた田園地帯に隠居所となる庵を設けて暮らす者もいた。

頭を剃り悠々自適の生活を送る老人。

隠居した者には家禄に応じて隠居料が息子から支払われ、家政には口を出さずに暮らした。

さまざまな趣味に没頭する者がおり、農業の研究など、大きな功績を残した者も多い。武士ではないが、伊能忠敬（P.184）もそうした隠居のひとりである。

中流以上の町人の葬列。棺には白無垢が掛けられている。

江戸時代の葬儀

死から埋葬へ至る流れは現代と同じであるが、その習慣や儀式の様相は大きく異なっている。

葬儀の際、遺族の男性は白い麻の裃をまとうのが習慣。とはいえ、急に必要になっても家にあるわけではない。そこで長屋では盛んに白い麻裃が貸し借りされていたようだ。女性も同様に白無垢を着ており、黒い喪服を着る習慣はなかった。

葬列では藁の草履を履き、帰路に道端に脱ぎ捨てて帰宅した。帰宅後、手足を洗う際には足と足をこすり合わせて洗い、手を使うことは禁忌とされていた。

火葬場への道中で転ぶことはタブー。また、帰路は行きと同じルートを避けた。

大名の仕事

江戸滞在中の大名の最も重要な仕事は、将軍に会うこと。

大名の24時間

江戸に滞在している大名の重要な仕事として挙げられるのが、江戸城への登城。年頭、五節句のほか毎月定められた登城日に登城し、粗相なく将軍に謁見しなければならなかった。

就寝
小姓の世話を受けながら、寝間着に着替える。

奥入り
寝所に正室もしくは側室と過ごす。正室は江戸在住のため、嫡男は必然的に江戸生まれであった。

夕食

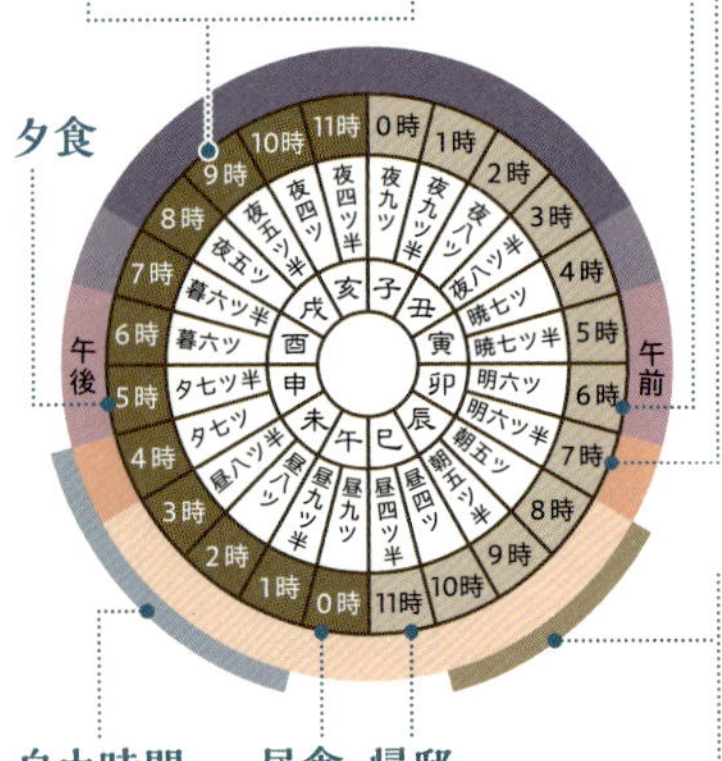

起床
明六ツ半（午前7時頃）、小姓に促されて起きる。

朝食
豆腐や焼きみそなどをおかずに、質素な朝食をとる。

入浴
朝食後に入る。入浴後、小姓によって髷が整えられ、並行して医師の診察が行われた。

里あいさつ
袴をはき、先代藩主夫妻、つまり両親のもとへ出向き挨拶をする。

登城
定められた登城日に江戸城に登城する。登城時間は式典日が朝五ツ（午前8時頃）、通常は昼四ツ（午前10時頃）だった。

武術の鍛錬
登城が定められていない日は武術の稽古などをして過ごす。

自由時間
囲碁や読書などをして過ごす。

昼食

帰邸
江戸城から戻ると、上屋敷で家臣たちと対面する。様々な報告を受けながら政務を行う。

将軍との謁見は最重要の任務

江戸在府中の大名の、最も重要な仕事は、将軍に謁見することである。**参勤交代**（P.244）で江戸藩邸に到着した大名は、まずその旨を幕府に報告し、数日を経て国許から持参した品を将軍や将軍の近臣、幕閣に献上した。月初めの日と15日が定例登城日とされており、大名は行列を仕立てて登城し、他大名とともに将軍に謁見する。

このほかに正月三が日、**五節句**、**嘉祥の儀**といった行事の日にも登城して、行事に参列するのが義務であった。

形式はどうあれ、徳川幕府という軍事政権に属する地方司令官が、最高司令官に拝謁することに意義があり、徳川幕藩体制の維持には不可欠の儀式であった。

登城に際しては定められた場所で駕

江戸城登城における様々なしきたり

大名の江戸城登城に際しては様々な礼法が定められており、これにかなわない行動を取ると、大名であっても罰せられることがあった。大名にとってこうした礼法を無難にこなすことが最重要の職務であったといえる。

登城時のしきたり

諸大名は登城行列を作って登城する。式典日の場合、拝謁時刻に間に合うように逆算して出発し、城に到着後、大名は「下馬」にて供回り以外の者を残し城内へ入る。

諸大名は大手門から登城する。下乗とは大手三ノ門の下乗橋の門前を指す。

下馬前に残された家臣たちは、殿さまの帰りを待ち続けねばならず、登城日の下馬前は多くの武士で溢れかえっていた。

席次と座礼のしきたり

将軍への拝謁時、上段之間に御簾を半分ほど垂らした状態で座る将軍に対し、諸大名は下段之間のなかほどに座り、両手を組み合わせ、鼻に手がつくほど頭を下げる「真の礼」で平伏した。

登城した大名が待機する座敷の部屋は、家格に応じて定められていた。これを殿席と呼ぶ。

将軍から「面を上げよ」と言われても顔を見ることは決して許されなかった。

籠から降り、わずかな家臣とともに徒歩で本丸御殿に向かった。

江戸城諸門の警備や、将軍の護衛も仕事

今ひとつの仕事は江戸城諸門の守衛や、防火などである。城門の守衛は本丸の大手門が10万石以上、西の丸の大手門が10万〜6万石、内桜田門が7万〜6万石、和田倉門と馬場先門が3万〜2万石の譜代大名に割り当てられた。防火に関しては、老中奉書で出動する**大名火消**が担当した。

これ以外にも将軍が芝の増上寺や上野の寛永寺に参詣する際には、行列に加わり、朝廷から勅使・院使が来る際には、接待役や饗応役を担った。また、ほかの大名が改易されたり転封になったりした場合には、在府中の大名が警備のため、出動を命じられることもあった。

江戸勤番侍の生活

多忙な留守居役。一方で一般の勤番侍は暇をもてあますことに。

江戸詰武士の職制～長州藩江戸藩邸の場合

藩主
当役
加判役
御祐筆
密用方
御直目付
御手廻頭

いわゆる筆頭家老。江戸藩邸の最高責任者
藩主の警護に関する責任者。
諸士の勤務状況を監査する職務。
別名留守居役。幕府や諸藩との交渉を担当する江戸藩邸の重要職。

御奥番頭 ― 御伽役
御裏頭人
記録所役
御小姓 ― 御小納戸手子
御小納戸検使 ― 仕立物師
御手廻物頭 ― 御手廻弓之者・鉄砲之者
御馬頭取 ― 厩之者
御廊下番
御茶道
大組頭 ― 大組番頭 ― 大組番士
御徒士頭 ― 御徒士
御門物頭 ― 大組足軽
公儀人 ― 公儀所元締役 ― 公儀所付弓之者・鉄砲之者
公儀所筆者役
御奏者
目付 ― 御徒目付
使番
大御納戸頭人 ― 大御納戸手子
矢蔵頭人 ― 算用方／筆者／手子
仲取方

※出典：『図解江戸の暮らし事典』（Gakken）

江戸藩邸常勤と非常勤の江戸詰の藩士

江戸**参勤**時、諸藩の江戸藩邸には大藩で3000人～5000人、小藩で300人～500人ほどが詰めていた。藩主とその正室および家族、家臣団、奉公人、女中たちである。このうち最も人数の多いのは、「**江戸勤番**」と呼ばれる藩士だ。

この江戸詰の藩士には、「**定府**」と「江戸勤番」の2形態があった。前者は参勤交代に関係なく、藩の江戸藩邸に滞在して職務をこなす**藩士**、後者は参勤交代の際、藩主に従って出府した藩士で、多くは上屋敷の御長屋2階に起居し、**藩主**の帰国に従って帰国した。

江戸と藩をつなぐパイプ 留守居役が切り盛りした

各藩の江戸藩邸は幕府と藩をつなぐ

『江戸麻布屋敷土地割差図』などをもとに図式化された萩・長州藩江戸藩邸の職制。江戸藩邸の職制は藩によって異なるが、長州藩では藩邸の経営・管理などを行う細分化された職制が敷かれていた。なかでも「江戸留守居役」（長州藩では公儀人）は、どの藩においても藩の命運を握る重要な職務であった。諸藩の中級家臣が任命され、情報収集を行う必要から比較的長期間務めている。

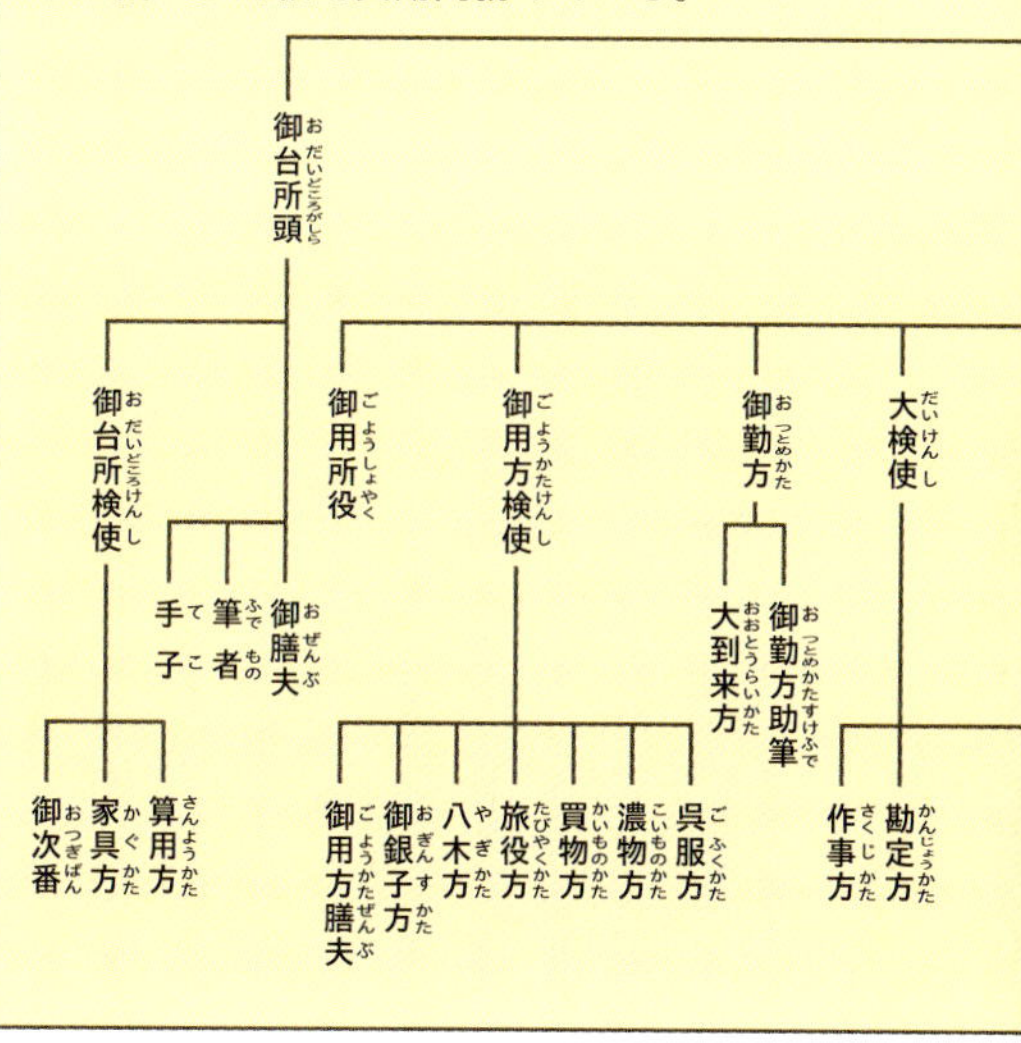

COLUMN
サムライこぼれ話
非番の江戸勤番侍

　江戸勤番侍たちは、藩邸を囲むように設けられた長屋に暮らした。

　非番の勤番侍の生活は、紀州藩士・酒井伴四郎の残した日記に詳しい。

　衣紋方という閑職にあった伴四郎は、暇さえあれば江戸見物を楽しんでいる。芝の増上寺、吉原、浅草寺、目黒不動尊など名だたる観光名所を余すところなく満喫したようだ。

　ただし、伴四郎の例はあくまで一例であり、剣術稽古や学問に励む勤番侍たちも多かった。藩ごとに門限も定められており、破った者は2〜3か月の外出禁止、最悪の場合帰国を命じられた。

パイプ的役割を果たしており、幕府の通達は先ず江戸藩邸に伝えられ、そこから国許へともたらされた。逆に、国許からの諸連絡は江戸藩邸を介して幕府に伝えられた。

　こうした江戸藩邸にあって、外交官的役割を果たしたのが、定府の**留守居役**だ。幕府の諸役人はむろん、他藩の重職者たちとも連絡を密にして、情報収集と交換に余念がなかった。そのために諸藩の留守居役たちは「留守居役組合」を作り、料理茶屋や吉原で寄合をたびたび開いていた。

　江戸勤番侍たちも期限付きながら、邸内の**勤番長屋**に暮らしつつ、職務をこなしたが、就く職務によってその忙しさは相違があった。藩主の近侍や物品の出納を管理する実務に就くと多忙を極めたが、儀式用の衣服の選定などの実務性の低い役職に就いた場合には暇を持て余すこととなった。

武家の装い

武士の正装

儀式の場でまとう武士の装束には、身分に応じて厳格なルールが定められていました。

細かく規定された服装 身分により正装も異なる

武士は官位、家格、身分、役職などに基づいて、公的な場での服装が決められていた。

服飾に関する規定を最初に定めた法令は、元和元年（1615）、2代将軍・**徳川秀忠**の出した「**武家諸法度**」である。徳川将軍家を頂点とする徳川幕藩体制における武士の身分秩序を、視覚的に示す狙いがあった。

幕府によって定められた服装には、正装、礼装などの区別があり、時と場合に応じて着用する装束が決められていた。

衣冠・**束帯**は公家の礼服であり、将軍宣下、**日光東照宮**参拝など特別な儀式の際、将軍や諸大名が着用した。**直垂**は武家の最上位の礼服。将軍が勅使（天皇が派遣した、勅旨を伝える使者）との対面、外国使節の謁見、年始の儀式などに着用した。従四位以下の大名は年始の儀式に参列する時のみ着用した。

狩衣は従四位の位階を許された大名と、儀礼全般を司る高家の礼服である。**大紋**は従五位の位階を有する大名の礼服。**布衣**は大紋に次ぐ礼服で、旗本が着用することがある。**長袴**は年始や五節句などの儀式で着用した。

武士のフォーマルウェア

肩衣半袴は、広く用いられた御目見得以上の礼服。身分の低い武士や庶民の間では、婚礼や葬儀などの礼服として用いられた。

身分によって異なる武家の正装

公的な行事で用いられる江戸時代の武士の正装は、身分や立場ごとに決められていた。

衣冠（いかん）・束帯（そくたい）

将軍や大名の大礼服。主に公家と接する公的な場で着用した。平安時代の公家男子の正装がルーツとなっている。

直垂（ひたたれ）

将軍や従四位以上の官職を持つ諸大名の江戸城での礼服。諸大名は年始の儀式の際のみに着用する。

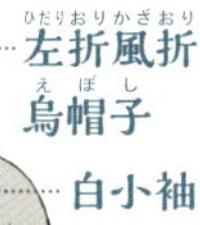

大紋（だいもん）

五位の位階を有する大名や旗本が儀式や行事の際に着用する装束。直垂に大きな紋が染め抜かれている。

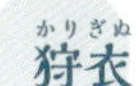

狩衣（かりぎぬ）

従四位の侍従の身分をもつ大名および高家の礼服。公家が狩りなどの際に着用した装束に由来し、鎌倉時代に武家の礼装となった。

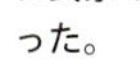

布衣（ほい）

無位無官で御目見得以上の者が着用する礼服。

肩衣長袴（かたぎぬながばかま）

裾の部分を引きずりながら歩く丈長の袴「長袴」で肩衣長裃といい、将軍以下、旗本の中礼服。

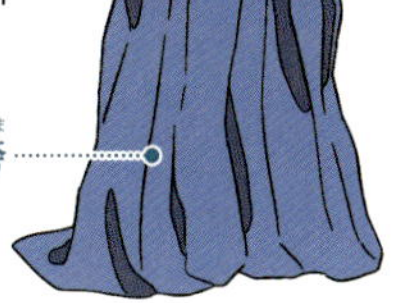

武士（ぶし）の略装（りゃくそう）

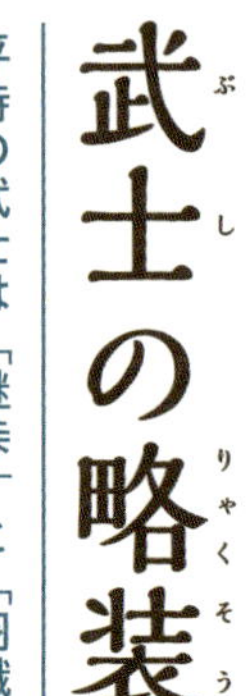

平時の武士は「継裃」と「羽織袴」が基本の服装でした。

江戸武士の平装と略装

羽織袴（はおりばかま）

小袖の上に着用する防寒着として用いられてきた羽織をまとう武家の日常着。小袖をまとい、袴をはき、打刀と脇差の大小を腰に差す。いわゆる二本差しである。羽織袴姿は江戸初期には略装であったが、幕末期には正装となった。

装束としての仕組みは肩衣半袴と変わらないが、肩衣半袴が肩衣と半袴が同じ布になっているのに対し、継裃では別の布になっている。当初、旗本の間では略装であったが、江戸時代後期に正装となり、登城の際も着るようになった。

儀式以外の公務でも継裃が着用された

幕臣にせよ藩士にせよ、儀式以外の公務の際には「裃（かみしも）」の着用が義務付けられており、これが正装とされた。裃とは同じ布で作られた肩衣（かたぎぬ）と袴がセットになったものである。

これに対し、肩衣と袴が同じ布で作られていない場合は「継裃（つぎかみしも）」と呼ぶ。生地質や色合いがそれぞれ異なり、略装とされていた。色と柄の組み合わせには各人の好みが反映されており、美意識が問われたと言えよう。幕臣たちは、元文年間（1736～1741）の末頃からは登城時でも継裃の着用が許されるようになった。

町人や農民の礼服にもなった継裃と羽織袴

継裃より一ランク下の略装に「羽織（はおり）」

武士に仕える人々

武士に仕える人々。脇差を指し、六尺棒を持つ。着物の袴は動きやすいようにたくし上げている。

足軽（あしがる）

武士の使用人であり、武士ではない。戦いにおいても兵力には数えられず、武器は不携帯。

小者（こもの）

中間（ちゅうげん）

武士に仕える人々で、階級は武士ではない。木綿の着物を着て脇差もしくは短杖（たんじょう）を持つ。

大小（だいしょう）

大刀と脇差。大刀は、平常時は左手側に下げるのがマナー。大刀は江戸幕府の規定により、約70㎝。いわゆる打刀のことを指す。一方の脇差は、旅行時の護身用や、苗字帯刀を許された町人・農民にも用いられた。長さもそれぞれ決まっており、武士の場合は30～60㎝以下で身分を示すものとして身につけられた。

袴をはかないスタイルで「白衣（びゃくえ）」とも呼ばれる。羽織の裾は帯に挟み端折る。

袴（はかま）」がある。外出時のほか、自宅でも着用した。

継裃にせよ、羽織袴にせよ、本来は武士の礼服であった。だが、時代が下るにつれて、町人や農民も礼服として着用するようになる。

自宅で過ごす際には、羽織袴、小袖に袴、**着流し**などを着用した。羽織は「羽折」「端折」「反折」とも書く。元来は武士が戦場で上から羽織る衣服だったが、江戸時代に普段着となり、庶民の間でも愛用された。袴は股部分を深く割ったズボンタイプの衣服であり、乗馬用に仕立てた「**馬乗袴**（うまのりばかま）」などがある。

着流しは羽織を羽織るだけで袴は着用しない。ただ、これはあくまで一人で自宅にいる場合に限られる。武士は体面を重んじなくてはならないため、普段着でもだらしない恰好は許されない。来客などがあった際は失礼に当たらないよう相応の礼装をした。

女性の装束

大奥の女性たちのまとう衣装は、季節ごとに素材などが細かく規定されていました。

武家の女性の装束

上級武家の奥方
武家の既婚女性の髪型は、島田、丸髷のほか、笄（こうがい）でまとめる片外し（P.204）など。上流になるほど高く結う。

外出の際には小袖の「打掛」をまとい、裾を扱帯で端折る。

女性は普段下駄を履いて外出する。草履を履くのは晴れ着の時。

平装は庶民とあまり変わらず、地味な色と柄の着物を着る。

平装では小鷹結が一般的。

下級武家の奥方

服装の厳しい大奥細部にわたる規定

武士の服装規定が厳しいのと同様、江戸時代には武家の女性は家格や階級で服装が厳しく制限されていた。

このうち最も厳格だったのが、3代将軍・**家光**の代に**春日局**によって創設された「大奥」である。

大奥の奥女中は、御目見得以上と御目見得以下に大別されるが、それぞれ衣装の生地・模様・帯などが細かく規定されていた。衣装を見れば御目見得以上か以下かは一目瞭然であった。

年4回の衣替え季節による規定も

大奥の女性たちの装束

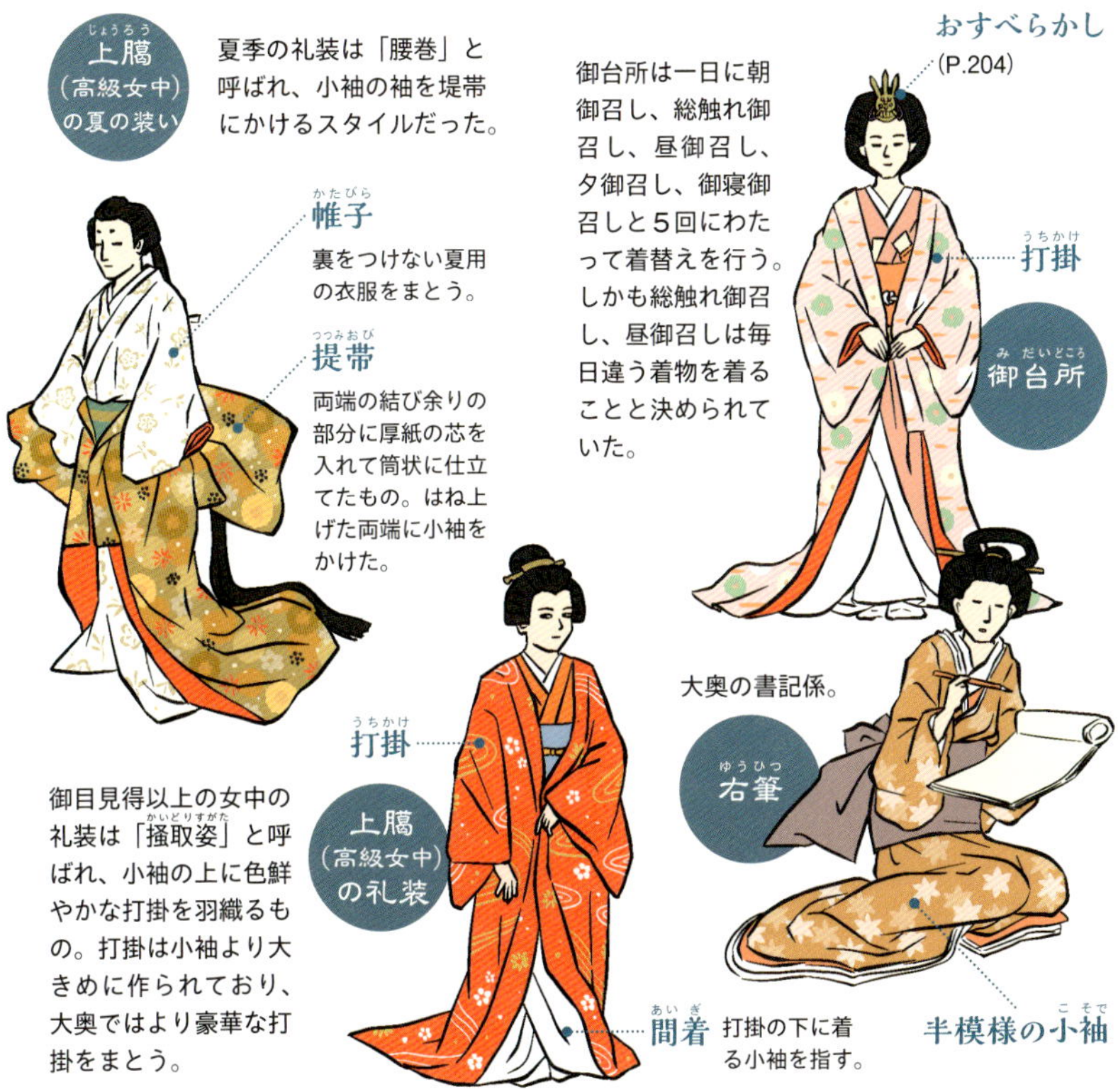

上臈(じょうろう)（高級女中）の夏の装い

夏季の礼装は「腰巻」と呼ばれ、小袖の袖を堤帯にかけるスタイルだった。

帷子(かたびら)　裏をつけない夏用の衣服をまとう。

提帯(つつみおび)　両端の結び余りの部分に厚紙の芯を入れて筒状に仕立てたもの。はね上げた両端に小袖をかけた。

御台所(みだいどころ)

御台所は一日に朝御召し、総触れ御召し、昼御召し、夕御召し、御寝御召しと5回にわたって着替えを行う。しかも総触れ御召し、昼御召しは毎日違う着物を着ることと決められていた。

おすべらかし（P.204）

打掛(うちかけ)

上臈（高級女中）の礼装

御目見得以上の女中の礼装は「掻取姿(かいどりすがた)」と呼ばれ、小袖の上に色鮮やかな打掛を羽織るもの。打掛は小袖より大きめに作られており、大奥ではより豪華な打掛をまとう。

打掛(うちかけ)

間着(あいぎ)　打掛の下に着る小袖を指す。

右筆(ゆうひつ)

大奥の書記係。

半模様の小袖(こそで)

高級女中の場合、希少価値の高い生地が素材として用いられた。たとえば、綸子(りんず)が挙げられる。舶来の高級品であり、江戸時代初期には「**慶長小袖(けいちょうこそで)**」の素材として多用された。この慶長小袖は全体を多様な模様で埋めつくしていて地が見えないため「地なし」と呼ばれた。このほかに繻子(しゅす)・緞子(どんす)・朱珍(しゅちん)・紗綾(さや)・羽二重(はぶたえ)・縮緬(ちりめん)などの素材が用いられた。

大奥ではここに季節による規定も加わった。大奥の**衣替え**は毎年4月1日、5月5日、9月1日、9月9日の年4回あった。だが、この期間中に儀式などがあると、規定に応じた衣服に着替えなければならなかった。将軍の正室たる**御台所(みだいどころ)**に至っては、日常でも1日5度の衣装替えをしたという。

なお、同じ武家の女性でも下級武士の奥方は町人とさして変わらない着物であった。

下げ髪から結い髪へ 階級も一目瞭然に

江戸時代初期は身分を問わず、女性は「**下げ髪**」が一般的であった。長く伸ばした髪の毛を肩の後ろあたりでとめただけのスタイルである。髪型が多様化してくるのは、髪の毛を結いあげる習慣が生まれてからだ。

武家女性の髪型は時代の流行の影響を受けるので、江戸時代を通じてバラエティに富む。江戸時代後期に限って言えば、大奥の高級女中や、各藩の重職者の奥方たちは、「**片外し**」「**勝山髷**」という髪型を結い、中級と下級武士の妻は「**丸髷**」という髪型を結ったようである。傾向としては上流になるにつれて派手に、階級が下がるにつれて地味になる点が認められる。

これは武士が厳格な階級社会であったことと無関係ではない。自身がどの階級に属するかを明示するためにも、頭髪は厳密に分けられる必要があったのである。

大奥女性の髪型

おすべらかし

公家・武家の上流階級や御台所が結った髪型。頭上の丸髱に平額、櫛などの飾りを挿し、紫の紐を丸髱の後ろで結んだ。

前髪及び両鬢をおすべらかしのようにして、襟元で鬢を膨らませて、撫で付ける。

お長下げ

御台所が式日に結う髪型のひとつ。ほかにも上臈御年寄、御年寄、御中臈など奥女中も結った。

髪を後ろへ下げて、長髱をつないで丈長で結び、下の髱に紅白、小びん先、中結、捨結を取り付けた。

片外し

御台所および上級の奥女中たちの日常的な髪型。笄で仮結いし、笄を抜けば垂髪に戻るよう工夫されている。

笄の一方を外して結んだことが「片外し」の名の由来。

おまたがえし

御台所が懐妊し着帯の儀式を行うまで結っていた髪型。

おまたがえしを結う場合、御台所の服装は振袖となる。

第4章

江戸の仕組み

八百八町の秩序を守った統治システムの謎を解く

身分制度（みぶんせいど）

江戸時代の身分は武士と町人・農民。士農工商の身分制度はありませんでした。

江戸の身分制度と支配・被支配関係

江戸時代は人口の９割以上を占める農民・町人を１割にも満たない武士が支配する構造であった。ただし、農民と町人はそれぞれ土地と町屋敷を持つことが条件であり、持たない者は町・村の自治に参加することができなかった。

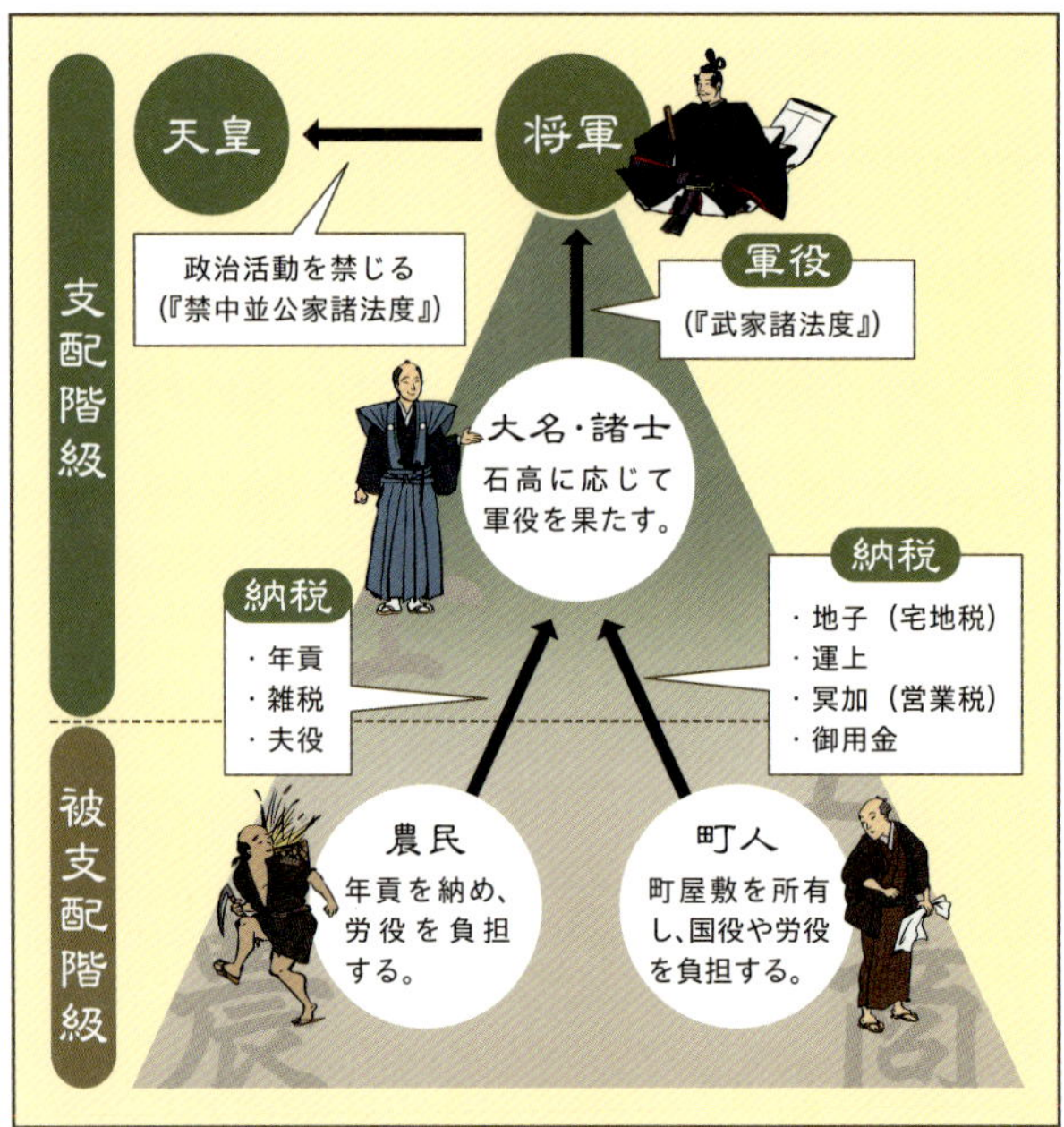

身分格差ではない士農工商の区分

江戸時代の身分制度は、支配階級としての武士、被支配階級としての町人・農民に大きく分けることができる。

かつては「士農工商（しのうこうしょう）」という表現が用いられてきたが、そもそも「農・工・商」自体が職業であって身分ではなく、三者の間に明確な上下関係が存在したとは考えられないという見方がされるようになった。

そこで江戸時代の現実的な身分として武士・町人・農民の３つが定説となった。

このうち最も人口が多かったのが農民で、当時の日本の人口の約８割を占め、これに対し、武士はわずか一割にも満たなかった。

これらの身分は人々がどのような社会集団に属し、幕府にどのような役を負担しているかによって分類される。たとえば、武士は、幕府や大名に仕え与えられた俸禄や石高に応じて軍役を果たす。

町人は「**町**」という組織に属して町屋敷を所有し、国役や労役を負担する。そして、農民は所有する土地の石高に応じて、**年貢**や**労役**を負担する。

COLUMN

江戸の庶民学

町人から武士になる方法

百姓・町人から武士になるには、幕政や藩政に貢献することと、武士の身分を買うことという２つの方法があった。前者は農村を立て直して多大な功績をあげた二宮尊徳や川崎定孝が好例である。後者は武士の困窮が原因で、武士株を購入した裕福な町人が持参金とともに養子に入る形で身分が売買された。

売買された武士の身分

仙台藩の場合

許可	価格
百姓に屋号御免	25両（約300万円）
百姓に麻裃御免	50両（約600万円）
百姓に帯刀御免	50両（約600万円）
百姓に苗字御免	100両（約1200万円）
百姓に絹紬御免	100両（約1200万円）

身分	価格
百姓から組抜並	250両（約3000万円）
百姓山伏を百姓人別除外	250両（約3000万円）
百姓から大肝入格	300両（約3600万円）
百姓から組士	500両（約6000万円）
百姓から郷士格	550両（約6600万円）
百姓から大番組	1000両（約1億2000万円）

出典：『江戸時代の身分願望』深谷克己（吉川弘文館）

町人であること、農民であることにも条件があった

しかし、同じ町人であっても、町屋敷を持たない者は町の構成員とはみなされず、町の自治から排除された。土地を持たない農民も同様である。

さらにこれらの範疇には入らない天皇や公家、僧侶・神官などの宗教者、芸能民などもおり、士農工商はこうした面からも否定される向きにある。

そのほか、農民から武士になった人が実在するということも、身分制度への疑問となっている。たとえば、武蔵国の名主だった川崎平右衛門定孝は、代官に抜擢され、その後、幕臣に取り立てられた。しかも、武士身分になったのは平右衛門一代限りではなく、子孫も武士とされたのである。

江戸時代の身分制は意外に多様性に富んでいたのだ。

江戸の統治システム

町奉行

百万都市へと成長した江戸の町の行政は、たった2人の町奉行に任されていました。

江戸市中の監督が仕事内容はハードの極み

江戸市中の行政・司法・警察を一手に担っていた役所が**町奉行所**である。

一時**北町奉行所**・**南町奉行所**・**中町奉行所**の3奉行所があったが、中町奉行所は江戸時代中期に廃止となり、北町・南町の両奉行所体制が幕末期まで続いている。月番制になっていて、北町と南町がひと月ごとに交代して町政に当たった。

奉行所のトップである**町奉行**は、今日でいう東京都知事、警視総監、東京地方裁判所の所長、消防総監を兼務したような役職である。加えて、江戸市中のインフラ整備や物価の調査、町政の監督なども担当し、数ある幕府の職制中でも、激務中の激務であった。

ただ奉行としての格は高く、長崎奉行・奈良奉行などの遠国奉行が1000石高の旗本が任じられる役だったのに対し、江戸町奉行は3000石高の旗本が就任した。

南北の町奉行所には、町奉行が1人ずつ、**与力**が25名ずつ、**同心**が120人ずつ配属されていた。

とはいえ、警察業務となると、圧倒的に人手が足りない。そこで、私的に雇った「**目明し（岡っ引き）**」を探索や捕り物に使っている。

3つの町奉行所

江戸の町政を管轄する町奉行所は、北町奉行所と南町奉行所の2つが置かれ、1か月交代で江戸市中の行政・司法・警察業務を担当した。

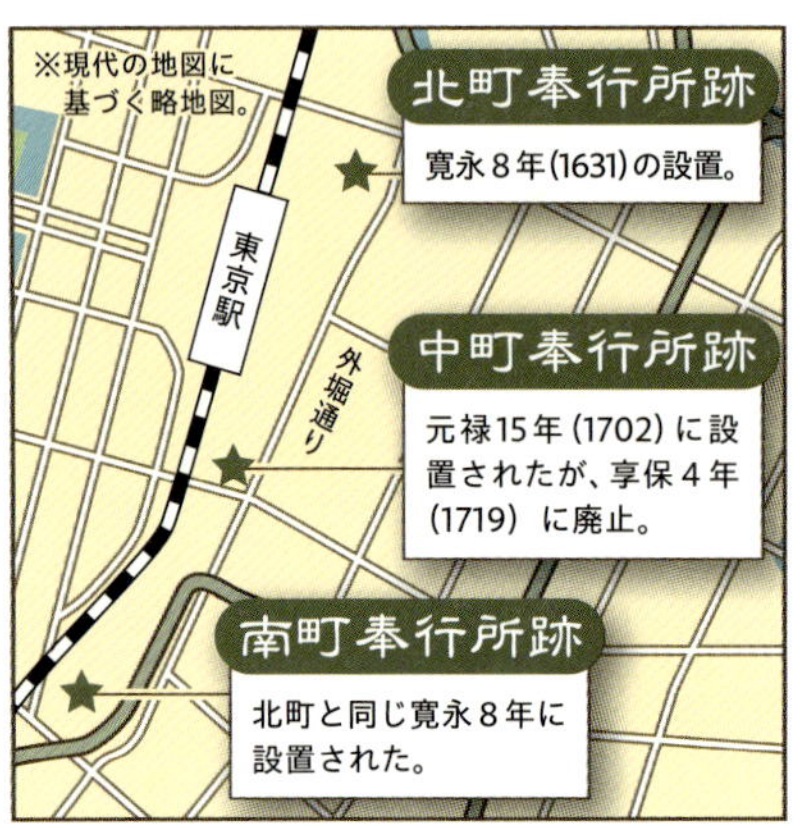

町奉行所の組織と役割―弘化4年（1847）

町奉行所の役人は総勢300人程度。この人数で江戸すべての町人を管轄していたため、同心たちは私的に目明し（岡っ引き）と呼ばれる人々を雇い、犯罪の捜査を行っていた。

町奉行

南北町奉行所にそれぞれ一人。

牢屋奉行：小伝馬町牢屋敷の管理を担当する

内与力：町奉行の家臣が就任する。

与力・同心

役職	与力	同心	職務
年番	4人	12人	町奉行所内の取り締まり。人事。出納を担当
本所見廻り	2人	6人	本所・深川に関する諸事全般を担当。洪水の際には人命救助も行う
牢屋見廻り	2人	6人	小伝馬町牢屋敷に収監される囚人の管理
養生所見廻り	2人	4人	小石川養生所の維持・管理を担当する
町火消人足改	6人	12人	町火消の消火活動を監察する
町会所掛	4人	6人	窮民救済を担う会所の管理を行う
高積見廻り	2人	4人	積み重ねられた商品の高さを取り締まる
風烈廻り昼夜廻り	2人	6人	強風時、防火のための警邏巡回を行う
詮議方（吟味方）	10人	28人	刑事事件の取り調べ・審理・刑の執行・民事の審理・和解勧告を行う
市中取締諸色掛	10人	29人	市中の取り締まり全般を担当する
市中人別掛	3人	6人	戸籍簿の管理を担当する
三廻り　隠密廻り		4人	変装して市中を廻り、聞き取り捜査を行う
三廻り　定廻り		8人	市中の定期巡回、犯罪取締
三廻り　臨時廻り		12人	定廻りの補佐、特命の探索
その他	32人	151人	

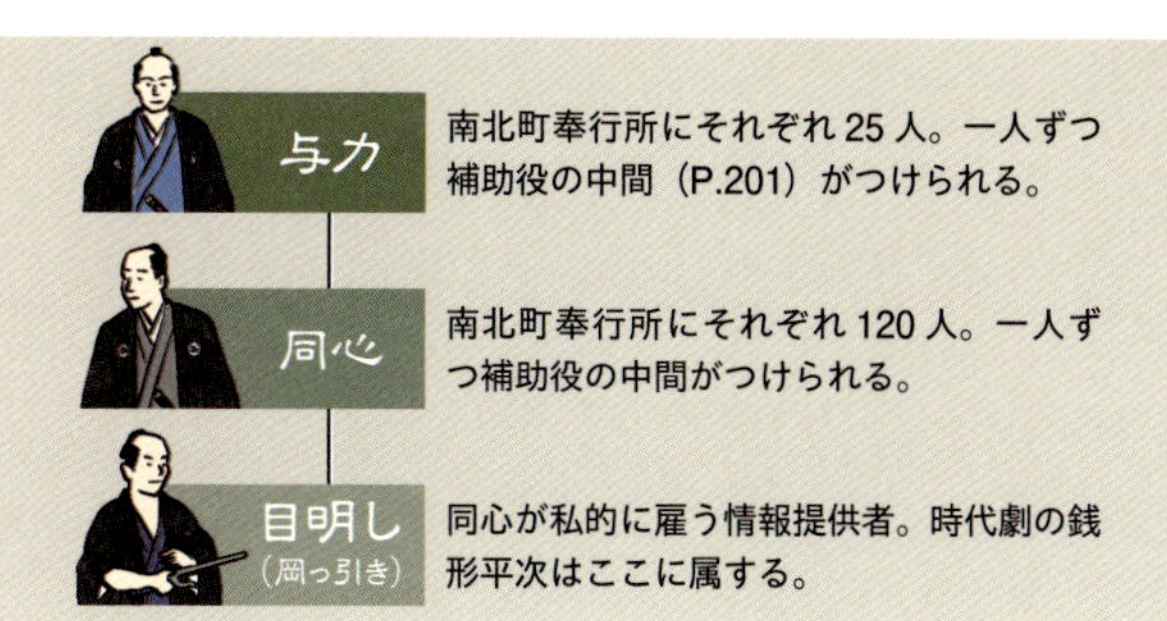

覚えておきたい名役人

大岡忠相

"大岡裁き"で人気を博し、享保の改革を支えた南町奉行

「大岡越前」の名で知られる大岡忠相は、旗本の家に生まれて書院番・御徒頭、遠国奉行のひとつである伊勢の山田奉行などを歴任後、徳川吉宗に政治手腕と才能を買われて江戸の町奉行（南町奉行）に抜擢された。以後、吉宗が推進する享保の改革を補佐。町火消「いろは組」の結成、小石川養生所の設置、米価引き上げや物価引き下げなど、政治・経済・治安維持の面で大きな功績を残し、たび重なる加増によって、一万石を有する大名となった。

◆生没年 1677年〜1751年
◆諱 忠義、のち忠相
◆通名 越前守
◆別名 求馬、市十郎、忠右衛門

図解 大岡越前

享保2年（1717）に江戸町奉行となった大岡忠相は、公正な裁判と卓越した行政手腕で名奉行と称えられた。

髭抜きのポーズ

勤務中はいつも髭抜きを使いながら仕事をしていたとされ、肖像画にも髭抜きで髭を抜く姿が描かれたものがある。

いじめられた晩年

元文元年（1736）に寺社奉行となったが、本来大名が就任する寺社奉行は、奏者番を兼務し、奏者番の詰め所にいた。だが、旗本だった忠相は奏者番には任命されなかったため、奏者番の詰め所に入ろうとすると、同僚たちから「ここは奏者番でない者が入る部屋ではない」と追い返され、これが10年以上続いた。

長谷川平蔵

無宿人問題に取り組んだ「鬼平」

池波正太郎『鬼平犯科帳』の主人公として知られる長谷川平蔵は、江戸城西の丸書院番、先手弓頭などを務めたあと、天明7年（1787）に火付盗賊改を拝命した。

平蔵は若い頃、無頼の徒に交じって放蕩まがいの生活をしていたため下情に通じており、盗賊捕縛に著しい成果をあげた。武家屋敷を騒然とさせた盗賊事件では、大首領の大松五郎（葵小僧）を捕縛して事態を収拾している。また、社会問題化していた無宿人問題解決のため石川島人足寄場を創設して、社会復帰を促した。

◆生没年 1745年〜1795年
◆諱 宣以
◆通名 銕三郎

覚えておきたい名役人

遠山景元（とおやまかげもと）

喝采を浴びた刺青入りの名奉行

◆生没年
1793年～1855年
◆諱
景元
◆通名
通之進、金四郎、左衛門尉
◆号
帰雲

「**遠山の金さん**」として知られる江戸時代後期の幕臣。江戸城西の丸小納戸頭取格、小普請奉行、作事奉行、勘定奉行などを歴任後、天保11年（1840）から**江戸北町奉行**に就任した。しかし、老中・**水野忠邦**と天保の改革の方針を巡って対立。さらに忠邦の施策に忠実な**鳥居耀蔵**と激しく対立すると、大目付に転任した。のちに鳥居の失脚によって江戸南町奉行に復帰した際には、江戸の人々の喝采を浴びた。

図解 遠山の金さん

遠山景元は、「遠山の金さん」として知られる名奉行。町人から慕われる名奉行として名を遺した。

桜は吹雪いていなかった

若い頃、放蕩して娼家に出入りしていたという。時代劇に登場する桜吹雪の彫物もたしかにあったようだが、実際は小さな桜の花びらが小さく入っていただけともいわれる（諸説あり）。

「遠山の金さん」誕生秘話

芝居小屋の浅草猿若町移転は景元によるもの。風紀取り締まりを巡って対立する水野忠邦が芝居小屋を廃止しようとした際、景元はこれに反対し移転案を通した。これに感謝した芝居小屋が『遠山の金さん』ものをしきりに上演し、庶民の人気を博したという。

井戸正明（いどまさあきら）

サツマイモ栽培を導入して困窮する農民を救った芋代官

◆生没年 1672年～1733年
◆諱 正明
◆通名 平左衛門

井戸正明は江戸時代中期の**代官**で、通称は平左衛門という。享保16年（1731）、当時としては高齢の60歳で石見国大森（現在の島根県大田市）の代官となった。

代官就任後は貧農の救済に力を注ぎ、救荒作物としてのサツマイモ栽培を試みるなど、領民の生活レベル向上に尽力。大凶作時には人命優先の観点から、領内の年貢負担の軽減を行っている。

在任のまま赴任地で死去したが、サツマイモ栽培の普及を讃えて、現在も「**芋殿さん**」「**芋代官**」として親しまれている。

町政（ちょうせい）

1600に達した江戸の町では、町年寄を中心に高度な自治体制が敷かれていました。

江戸の町の支配システム

町奉行のもとで働く人員には限りがあり、江戸市中をすべて管理することは不可能であったため、町人を組織化することで、実質彼らの自治によって町が運営されていた。

町奉行（まちぶぎょう）

町年寄・町名主・月行事を活用して町政の実務を行い、町人を管理した。

町年寄（まちどしより）

町触の伝達や人別調査、人口の集計などを行う。奈良屋・樽屋・喜多村の３家が世襲で務めた。

町名主（まちなぬし）

町触の伝達や町奉行および町年寄の命令を受けて諸調査の実務を担当する。市中に23組あり、1人の町名主が平均７～８の町を担当した。

月行事（がちぎょうじ）

水道・井戸の修繕、火の番や夜回りなどを担当。時には喧嘩の仲裁なども担当するなど、町人の生活に密接に関わる。地主および家主から町ごとに毎月交代で勤めた。

店子（たなこ）

地借（土地を借り、建物を自分で建てる）と店借（土地も建物も所有しない）に分かれる。長屋に暮らす人々は後者である。

最大で1600～1700町

町触（まちぶれ）の伝達

内寄合に町年寄を呼んで伝える。

町年寄宅に名主を呼んで伝える。

町触を自身番に掲示して伝える。

家主らが字の読めない者に読み聞かせる。

町政は自治制を敷く町年寄が最高責任者

多くの人口を抱える江戸に対し、209頁の図にある通り、町人地の行政を担う**町奉行所**の役人は両奉行所合わせても300人に満たなかった。

そこに岡っ引きが加わっても、18世紀までに1600にまで膨れ上がった町を、彼らだけで管理することは難しい。

そこで町政の実務を担ったのが、町人から選ばれた**町役人**（まちやくにん）であり、彼らによって高度な自治体制が敷かれていたのである。

町役人は、**樽屋**（たるや）・**奈良屋**（ならや）・**喜多村**（きたむら）の3家が世襲する**町年寄**（まちどしより）を筆頭に、二百数十人の**町名主**（まちなぬし）から成る。

町年寄の職務は、町奉行所から届く法令（**町触**（まちぶれ））などの通達と周知徹底、町内人口の集計、商人・職人の統制な

町奉行所の忙しい一日

町政を取り仕切るのが町奉行である。その職務は多岐にわたり、町政を担当する月は奉行所の閉門後も仕事に取り組まなくてはならなかった。ここでは月番の際の町奉行の一日を追う。

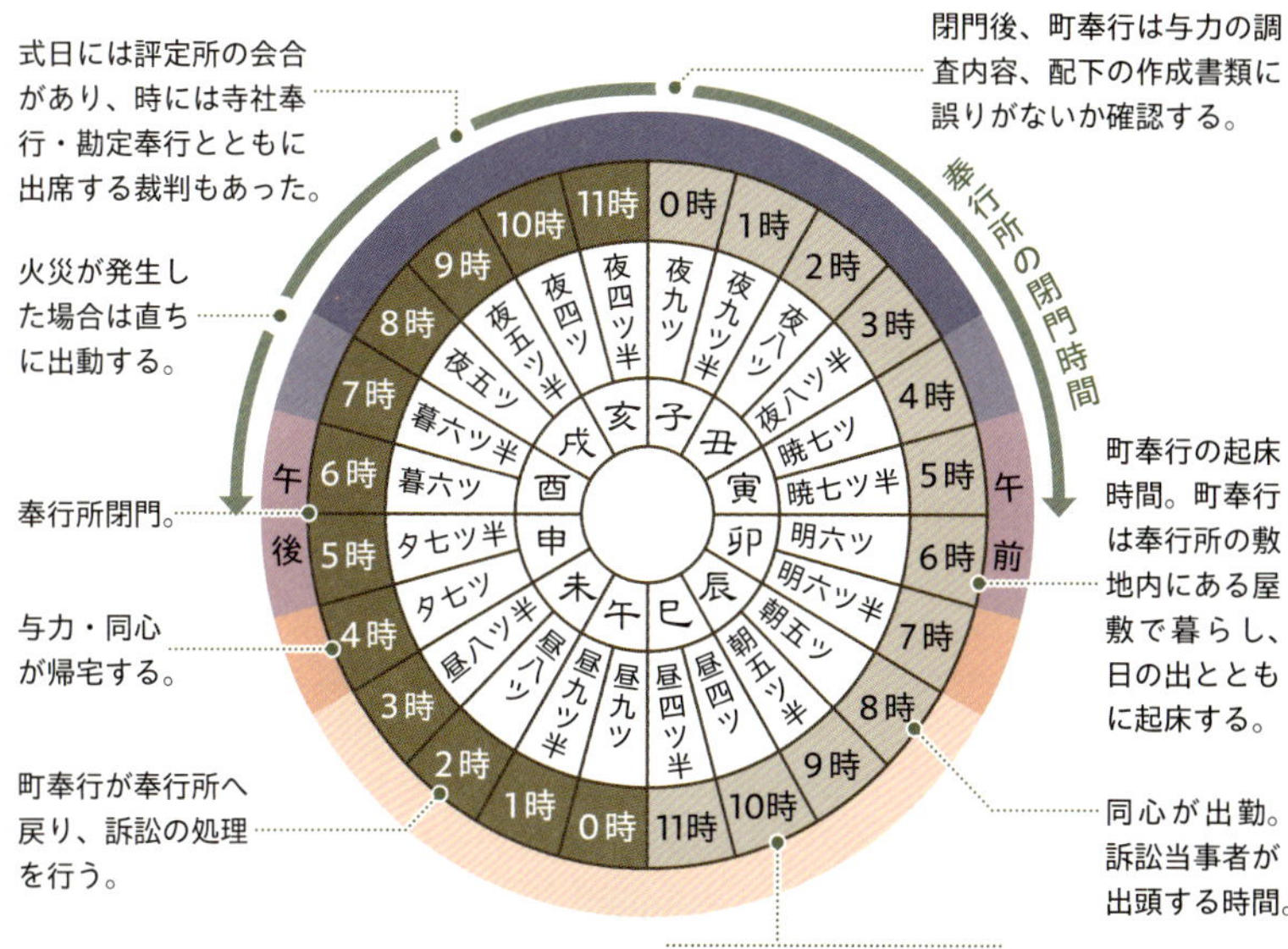

どが中心。町名主は1人で平均7～8町と複数の町を管轄し、町人の訴願の取次や人別改、祭礼の執行などを担当した。さらに各町に**月行事**（がちぎょうじ）が置かれて、火の番や夜回り、水道・井戸の修繕などに関わった。

こうした町政機関の権力は大きく、町年寄や町名主の方針に従わない場合は、町内に居住させない例もあった。

法令は町年寄を通して住民に伝わった

江戸の町政は上意下達で行われた。奉行所から新規の法令通達がある際には、町年寄が月番の奉行所に出頭して、法令を記した書類を受け取り、ここに3名の名を署名したうえで管轄下の名主に伝達した。

名主はこれを月行事に渡し、月行事は町内の**地主**・**家主**・**店借**（たながり）・**地借**（じがり）に伝えて法令を遵守させたのである。

捕り物(とりもの)

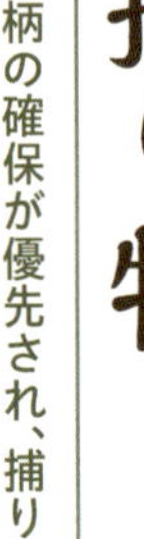

身柄の確保が優先され、捕り物道具が発展しました。

捕り物の風景

町奉行所は、与力、同心が現場指揮官となって治安維持にあたった。彼らの用いた捕り物具には十手のほかにも多くの種類があったが、捕り物では犯人を傷付けずに捕らえるのが原則だった。

犯罪者であっても人命第一を心掛けた理由

容疑者の身柄を確保することを「**捕り物**」と呼ぶ。捕り物は奉行所の役人の仕事で、出動するのは市中で乱暴狼藉を働く輩が出たり、容疑者が家屋などに立て籠もったりした際である。

ただし、市中であっても僧侶や神職が容疑者の場合や、犯人が寺社の境内に逃げ込んだ場合などは**寺社奉行**の命令を要し、武士を捕らえる場合も手続きが必要であった。

捕り物に当たるのは、通常は1件につき**与力**1名と**同心**3名であったが、確保すべき容疑者が多い場合には、町奉行の判断によって増員された。

やむを得ない場合以外、容疑者を殺傷することは禁止されており、身柄の確保が重視された。このため、捕り物道具や捕り物の技術も発展した。

江戸の治安維持

取り調べ

「時代劇」のような町奉行の取り調べはありませんでした。

罪人を裁く町奉行所のお白洲

時代劇でも有名な「お白洲」は、町奉行の屋敷の一角にあった。裁判では上の間の正面に町奉行が座り、左右に与力ら役人たちが控えていた。

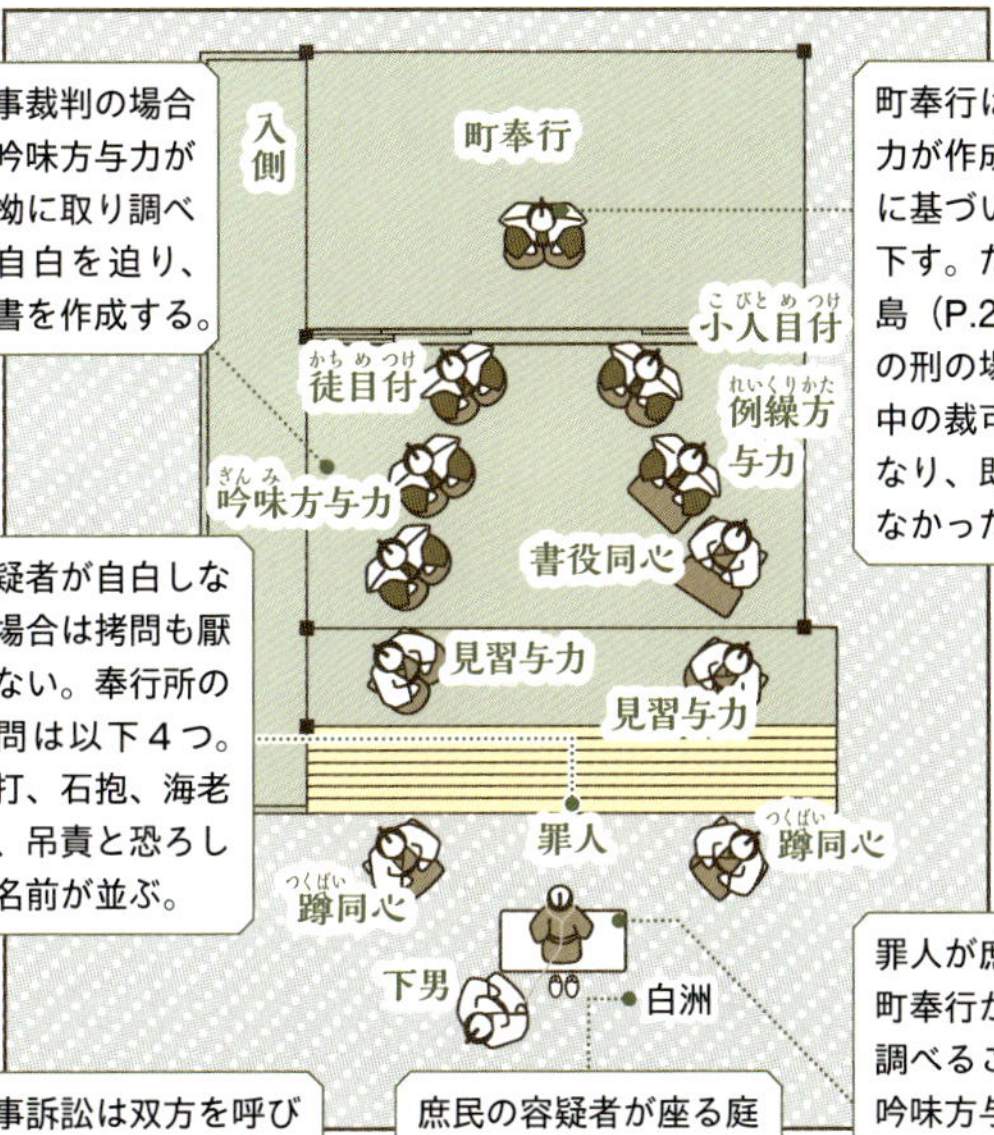

入側
町奉行
小人目付
徒目付
例繰方与力
吟味方与力
書役同心
見習与力
見習与力
罪人
蹲同心
蹲同心
下男
白洲

刑事裁判の場合は吟味方与力が執拗に取り調べて自白を迫り、調書を作成する。

町奉行は吟味方与力が作成した調書に基づいて判決を下す。ただし、遠島（P.217）以上の刑の場合は、老中の裁可が必要となり、即決はできなかった。

被疑者が自白しない場合は拷問も厭わない。奉行所の拷問は以下４つ。笞打、石抱、海老責、吊責と恐ろしい名前が並ぶ。

罪人が庶民の場合、町奉行が直接取り調べることはなく、吟味方与力が行い、容疑者への質問も吟味方与力を介して行う。

民事訴訟は双方を呼び出して和解を勧めるのがセオリー。極力裁判にしないよう配慮する。

庶民の容疑者が座る庭には、白い砂が敷いてあることから「お白洲」の名で呼ばれた。

自白こそ容疑者の証し 苛烈を極めた取り調べ

捕らえられた犯人は、吟味（取り調べ）の場で取り調べを受ける。取り調べを担当するのは**吟味方与力**であった。江戸時代は現代のように証拠ではなく、自白が第一とされていたため、犯罪容疑者に対する取り調べは苛烈を極め、**拷問**も当たり前のように行われていた。幕府の法で定められた拷問とは、容疑者を後ろ手に縛ってから、割れ竹を素材とした箒尻という笞で叩く「**笞打**」、木台上に正座させた容疑者の膝に重さ約49kgの石板を重ねる「**石抱**」、容疑者の体を海老のように折り曲げて縛る「**海老責**」、吊るしたうえで笞打つ「**吊責**」の4種類だった。

責め苦に屈した容疑者が自白すると、これをもとに調書が作成され、町奉行が判決を言い渡すのである。

江戸の治安維持

江戸の刑罰

見せしめのために厳罰主義が徹底されていました。

刑罰の種類は多彩 目的は秩序の維持

お白洲で罪人に下される刑罰は罪の重さによって異なり、**死刑**・**遠島**・**追放**・**敲**・**入墨**・**手鎖**・**過料**に加えて、**闕所**・**晒**など多岐にわたる。死刑には、重い順に**鋸挽**・**磔**・**獄門**・**火罪**・**死罪**（処刑後、遺体を試し切りにされる斬首刑）・**下手人**（斬首刑）の6つがあった。

なかでも鋸挽は、最も苦しみが持続する処刑法だろう。主殺しの容疑者に適用される刑罰で、江戸市中を引き回されたうえで、2日間、公衆の面前に晒された。かたわらには竹の鋸が置かれ、挽きたい者に挽かせて恥辱と苦しみを味わわせてから、磔とした。

親を殺したり、主人に傷害を加えたりした場合には磔が、兄弟殺し・主人の妻との不義密通・追い剥ぎには獄門が、放火には火罪、10両以上の盗みと人妻との密通は死罪、喧嘩などによる殺人は下手人が適用された。獄門・死罪・下手人はいずれも斬首刑だ。

遠島はいわゆる島流しのことで、伊豆七島、隠岐、対馬、南西諸島などが配流先となった。

追放は一定区域への立ち入りを禁じた刑罰で、敲は公衆の面前において、棒で殴打される刑である。江戸の刑罰は処罰というよりも、秩序を乱す者への警告という意味合いが強かったため、衆人環視のもとで執行された。

江戸のふたつの刑場

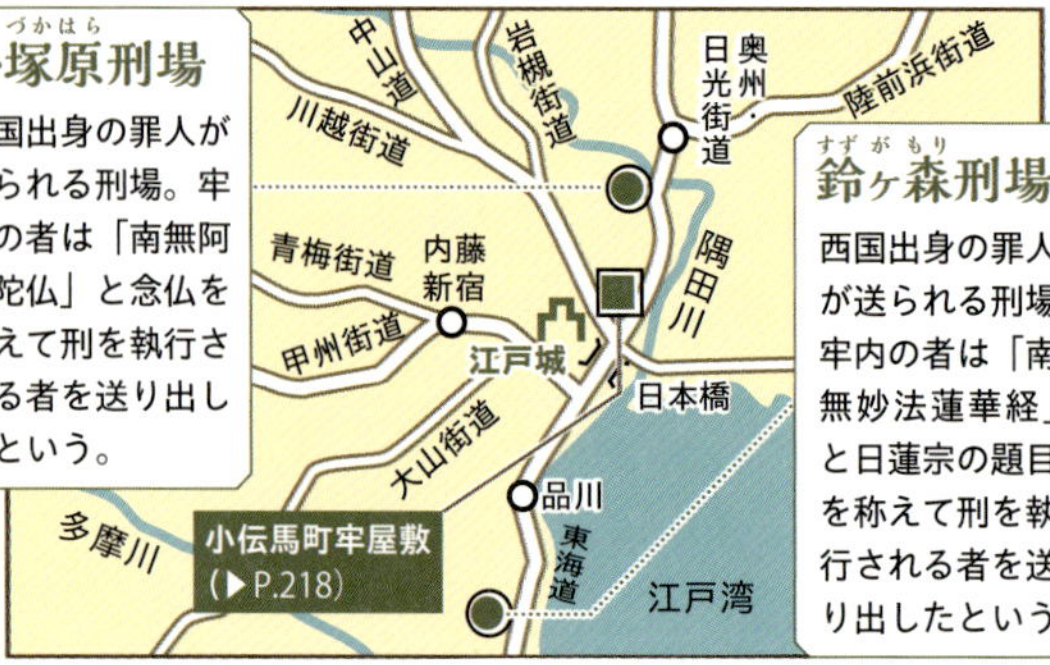

小塚原刑場
東国出身の罪人が送られる刑場。牢内の者は「南無阿弥陀仏」と念仏を称えて刑を執行される者を送り出したという。

鈴ヶ森刑場
西国出身の罪人が送られる刑場。牢内の者は「南無妙法蓮華経」と日蓮宗の題目を称えて刑を執行される者を送り出したという。

死罪以上の刑が執行されるのが刑場で、江戸では小塚原と鈴ヶ森の2ヶ所に大きな刑場があった。前者は奥州・日光道中の、後者は東海道の街道沿いにあり、刑を見せしめとする意図があった。

主な罪状と刑罰

江戸の刑法は厳罰主義。刑罰を見せしめにすることで抑止効果を狙った。その効果か、江戸市中の凶悪犯罪は年に数件にとどまっていたともいう。

軽罪

軽い盗み、盗品を預かる

敲（たたき）

敲に処された者が盗みを行った場合

入墨（いれずみ）

入墨は左腕に施され、罪を犯した地域によって柄が異なっていた。

博打の主犯、僧侶の女犯、過失殺人、年少者の放火・殺人

遠島（えんとう）

高瀬舟で護送された後、配流先へ向かう。

強盗殺人、追剥、主人の妻との密通、毒の販売、贋作の製作

獄門（ごくもん）

首を斬り落とされたのち、獄屋の門に晒される。

放火

火罪（かざい）

凄惨な苦痛のため、役人が先に首を絞めて息の根を止めることもあったという。

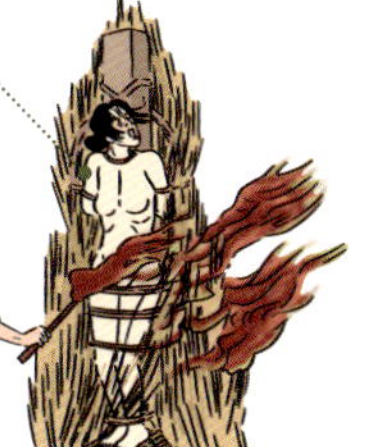

主殺し

鋸挽（のこぎりびき）

挽いてもよいが、元禄時代に実際に斬ろうとした者がいて、慌てて役人が止めたことがあったという。

罪人は土中に埋めた箱に入れられ、首だけを地上に出した状態。2日晒され、3日目に引廻しのうえ、刑場で磔にされた。

重罪

江戸の牢獄

牢屋敷は、囚人から選ばれた牢名主によって統制されていました。

小伝馬町牢屋敷と自治制度

小伝馬町牢屋敷の面積は、2618 坪で、周囲を土塀と堀が囲んでいた。200 ～ 400 人の囚人が収監され、身分によって牢が分けられていた。

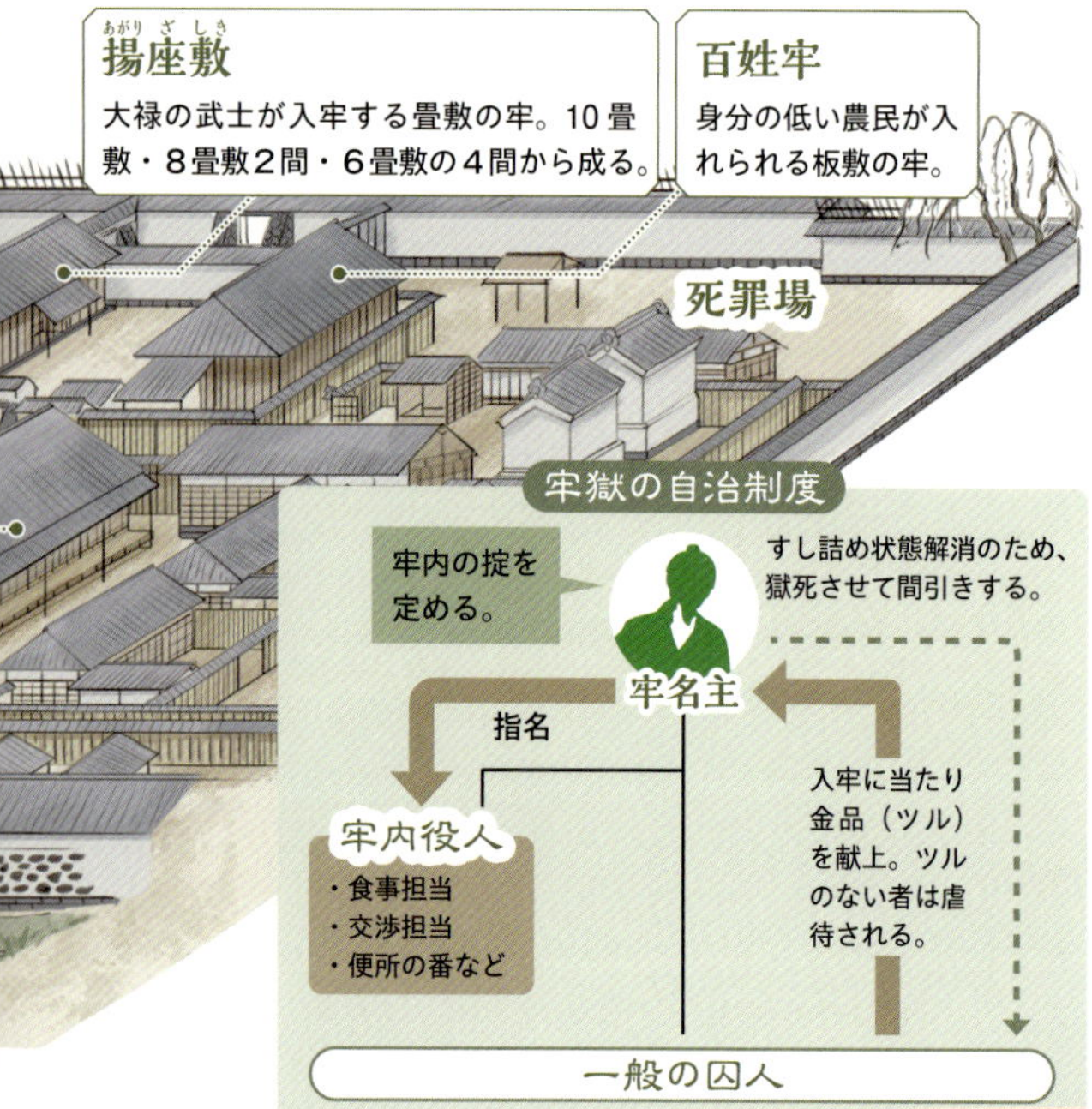

現在の拘置所に相当 石出帯刀が世襲で管理

江戸の牢獄は「**牢屋敷**」と呼ばれ、市中最大の牢屋敷が現在の日本橋小伝馬町にあった。牢屋敷は今日の刑務所ではなく、判決が出るまで囚人を収容しておく拘置所に相当する。これは江戸時代に懲役刑がなかったためだろう。囚人は牢屋敷内に収容され、判決が出ると相応の刑罰を受けた。

小伝馬町牢屋敷の最高責任者は、旗本の**石出帯刀**という。世襲で同職を担当し、代々同じ名前を名乗り、約50人の同心とともに牢屋敷の運営に当たった。

町奉行所の**与力**や**同心**の手で捕縛された容疑者は、最初は**大番屋**で取り調べを受けた。**調番屋**とも呼ばれた施設で、茅場町や材木町など、江戸市中に7ヶ所ほどあった。嫌疑が晴れれば釈放となるが、容疑の可能性が高い場合

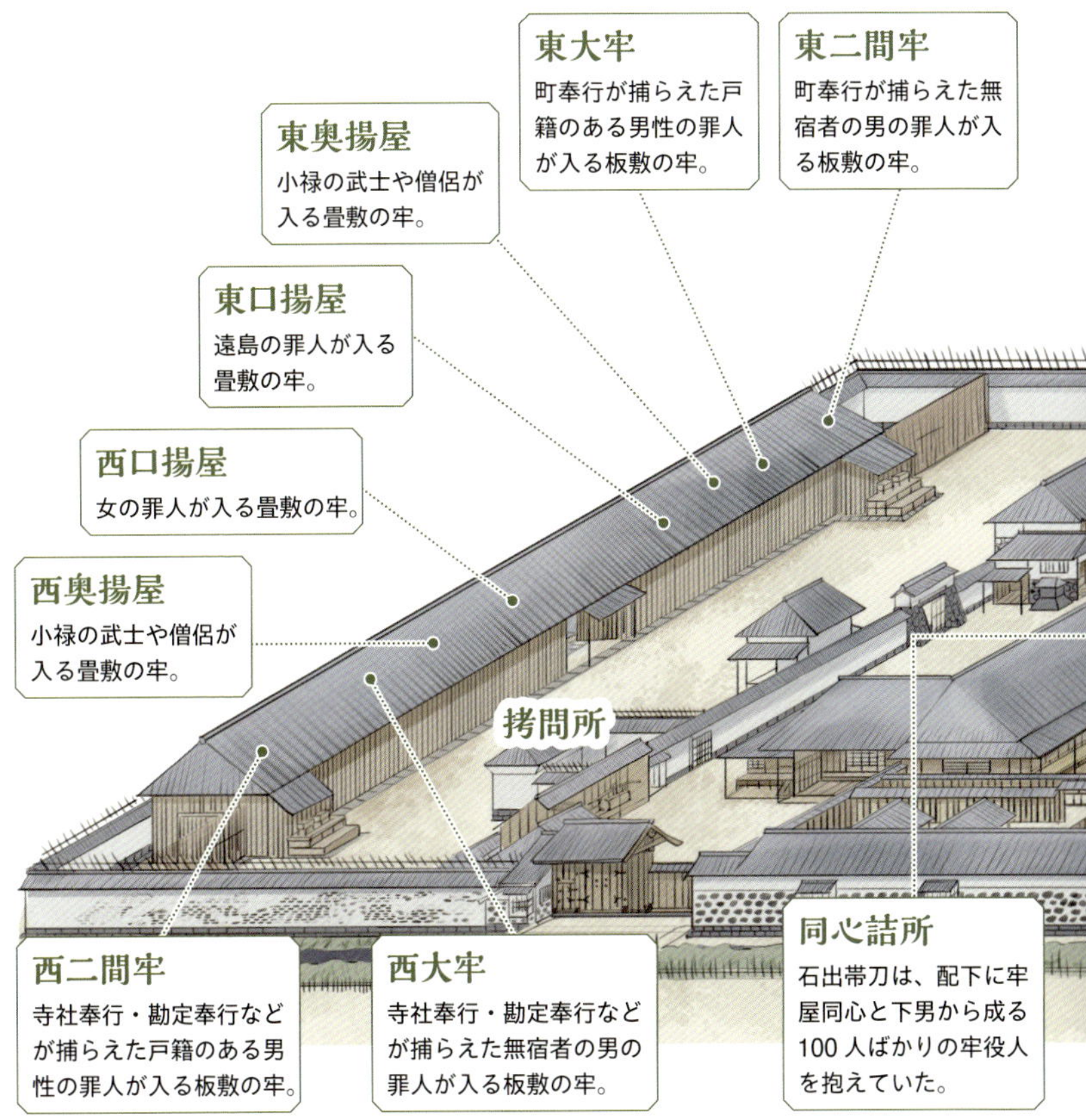

東大牢
町奉行が捕らえた戸籍のある男性の罪人が入る板敷の牢。
東二間牢
町奉行が捕らえた無宿者の男の罪人が入る板敷の牢。
東奥揚屋
小禄の武士や僧侶が入る畳敷の牢。
東口揚屋
遠島の罪人が入る畳敷の牢。
西口揚屋
女の罪人が入る畳敷の牢。
西奥揚屋
小禄の武士や僧侶が入る畳敷の牢。
拷問所
西二間牢
寺社奉行・勘定奉行などが捕らえた戸籍のある男性の罪人が入る板敷の牢。
西大牢
寺社奉行・勘定奉行などが捕らえた無宿者の男の罪人が入る板敷の牢。
同心詰所
石出帯刀は、配下に牢屋同心と下男から成る100人ばかりの牢役人を抱えていた。

には、町奉行所が作成した入牢証文を同心が携え、小伝馬町牢屋敷に送った。

牢内は自治体制が敷かれ、牢名主が囚人最高位にあった

牢内は囚人による自治が敷かれ、囚人中から選ばれた12名が、「役人」としてほかの囚人を監督した。

役人中の最高位が**牢名主**（ろうなぬし）であり、10枚重ねた畳の上から、牢屋内ににらみを利かせていた。その下に名主代理としての頭がおり、新入り囚人の教育を担当する二番役などもいた。

食事は1日2度。1日米5合と規定されていたが、実際は同心が1合ずつピンハネしていたという。

囚人たちは牢屋内では支給された浅葱木綿（あさぎもめん）の囚人服を着用した。狭い牢屋内には、囚人たちの人熱れ（ひといきれ）や便所の臭気などがたちこめ、劣悪な環境であったことはいうまでもない。

江戸の治安維持

切腹

罪に問われた武士は、切腹によってその体面を守ろうとしました。

体面を守るための切腹と「病死」

江戸時代の刑罰において、支配階級である武士は庶民とは異なる秩序のもとに置かれていた。不祥事を起こしたり、罪を犯したりした武士は、幕府や藩の規定により、庶民と異なる罰を受けている。

門扉を閉ざして出入りを禁じる「**逼塞**」や「**閉門**」、屋敷の一室に籠もる「**蟄居**」といった謹慎刑のほか、所領を没収される**改易**などがあり、軽い場合は叱責を受ける「**お叱り**」「**屹度叱り**」があった。

生命刑としては**切腹**か**斬首**がある。主君や親への乱暴狼藉を働くなどした場合は斬罪となったものの、多くの場合、武士としての体面を保つために前者が選ばれた。

武士が追剥や泥棒を働くと、**評定所**で吟味が行われ、やがて老中から封書伺という手紙が当人のもとへ届く。ここで申し訳が立たなければ切腹となるが、体面上は病死扱いとなり、嫡子に**跡目相続**が許された。

納得いかない者、切腹ができない者は吟味を希望してもよいが、結局は揚屋への入牢を命じられ、そのまま吟味の途中で病死となる。これは**御薬頂戴**と呼ばれるもので、つまり毒を与えら

疑われたら最後の武士

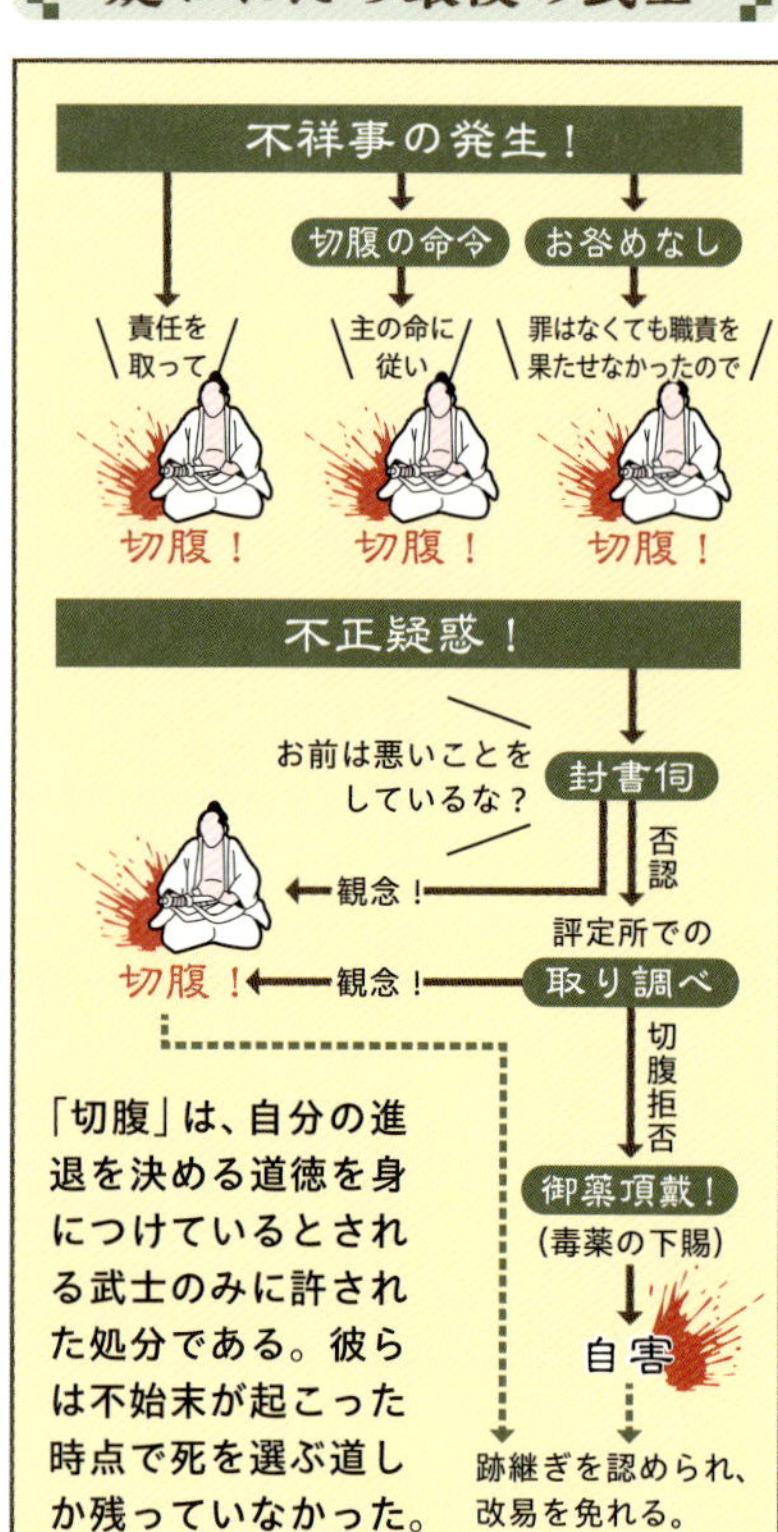

切腹の作法

江戸時代に入ってから切腹は武士が進退を自ら示す手段として様式化し、様々な作法が定められた。

時代が下ると脇差ではなく扇子が置かれ、切腹も形式的なものになったという。

髷は通常よりも高く結った。

切腹する者が苦しまないよう、首と胴体を一太刀で切断する技量が要求された。

前に倒れ込まないよう、両袖を膝の下に敷き込んでから腹を切ったという。前に倒れ込んでしまった場合は、介錯人が潜り込み、心臓を突き刺すなどしてとどめを刺した。

介錯人は切腹する者の一族、もしくは友人が担当した。

切腹の手順は以下の通り。

1. 左手で脇差を持ち、右手を下から添えて目の高さに押し戴く。
2. 脇差を左手から右手に持ち替え、切っ先を左脇腹に突き立てる。
3. 腹をそのまま横一文字、もしくは十文字に切り裂く。
4. 介錯人がタイミングを見計らって首を落とす。

れて死ぬのであり、この場合も跡目相続は許された。

切腹には規定と作法あり　老中への報告で執行終了

武士の尊厳を守る刑罰として位置づけられていたのが、切腹である。

武士は善悪をわきまえることができ、自ら責任を取る人間だと考えられていた。また、魂は腹に宿ると信じられており、腹を切ることで自らの魂が穢（けが）れているか否かを相手に判断させる意味があったともいわれる。そのため不祥事が起こった場合、切腹して己の面目を回復しようとしたのである。

ただし、切腹は単に腹を切ればいいというわけでなく、図のような細かな作法が定められていた。

これらの作法にしたがって滞りなく腹を切ることで、武士は名誉ある死を遂げたのである。

火消制度

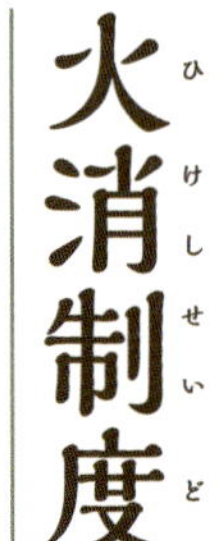

木造の家々が密集し、火災が続発した江戸には3種の火消しが創設されました。

町火消の装束

体を張って消火活動に当たる町火消は、江戸の粋と張りを象徴する存在となっていく。

纏

各組それぞれが異なる目印を持つ町火消のシンボル。

纏持

足が速くて力があり、なおかつ美男であることが条件となる火消の花形。

纏持

竜吐水

横木を上下させて上部の筒から水を噴射させる放水ポンプ。

玄蕃桶

水を汲んで運ぶための桶。井戸から汲み上げた水を竜吐水に供給した。

梯子持

消火活動の手順❷

竜吐水と呼ばれる放水ポンプから水を吹きかけ消火作業を行う。また、井戸水を汲んで水を供給する。

頭取

老中の命令で出動 大名による奉書火消

徳川家康の将軍就任時、まだ江戸の規模は小さく、火災には個々による自衛という形で対応していた。しかし、都市の規模が広がると、自衛では対応しきれない。また、被災地域も拡大したため、幕府は大名に消火活動を命じた。これを**大名火消**と呼ぶ。これは老中の命令を認めた**奉書**によって出動したので、**奉書火消**とも呼ばれた。

寛永18年（1641）の大火以降は、6万石以下の大名が常設の消火部隊を編成し、手に余る場合に大名火消が増援するという形式になった。この常設の消火部隊は**増火消**と呼ばれた。

町火消の誕生により、町方の消火態勢も整う

明暦3年（1657）には、江戸時

江戸の火災と消火の風景

代最大の火災「**明暦の大火**」が発生し、江戸市中は文字通り焼け野原となった。この未曽有の火災で防火態勢の改変を決意した幕府は、翌年に**定火消**制度を設けた。定火消に任命されたのは4名の旗本であり、火災が発生した際には、配下の**与力・同心・人足**（力仕事に従事する労働者）を総動員して消火活動に当たった。

ただ、定火消の活躍が余りに華々しいので、増火消は出動しても消火活動に当たらず、火の及ばない場所で遠巻きにして見ていただけだという。この時期にはまだ町方の消防態勢は整っていなかったが、享保3年（1718）町奉行大岡忠相の主導により、「**いろは四十八組**」の**町火消**が組織された。

当時の消火活動は類焼を防ぐ点が重視されており、火災発生地域の建物を軒並み引き倒し、自然に鎮火するのを待つ破壊消火の方法が採られていた。

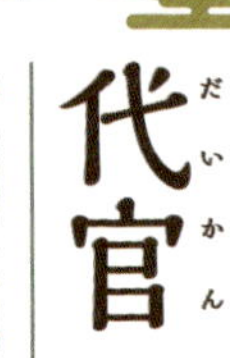

代官（だいかん）

時代劇に登場する悪代官とはおよそ異なる姿のお役人が、各地の幕領を管理していました。

代官所の人々と代官

書役（かきやく）
代官所の書記官かつ手代見習。手代の嗣子であることも多く、経験を積んだのち手代に昇進する。

代官
勘定方に所属する旗本。5～10万石の幕領を管轄する代官所の主。職務は民政一般にあたる「地方」と、領内の裁判、治安維持にあたる「公事方」に分かれる。

奥方
代官を務める旗本の妻。御殿（本陣）にあって代官の私生活を支える。

手付（てつけ）
代官所の属僚で幕臣。譜代席と抱え席の資格がある者から任ぜられ、代官転任の際、ともに転出することが多い。

※塙（はなわ）代官所（陸奥国白川郡）

幕府の直轄領を支配 小禄の旗本が担当

幕府の直轄領を「**幕領**（ばくりょう）」といい、幕府から派遣されてその統治を担当したのが、**代官**もしくは**郡代**（ぐんだい）である。

ともに幕府の直轄領支配と財政事務を担当する勘定奉行の支配下にあり、郡代は関東・飛騨（ひだ）・美濃（みの）などに置かれ、その他の地域に代官が派遣された。小禄（しょうろく）の旗本が任命されるポストで、代官と郡代の仕事は同じであるが、代官が5万石の支配地を担当するのに対し、郡代は10万石の支配地を担当した。

職務内容は多岐にわたり 激務のあまり死ぬ者も…

郡代・代官は「**陣屋**（じんや）」と呼ばれた屋敷で職務に当たった。

職務内容は地方（じかた）と公事方（くじかた）の2種類である。地方とは年貢徴収、治水、新田

江戸時代の農村支配体制

江戸時代の農村は、村方三役（村役人）のもとに本百姓がいくつもの五人組を形成し、運営されていた。

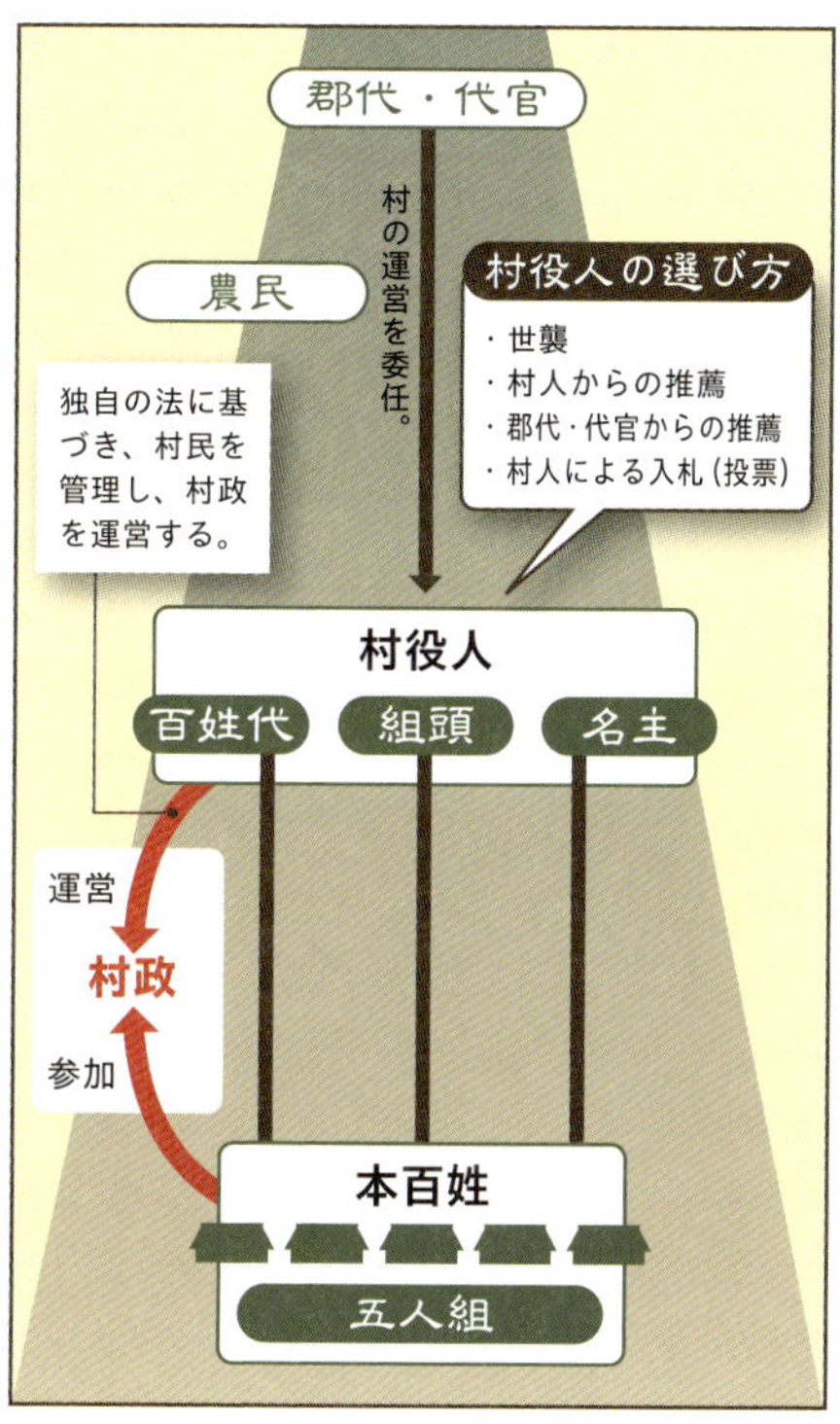

代官所には役所や裁判の場となる白洲や年貢の貯蔵庫である米蔵などの施設のほか、代官の居住空間である本陣や手代たちの居住空間である長屋が付随していた。そこでは代官以下、手代や足軽など代官所で働く人々の姿が見える。

元締手代
代官所の属僚である手代の長。人数は２名。

元締長屋

足軽
江戸や現地で雇われる軽輩の武士。門番などを担当した。

公事方長屋

手代
代官所の属僚で、地元の農民や町人から事務処理能力に長けた者が任ぜられる。代官の転出とともに役を免じられた。地元の商人と癒着するなど不正が多かった。

開発、農業技術指導、耕地調査など農政に関する職務であり、公事とは警察・司法・裁判・民事など行政面の職務である。警察・司法業務のため、陣屋内には**白洲**や**牢屋**が設けられていたが、代官が裁定を下すのは軽犯罪などに限られ、訴訟事を含めてほとんどが、上役の勘定奉行に裁可を委ねた。

陣屋には代官のほかに元締・手付・手代・書役・侍・勝手賄・足軽・中間といった20人～30人の人々が働き、代官の職務をサポートした。

広い地域をわずかな人数で管理するため、郡代・代官は激務中の激務であり、過労死した者が少なくない。

「代官」というと、時代劇に登場し、民を虐げ私腹を肥やす悪代官をイメージしがちだが、実際には任地に顕彰碑が立てられ名代官として伝わる人物も多く、ステレオタイプのような悪代官は歴史上に数人しかいなかった。

年貢

村の年貢は、代官と村の間で交わされた合意のもとに徴収されていました。

百姓が領主に納める税 村が連帯責任で負担

年貢とは幕府や大名が、所領内の百姓の本田畑と屋敷にかけた税をいう。

江戸時代初期は幕府・各大名とも、城下町建設のために莫大な費用を必要としたので、七公三民のような高い負担を百姓たちに強いていたが、全国的に城下町整備がひと段落すると、年貢率は四公六民か五公五民に落ち着いた。この年貢は米穀や貨幣で領主に納められた。

年貢は村の責任において納入する「**村請制**」で納入された。代官から年貢の**割付状**を受け取った名主は、規定の年貢率に基づいて、田畑の持ち高に

年貢の納入

納入されてきた年貢米は、計量され俵に詰められていく。

米の出来高はその年ごとに違うので、代官は毎年9月頃になると村に出向き、作柄を検査していた。これを「検見」といい、この検見によって年貢高を決める方法を「検見法」という。

地方書

享保年間以降、多くの代官たちによって「地方書」が著わされ、後進の代官たちの間で広く読まれた。地方のことを網羅した『地方凡例録』（大石久敬）、享保6年（1721）に成立した農政に関する意見書『民間省要』（田中休愚）、年貢の検見法と定免法について詳細に論じた『辻六郎左衛門上書』（辻六郎左衛門）などが知られる。

新京枡

米の計量は徳川家康が定めた「新京枡」で行われた。秀吉が定めた「京枡」に比べて小ぶりに見えるが、実は板が薄くできており、京枡より3%多く入るようになっていた。

応じて各百姓に年貢を割り当てるのだ（年貢小割）。仮に納められない百姓が出た場合には、村の連帯責任において納入された。

あらかじめ領主と農村の間には納入量などに関して取り決めがなされており、領主が出す割付状もこれに基づいていた。

不安定な検見法に対し、安定している定免法

年貢徴収法は「**検見法**（けみほう）」と「**定免法**（じょうめんほう）」の2種類があった。

前者は役人が毎年現地に赴いて作物の出来具合を検分し、年貢率を定める方法であり、後者は出来具合に関係なく一定の税を課す徴収方法をいう。検見法が豊作・凶作の影響を受けやすいのに対し、定免法は毎年の税収が安定しているため、江戸時代中期からは定免法が主流となっている。

年貢納入の仕組み

年貢は通常3回に分けて納められた。関東の幕領では、夏に「畑年貢」を金納し、その後検見を行い年貢高が決定された。これに基づき、「田年貢」を秋と冬に分けて納めると、その都度小手形が発行される。完納すると代官所から「年貢皆済目録」が発給された。

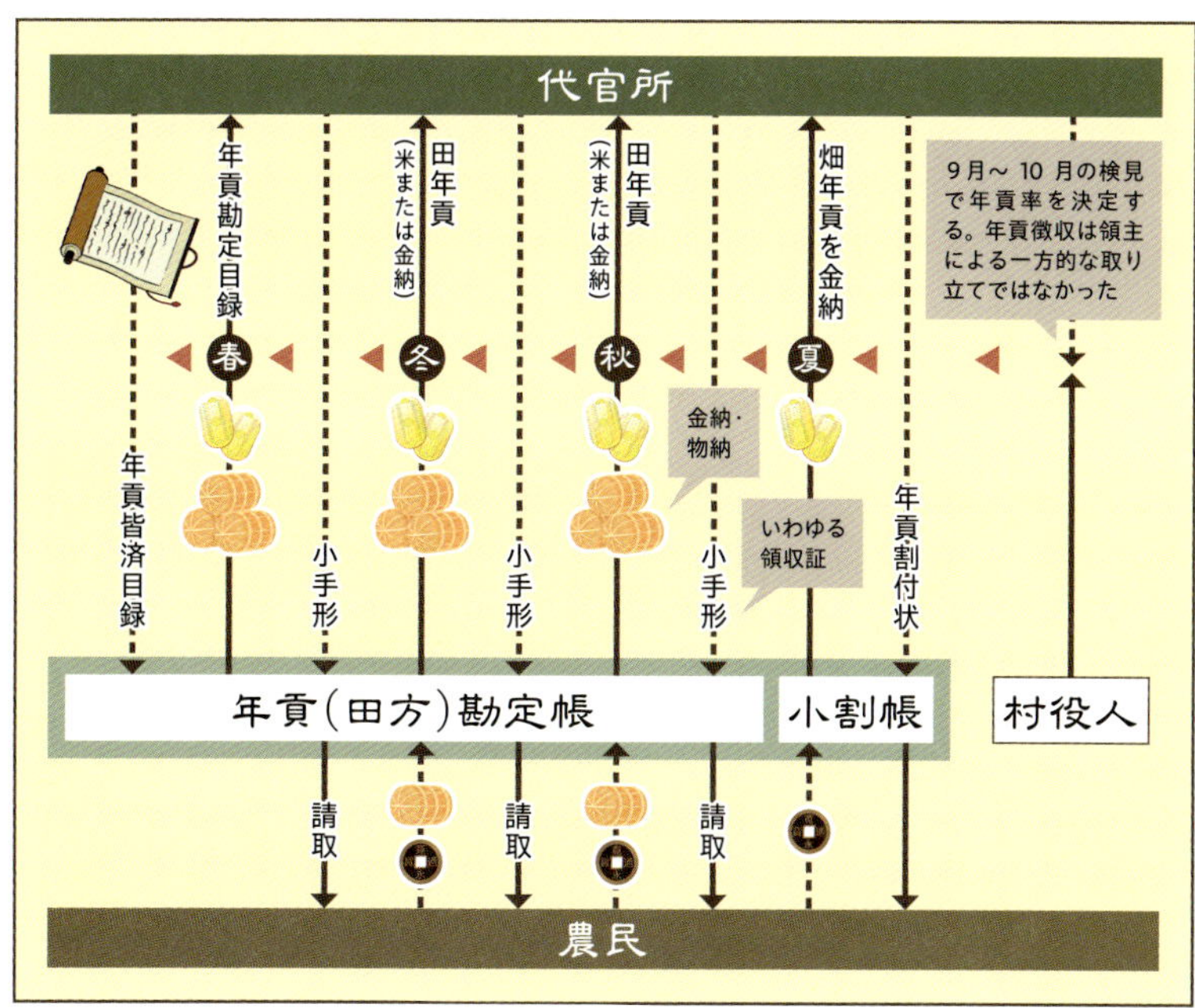

五街道と宿場

五街道の整備によって、物資の往来が盛んになりました。

江戸の四宿と五街道

日本橋を基点とする五街道をたどって、江戸を出ると、間もなく最初の宿場町へ出る。これらは江戸の玄関口にあたり、四宿と呼ばれた。五街道はさらに水戸街道、北国街道などの脇街道に分岐し、さまざまな階層の人々と物資が街道を往来した。

道中奉行が管理した主要幹線の五街道

交通網の整備が進み、日本列島が津々浦々までつながった江戸時代。主要幹線道路となったのが**五街道**で、

① **東海道**＝品川～大津
② **中山道**＝板橋～草津
② **日光道中**＝千住～鉢石
③ **奥州道中**＝宇都宮～白河
④ **甲州道中**＝内藤新宿～下諏訪

の各宿場をつないだ道をいう。この幹線道路以外に交通量の多い街道は**脇街道**（**脇往還**とも）と呼ばれた。**伊勢路**・**佐渡路**・**長崎道**・**松前道**・**伊賀越道中**などが主な脇街道として知られている。五街道を管轄したのは幕府の道中奉行であり、脇街道は**勘定奉行**が統べた。街道筋には**宿場**が置かれていたが、同じ宿場での連泊は禁じられるなど、様々な制限があった。

江戸のインフラ

関所（せきしょ）

街道に設置された関所では、「入鉄砲に出女」が厳しく監視されました。

幕府の街道支配の要 鉄砲と女性に厳しい

関所は幕府が諸大名の統制、江戸の防衛と治安維持を目的として、街道筋に設けた施設である。全国に50ケ所ほどあり、通過者自身や携えている荷物の検査が行われた。関所の管理運営は、幕府から派遣された役人か、委託を受けた領主・代官が代行した。街道を往来する場合、男性は**往来手形**を、女性は**関所手形**を提示し、記載内容と一致しないと関所の通過は不可能だった。

とくに女性への詮索は厳しく、容姿や旅の目的が細かくチェックされた。これは大名の妻子が、江戸から逃亡するのを防ぐための措置であった。

箱根の関所の仕組み

“天下の険”と称えられた箱根の関所。関所では反乱防止と治安維持のため、鉄砲と女性の出入りを厳しく監視した。

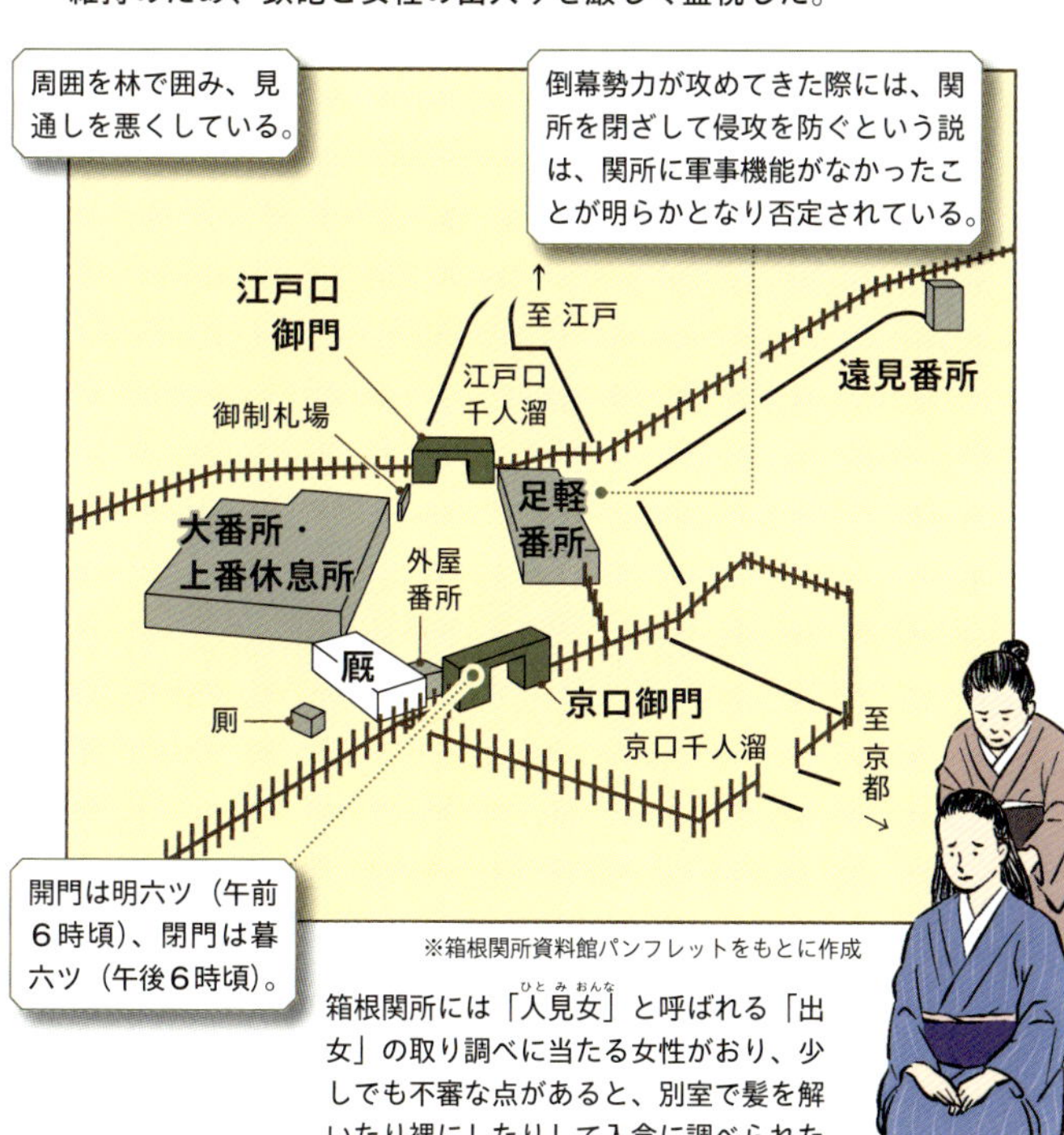

※箱根関所資料館パンフレットをもとに作成

箱根関所には「人見女（ひとみおんな）」と呼ばれる「出女」の取り調べに当たる女性がおり、少しでも不審な点があると、別室で髪を解いたり裸にしたりして入念に調べられた。

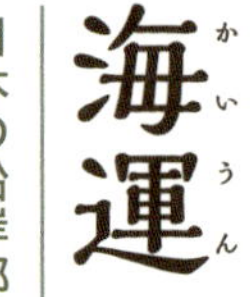

海運（かいうん）

日本の沿岸部は、物資を運ぶ帆掛け船が盛んに往来していました。

江戸時代の輸送船

江戸時代の日本沿岸では、旅客や貨物を運んで回る廻船が航行していた。たとえば、江戸と大坂を結び、油や紙、木綿などの生活物資を運んだ菱垣廻船や、酒を運んだ樽廻船などがある。

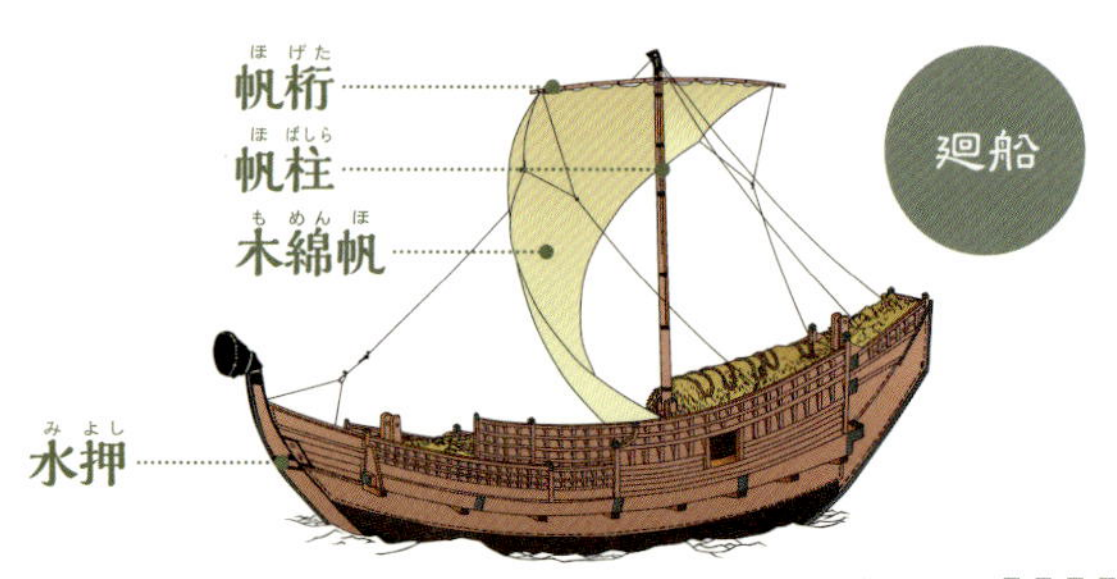

茶舟
全長5～7m

港に停泊する大型船に荷物を運ぶ際や、河川を航行する客船に飲食物を売る商売にも用いられた。

全長6～7m

猪牙舟

猪の牙のように尖った舳先が名の由来。舟足が速く、江戸市中の河川で人の輸送に用いられた。

海運は沿岸航海のみ新規航路も開拓される

江戸時代の海運は鎖国と大船建造の禁止により、列島沿岸航路に限られていたが、江戸と大坂を結ぶ**南海路**が早くから開かれ、**菱垣廻船**（ひがきかいせん）と**樽廻船**（たるかいせん）が運行していた。

菱垣廻船とは積荷が落ちないように、薄い檜の板、もしくは竹を使って菱形の垣を付けた船で、樽廻船は酒樽を運んだ船をいう。前者は純然たる海運業者の船なのに対し、後者は江戸の酒問屋が新規に興した海運業者である。両者のうち樽廻船は、小回りが利くうえに船の速度も速かったので、酒以外の商品も運搬するようになり、菱垣廻船との間に激しい競争を引き起こした。結果、菱垣廻船は衰退を強いられていった。

南海路以外では、秋田→津軽（つがる）海峡→太平洋沿岸→江戸に至る**東廻り航路**と、日本海沿岸を廻って、下関→瀬戸内海→大坂へと到る**西廻り航路**が、江戸前期の土木家・**河村瑞賢**（かわむらずいけん）の手によって開拓された。

列島を囲む江戸時代の水運

日本列島を囲む航路は中世以後に発達し、江戸時代になると菱垣廻船・樽廻船のほか、西廻り航路・東廻り航路、さらに南航路が成立し、輸送網が発達した。

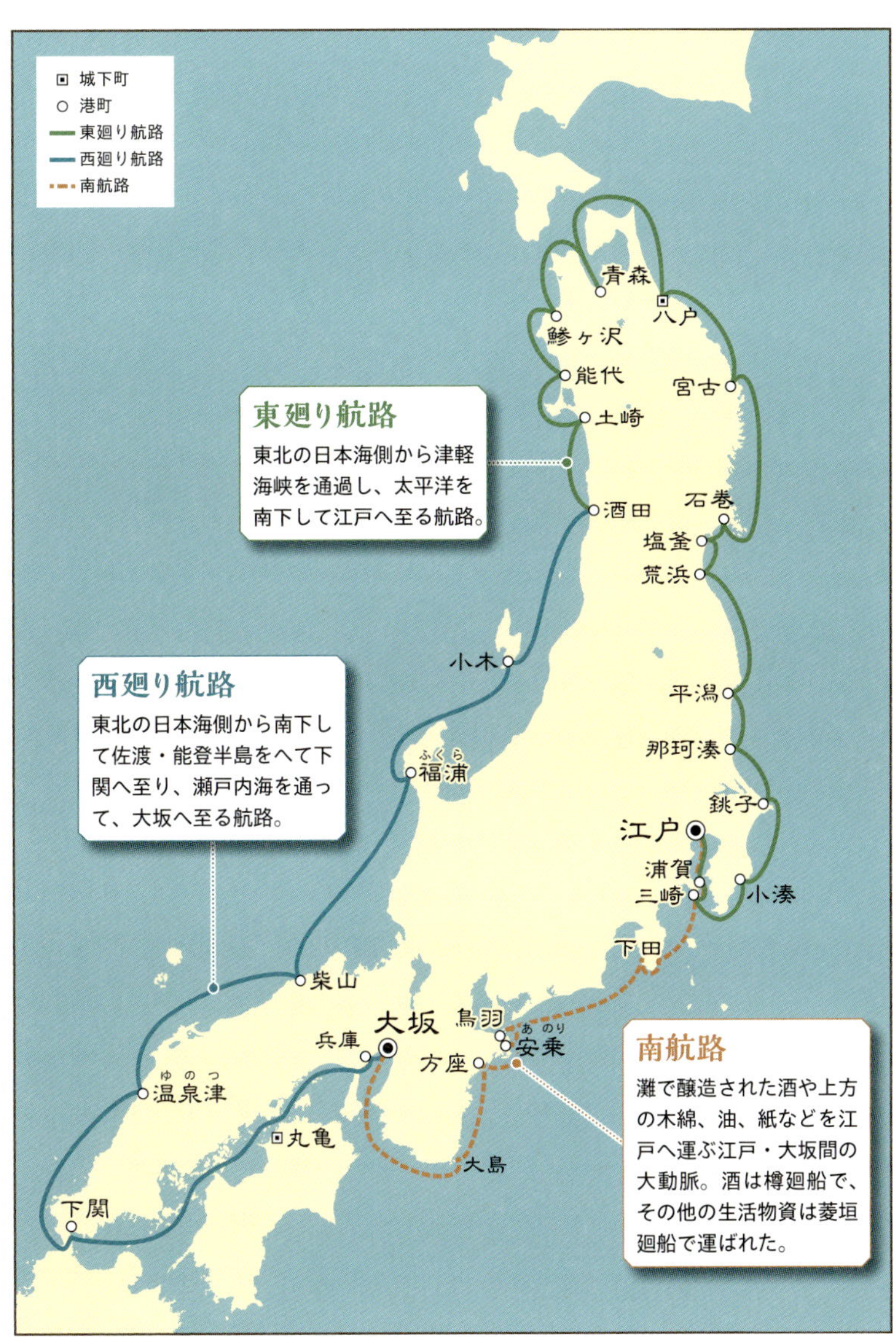

江戸のインフラ

貨幣制度（かへいせいど）

江戸時代には、金・銀・銭の3通貨が流通し、庶民は銭を使って取引をしていました。

江戸の三貨制度と三貨の比率

江戸時代に流通した貨幣は「金貨」「銀貨」「銭貨」の３種。それぞれ異なる単位であったため、幕府によって交換比率が定められたが、江戸時代を通じて激しく変動した。

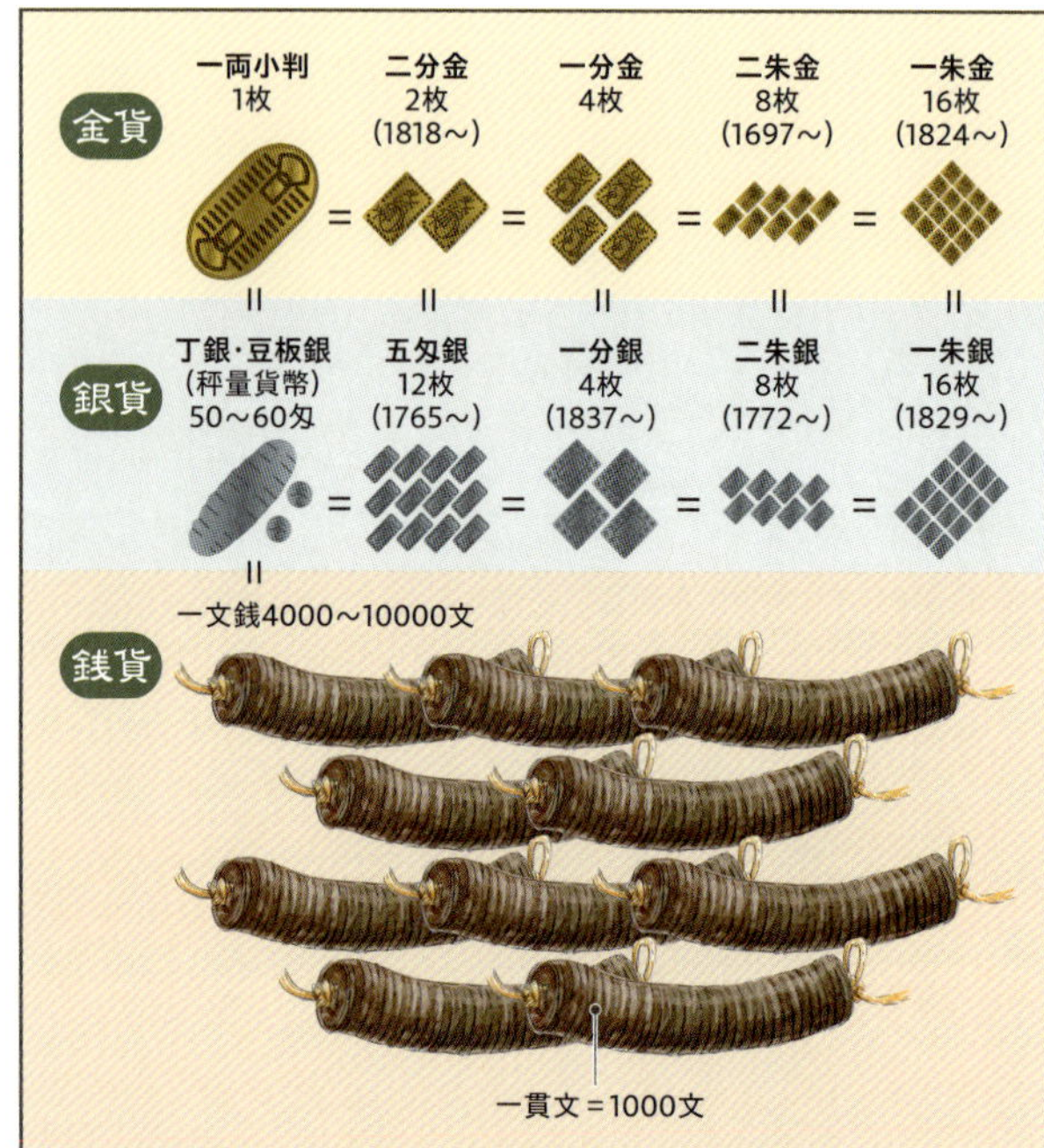

列島を流通していた金・銀・銭の3通貨

江戸時代に流通していた貨幣は、金などを素材とした**金貨**、銀などを素材とした**銀貨**、銅などを素材とした**銭貨**である。このうち金貨は主に東日本で、銀貨は主に西日本で、庶民の間では銭貨が流通していた。

金貨の単位は両、分、朱で**一両＝四分＝十六朱**となっており、一両小判、二分金、一分金、二朱金、一朱金などが流通していた。銭貨の単位は文であり、1000文で**一貫文**（かんもん）となった。

金貨と銭貨は枚数が基準だったのに対し、銀貨は重さが基準であり、「**匁**（もんめ）」という単位が用いられた。このため金貨を銀貨に換算する必要があり、両替商の発展を促した。3種類の貨幣が流通した江戸時代の貨幣制度は通常、「三貨制度」と呼ばれている。

江戸のインフラ

度量衡（どりょうこう）

様々な単位の統一が図られたものの、長さの基準は意外にバラバラでした。

重さには厳しかったが、長さにはゆるかった

長さ・体積・重さなどをはかることや、また、はかるための道具を度量衡という。税を物品で納めていた時代、税を均一的に徴収するには、全国的に**度量衡**を同じくする必要があった。このため歴代の権力者は例外なく、度量衡の統一を行っている。

江戸時代にも度量衡の統一は行われたが、重さを量るための枡（ます）と秤が対象であり、長さは蚊帳（かや）の外だった。このため**享保尺**（きょうほうじゃく）、**又四郎尺**（またしろうじゃく）、**折衷尺**（せっちゅうじゃく）の３種類のものさしが用いられていた。長さに関しては江戸時代を通してマチマチだったのだ。

江戸時代に使われた単位

長さ、広さ、重さ、体積（かさ）などを表す際、江戸時代には現代のメートルやキログラムなどの単位とは異なる独自の単位が使われていた。

長さの単位

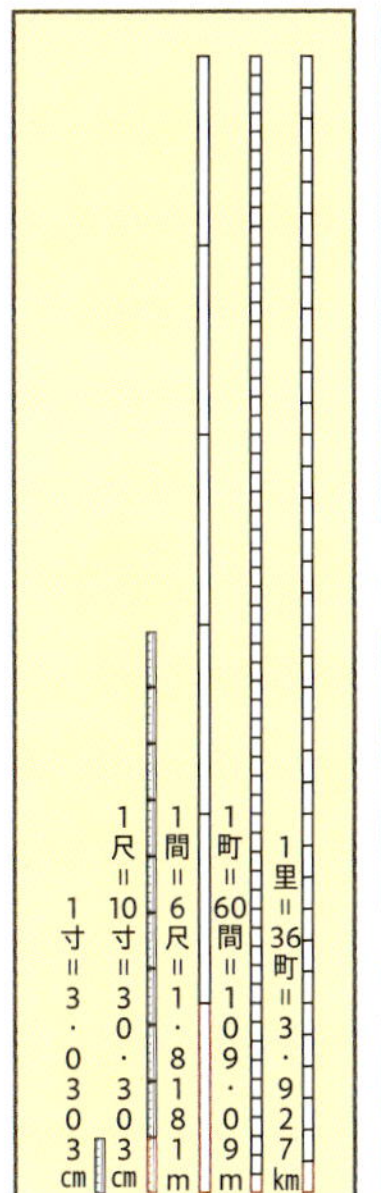

広さの単位

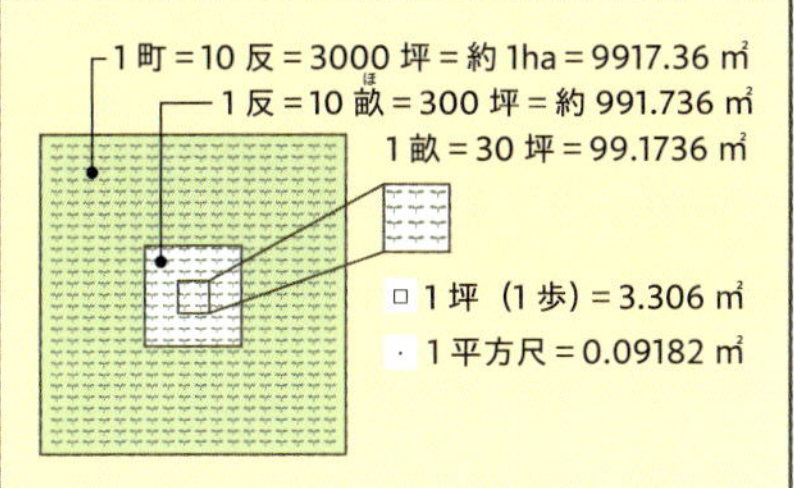

体積（かさ）の単位

	石	斗	升	合	メートル法換算
合				1合	1.8039dℓ
升			1升	10合	1.8039ℓ
斗		1斗	10升	100合	18.039ℓ
石	1石	10斗	100升	1000合	180.39ℓ

重さの単位

	貫	斤	匁	メートル法換算
匁			1匁	3.75g
斤		1斤	160匁	600g
貫	1貫	6.25斤	1000匁	3.75kg

将軍の仕事

合議制により、老中の決定に認可を下すことが中心でした。

将軍の一日

将軍は明六ツ（午前６時頃）の起床後、一日のほとんどを江戸城本丸で過ごす。公務は13時頃までに終わり、午後は学問や武芸の鍛錬に励んだ。

時
1時
2時
3時
4時
5時
6時
7時
8時
9時
10時
時
午前
夜九ツ半
夜八ツ
夜八ツ半
暁七ツ
暁七ツ半
明六ツ
明六ツ半
朝五ツ
朝五ツ半
昼四ツ
丑
寅
卯
辰

明六ツ（午前６時頃）の起床。これより前に起きても床を離れることは許されず、明六つの鐘が鳴って小姓が「もうー」と大声で城内に知らせると、初めて起きることができた。

床を離れて洗顔を行い、口を漱（すす）ぐ。

朝食後、月代と髭を剃り髷を結う。

大奥へ向かい、御台所と対面する。

大奥で総触（将軍夫妻が御目見得以上の女中を引見する儀式）を行う。

幕府の要人が登城。将軍は大名との謁見などを行う。

生活スペースは中奥
時には夕方まで執務

開府当初、政治の実権は徳川家康が握り、その意向が側近を通じて諸大名に伝えられる仕組みとなっていた。

それが、２代**秀忠**の時代になると、**譜代大名**（ふだいだいみょう）のなかから数人を**年寄**（としより）に任じ、彼らに政務を任せるようになる。さらに泰平の時代になると幕政は合議によって運営されるようになり、**老中**（ろうじゅう）によって決められた政策を**将軍**が承認するスタイルが定着する。こうして将軍は幕府の象徴的存在となったのである。

そうした将軍の職務は、武家のシンボルとして儀式をひたすらこなし、老中および非常設の**大老**（たいろう）らの合議による決定を承認することが中心となった。

毎日午前中は、**大奥**（おおおく）での**総触**（そうぶれ）（御目見得以上の奥女中との謁見）や、表（江戸城内の政庁にあたる場所）での諸大

COLUMN
サムライこぼれ話
鷹狩

　鷹狩とは訓練した鷹を放って、小動物や鳥類を捕らえる狩猟法である。

　幕府の年中行事として定着していた鷹狩は、５代将軍綱吉の代に一旦停止されるが、８代将軍吉宗の代に復活した。現在の東京都目黒区駒場には、約16万坪という広大な鷹狩場があり、将軍たちは多数の供回りを引きつれて、鷹狩に興じた。山野を駆け巡るので健康に良いうえに、人と軍馬の訓練と民情の視察もできるなど、一石三鳥と形容しても良い実益の多い趣味であった。

　ちなみに、江戸時代には江戸の近郊にも丹頂鶴が飛来した。鶴を捕獲する鷹狩は「鶴御成」として神聖視されており、捕獲した鶴は朝廷に献上されたという。

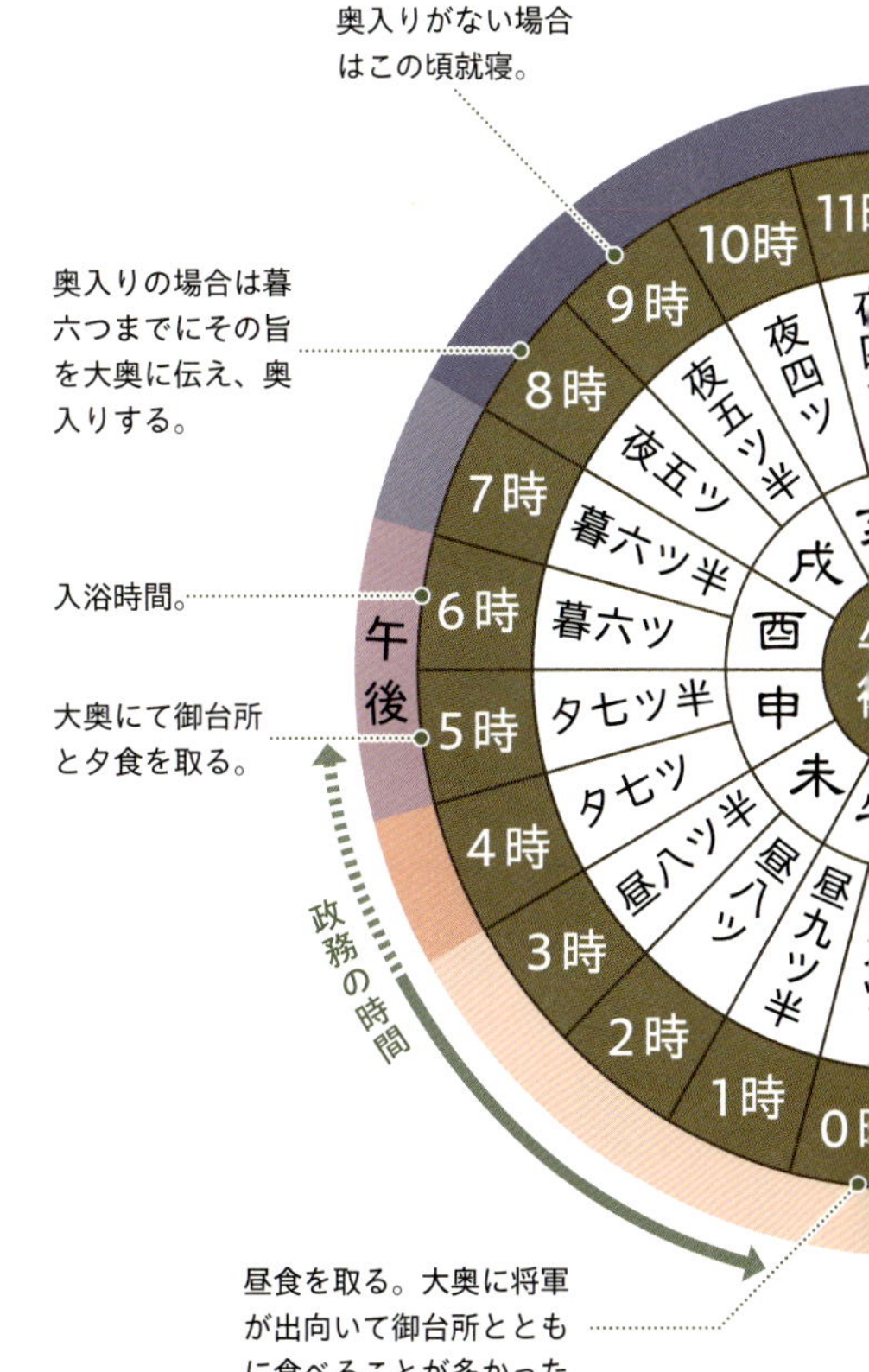

名との謁見、中奥での剣術の稽古、儒学の講義などを受けて過ごし、昼食が終わると本格的な政務が始まる。
　未決案件の内容を聞き、老中たちの決定に異存がなければ、決裁札を案件の記された書類に挟んで戻し、熟考が必要と判断した場合には、再考を促す旨を伝えた。通常、こうした政務は２〜３時間で終了するが、未決案件が多いと夕方までかかることもあったそうだ。

日々の政務と行事で、休む暇もない激務

　政務以外にも、将軍にはこなさなければならない仕事が多々あった。

　武術の上覧も武家の長としての仕事だったが、なによりも、芝**増上寺**（ぞうじょうじ）や上野**寛永寺**（かんえいじ）など菩提寺への参詣や、家康を祀る**日光東照宮**（にっこうとうしょうぐう）への参拝は重要な仕事だった。将軍は政務処理と儀式に追われる日々を送っていたのである。

将軍(しょうぐん)の食卓(しょくたく)

将軍の食事には、最高権力者ゆえの制約がありました。

ある日の将軍夫妻の食膳

『千代田の大奥』から再現された食膳例。将軍の食事は世継ぎをもうけるために強精効果の強い食材が多く用いられているともいう。

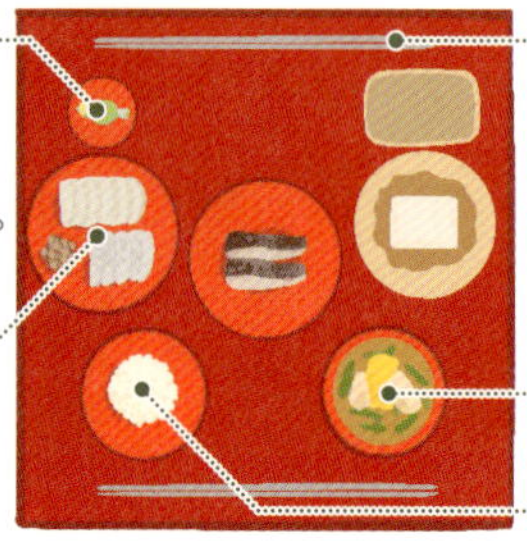

一の膳

鳩
胡粉で色付けした土製の鳩。京焼の蓋つきの器に入っている。

箸
両端が丸くなった細い柳箸。食事の世話をする中年寄が使用する。

置合・口取
添え物となる料理。かまぼこ、鯛の切身など。

汁物

飯

二の膳

香の物

御壺
カラスミ、塩辛など

御外の物
御台所のリクエスト。将軍と献立はほぼ同じだが、御台所は正規のルート以外から好きなものが食べられたともいう。

鯛
鯛や鱚(きす)は食事に欠かせない縁起の良い魚。鱚の塩焼きとつけ焼きは毎朝必ず出され、毎月の朔日（1日）、15日、18日には鱚の代わりに「尾頭付の鯛」が出されたという。

毒見を繰り返し将軍のもとに運ばれる

将軍は贅沢な絶品料理を食べていたと思いきや、実はできたての料理を味わうことはできなかった。

厨房(ちゅうぼう)に当たる**表御膳所**(おもてごぜんしょ)で用意された食事が将軍の口に入るまでに、複数の毒見役が毒見を行いつつ運ばれてきたためである。**御膳奉行**(ごぜんぶぎょう)などを経由して、将軍のもとに到着した。

食事内容は歴代将軍によって異なる。たとえば12代**家慶**(いえよし)の場合には、朝が二汁三菜、昼が一汁五菜、夜は飲酒が伴うため酒の肴(さかな)のみだったこともあったようだ。

15代全員の食事内容は不明だが、食べたものの硬軟に関してはおおよその見当がついている。

昭和の中頃、徳川将軍家の菩提寺である芝増上寺で、将軍家墓地の改築が

将軍の食事の習慣

将軍だからと言って好きなものを好きなだけ食べられるわけではなく、様々な習慣に縛られながらの食事であった。

通常、将軍の朝の食事は中奥でひとりで取る。だが、昼と夜は御台所と一緒に食べる。
御小姓
将軍に近似して身の回りの世話をする職務。
調理法もうるさく、天麩羅や油揚げなど油を用いた料理はNGだった。

行われた際、2代秀忠、6代家宣、7代家継、9代家重、12代家慶、14代家茂の遺骸が、人類学者の分析を受けたことがあった。

すると、どの将軍も歯がきれいなうえに、ほとんど擦り切れがなく、顎の咀嚼筋に発育不全が見られたという。噛めば歯が擦り切れ、咀嚼筋も発達する事実を考えると、将軍の食事は、噛まずに呑み込めるくらいまで軟らかく調理されていた可能性が極めて高い。

COLUMN

サムライこぼれ話
食べたらいけないものだらけ

仏教思想、貴賤の区別、健康面などから将軍の食事に関しては使用禁止の食材が多かった。まず、獣肉は一切厳禁。臭気の強い野菜や脂肪の多い魚介類、食当たりしそうな貝類は不可で、肉類は鶴・雁・鴨に、果実は梨・柿・みかんに限られた。料理も納豆・天麩羅・油揚げは禁止だった。

将軍と大奥

大奥には、御台所を頂点とする独自の職制がありました。

側室と同衾する際の寝所の風景

奥入りした将軍が側室と床入りする際は、寝具の左右に御伽坊主と別の御中﨟が監視役として添い寝し、睦言を監視するという体制がとられていた。

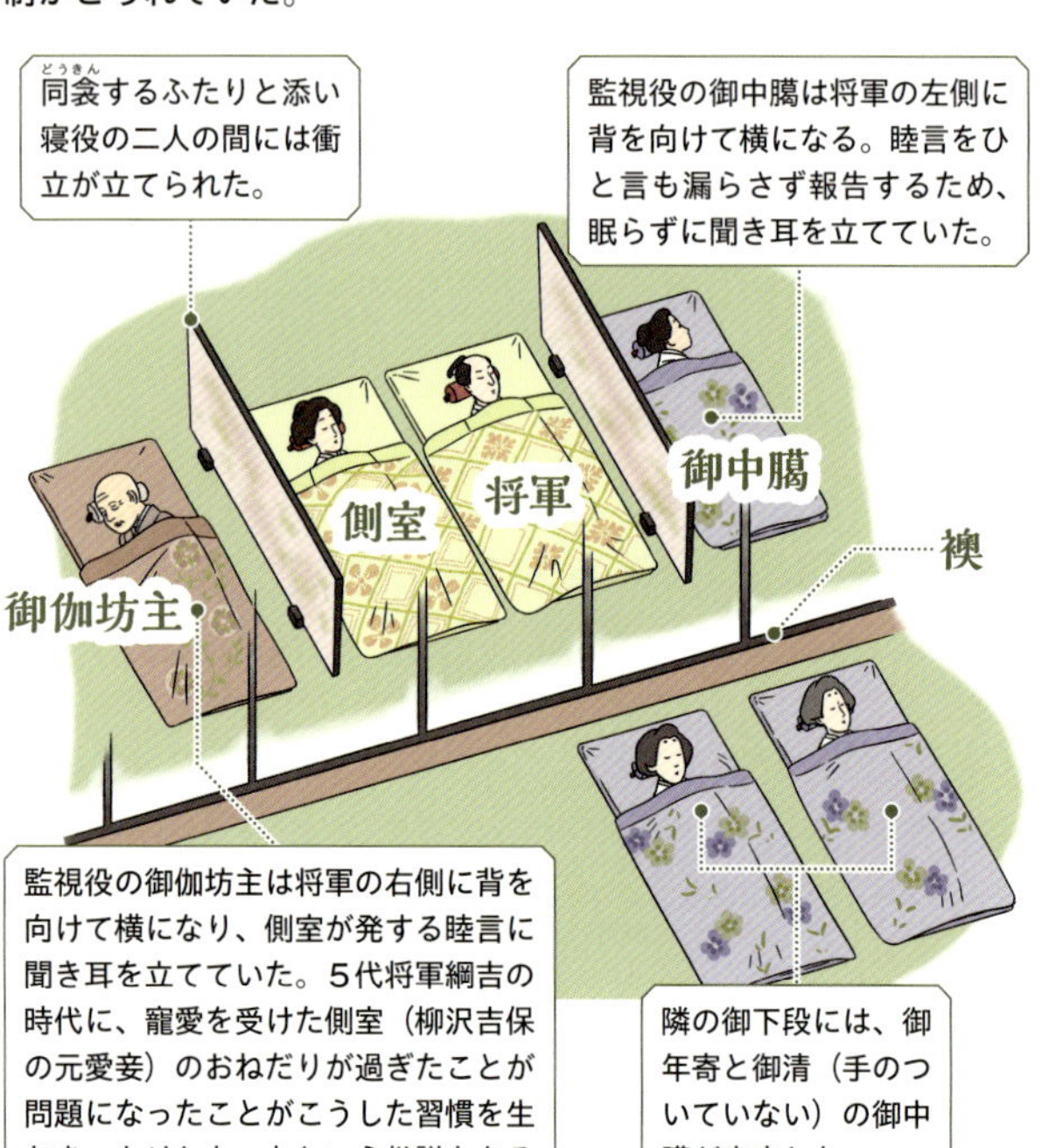

同衾するふたりと添い寝役の二人の間には衝立が立てられた。
監視役の御中﨟は将軍の左側に背を向けて横になる。睦言をひと言も漏らさず報告するため、眠らずに聞き耳を立てていた。
御中﨟
将軍
側室
御伽坊主
襖
監視役の御伽坊主は将軍の右側に背を向けて横になり、側室が発する睦言に聞き耳を立てていた。5代将軍綱吉の時代に、寵愛を受けた側室（柳沢吉保の元愛妾）のおねだりが過ぎたことが問題になったことがこうした習慣を生むきっかけとなったという俗説もある。
隣の御下段には、御年寄と御清（手のついていない）の御中﨟が宿直した。

使命は将軍の子の懐妊 春日局が基礎を確立

大奥とは江戸城内における将軍の私的生活空間を指す。

ここには将軍の正室たる**御台所**を頂点に、「**上﨟**」「**御年寄**」「**御客会釈**」「**中年寄**」「**御中﨟**」「**表使**」「**御右筆**」「**御次**」など、将軍・御台所に御目見得がかなう役職者のほか、雑務を担当する下働きの女性が多数奉公していた。このうち将軍付の御中﨟は身辺のお世話をする役割であることから、将軍の手がつきやすかった。

大奥は3代将軍**家光**の治世時、**春日局**によって基礎がつくられた。将軍家の血筋を絶やさぬよう、1000人近くに及ぶ女性が、将軍の子づくりを直接・間接に補佐した。大奥には「**大奥法度**」が設けられ、奥女中は情報の一切を漏らすことを禁止されていた。

大奥の出世レース

将軍の御手付きとなって側室、将軍生母の道を歩む者がいる一方、大奥の最高権力者である御年寄となって大奥全体を取り締まる出世コースもあった。

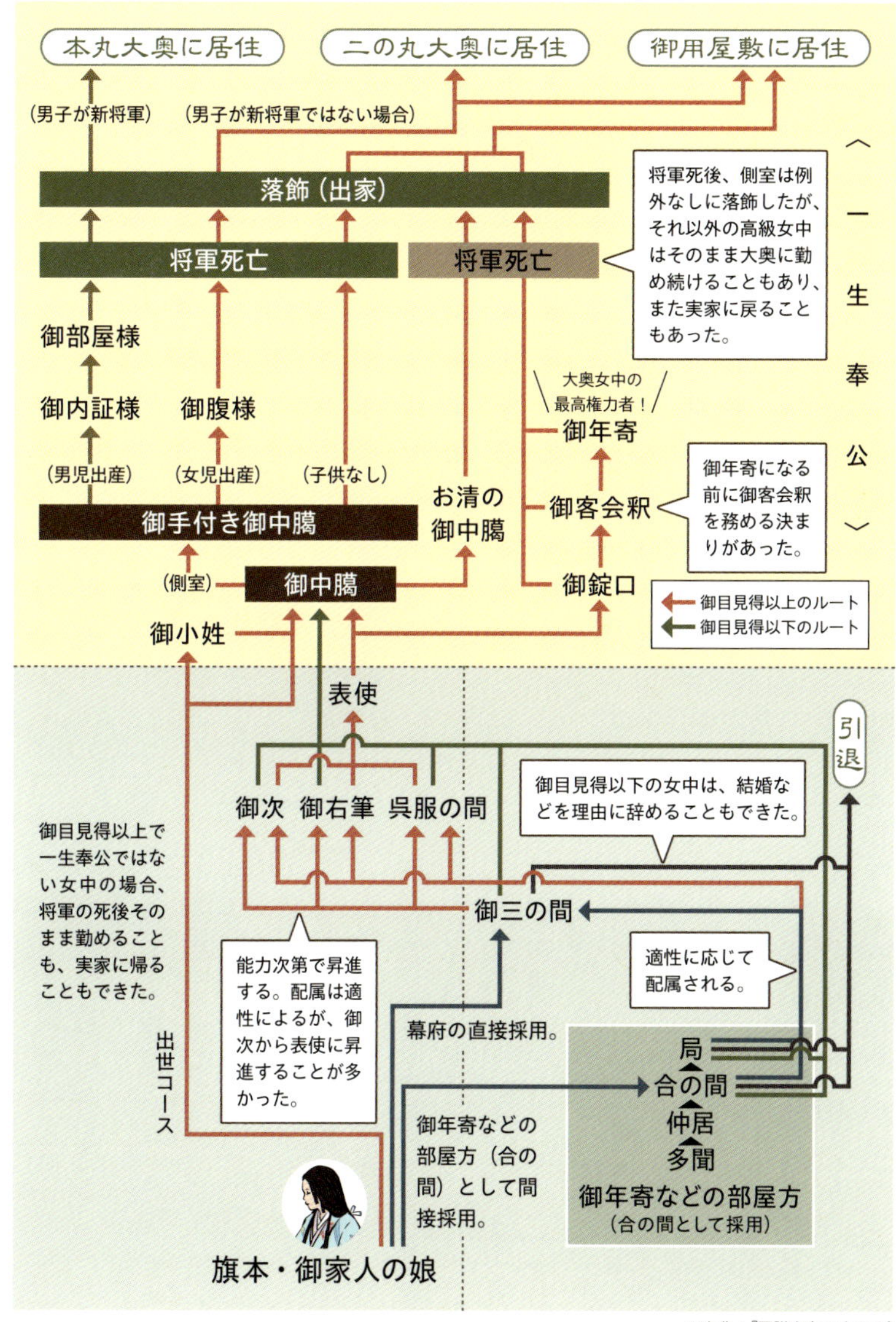

※出典：『図説大奥のすべて』

幕府の要職と幕閣

老中・若年寄の合議の結果を、側用人が将軍に取り次ぐ政治が長きにわたり続きました。

幕府組織の中枢と主な役職

- 大名役（網掛け）
- 旗本の内諸大夫役（白枠）
- ※五位以下の諸大夫に叙任された者の役

- 将軍
  - 〈中奥〉
    - 側用人（非常置）
      - 側衆
        - 御側御用取次
        - 平御側
      - 小姓
      - 小納戸
      - 奥医師
      - 奥儒者
  - 〈表向〉
    - 大老（非常置）
    - 老中
      - 京都所司代
      - 大坂城代
      - 若年寄
        - 書院番頭 ― 書院番組頭 ― 書院番
        - 小姓組番頭 ― 小姓組組頭 ― 小姓組
        - 小普請奉行
        - 新番頭 ― 新番組頭 ― 新番
        - 目付
        - 小十人頭 ― 小十人組頭 ― 小十人
        - 奥右筆組頭 ― 奥右筆
        - 表右筆組頭 ― 表右筆
      - 奏者番
      - 寺社奉行
      - 高家※
      - 留守居
      - 大番頭 ― 大番組頭 ― 大番
      - 大目付
      - 町奉行
      - 勘定奉行
        - 郡代
        - 勘定組頭 ― 勘定
        - 代官
      - 作事奉行
      - 普請奉行
      - 長崎奉行
      - 京都町奉行
      - 大坂町奉行
      - 佐渡奉行
      - 勘定吟味役

4代家綱の時代から幕府の合議制が定まる

江戸幕府の政治を司る表では、**老中**と**若年寄**が幕閣として政策決定に携わった。

また、奏者番が城中の儀礼および大名・旗本の謁見を司った。

京都・大坂に置かれる**京都所司代**、**大坂城代**、寺社を管轄する**寺社奉行**までが大名役の要職である。

以下、旗本役が、軍務職の**番方**と、事務職の**役方**に分かれ、老中もしくは若年寄の支配を受けるのが江戸幕府の組織の根本である。

3代将軍**家光**まで将軍が親政を行い、幕閣がこれをサポートする体制をとっていたが、4代**家綱**の代から大老・老中など幕府上層部が合議制で政策を決定し、将軍はこれを裁可するというシステムに変化した。

江戸幕府の政策決定プロセス

政策決定システムは、三奉行などが作成した原案を老中・若年寄が審議。それを将軍に持参して決裁を得るのが一般的だったが、５代綱吉の時代に大老の堀田正俊が殿中で暗殺されたため、側用人が老中と将軍の間に入るようになった。

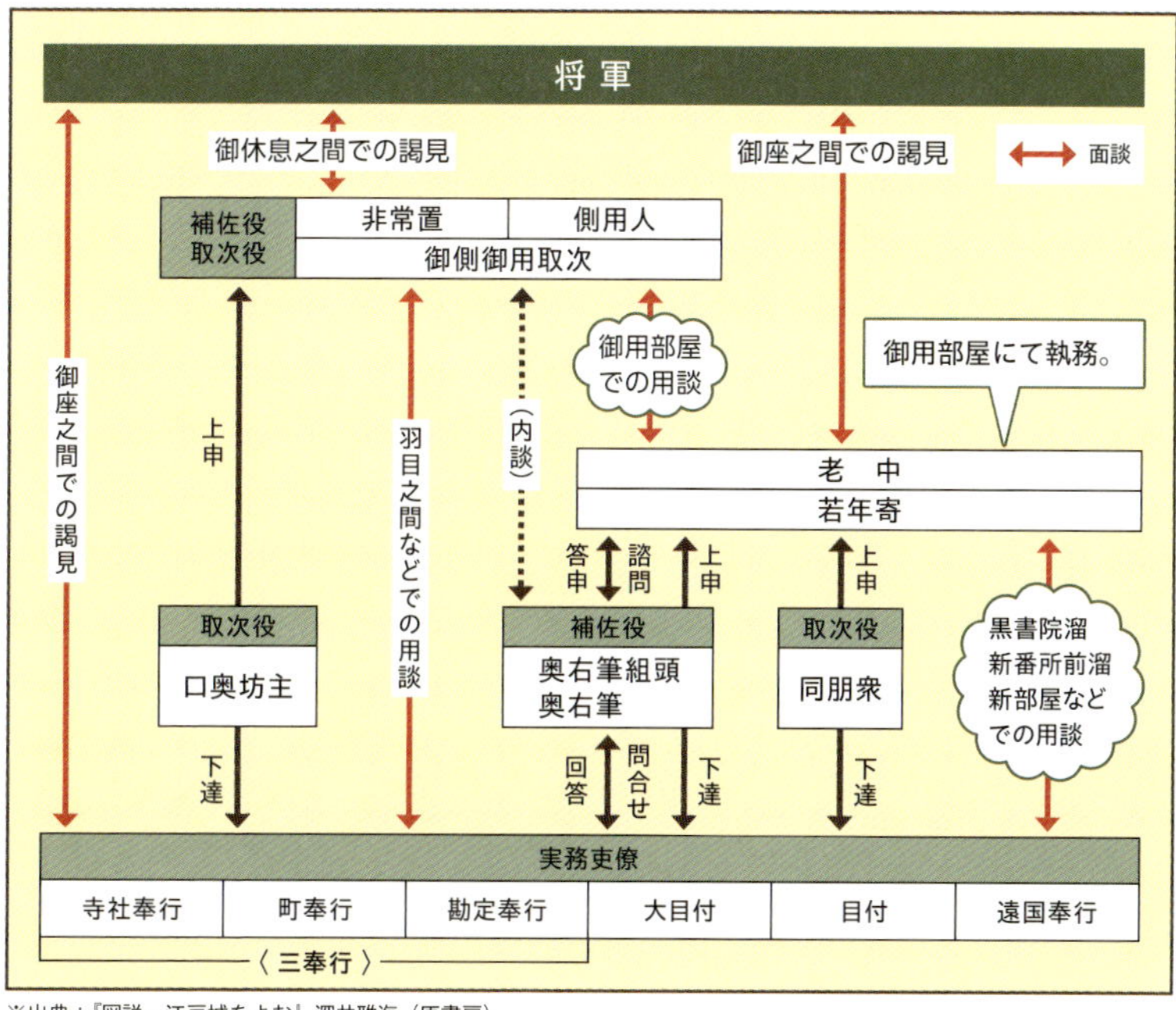

※出典：『図説・江戸城をよむ』深井雅海（原書房）

側用人政治の始まりと、幕政の変遷

幕府の職制が画期となったのは５代将軍**綱吉**の時代。大老・**堀田正俊**が若年寄の**稲葉正休**に江戸城内で斬殺されたのを機に、老中・若年寄を将軍の居室から遠ざけるために「御用部屋」が新設され、この部屋を彼らの執務室とした。そして将軍と老中・若年寄間の取次役として**側用人**が設置された。

側用人は本来、将軍の個人的スタッフに過ぎないが、有能な人物が抜擢されるため、相談役としての性格が強く、次第に幕閣の上位に位置するようになった。５代将軍綱吉に仕えた**柳沢吉保**や、９代家重・10代家治に仕えた**田沼意次**が側用人として存在感を発揮した。

側用人政治が続いた裏には、側用人を通じて幕閣を抑え込み、幕政の主導権を握りたい将軍の思惑もあった。

大名統制（だいみょうとうせい）

幕府は遠国に配置した外様大名の藩政に口出ししない代わりに、幕政には一切携わらせませんでした。

江戸幕府の大名配置

寛文４年（1664）頃の大名配置。江戸幕府は外様大名に大きな領土を与える代わりに江戸から遠く離れた地に配置し、幕政にはかかわらせなかった。

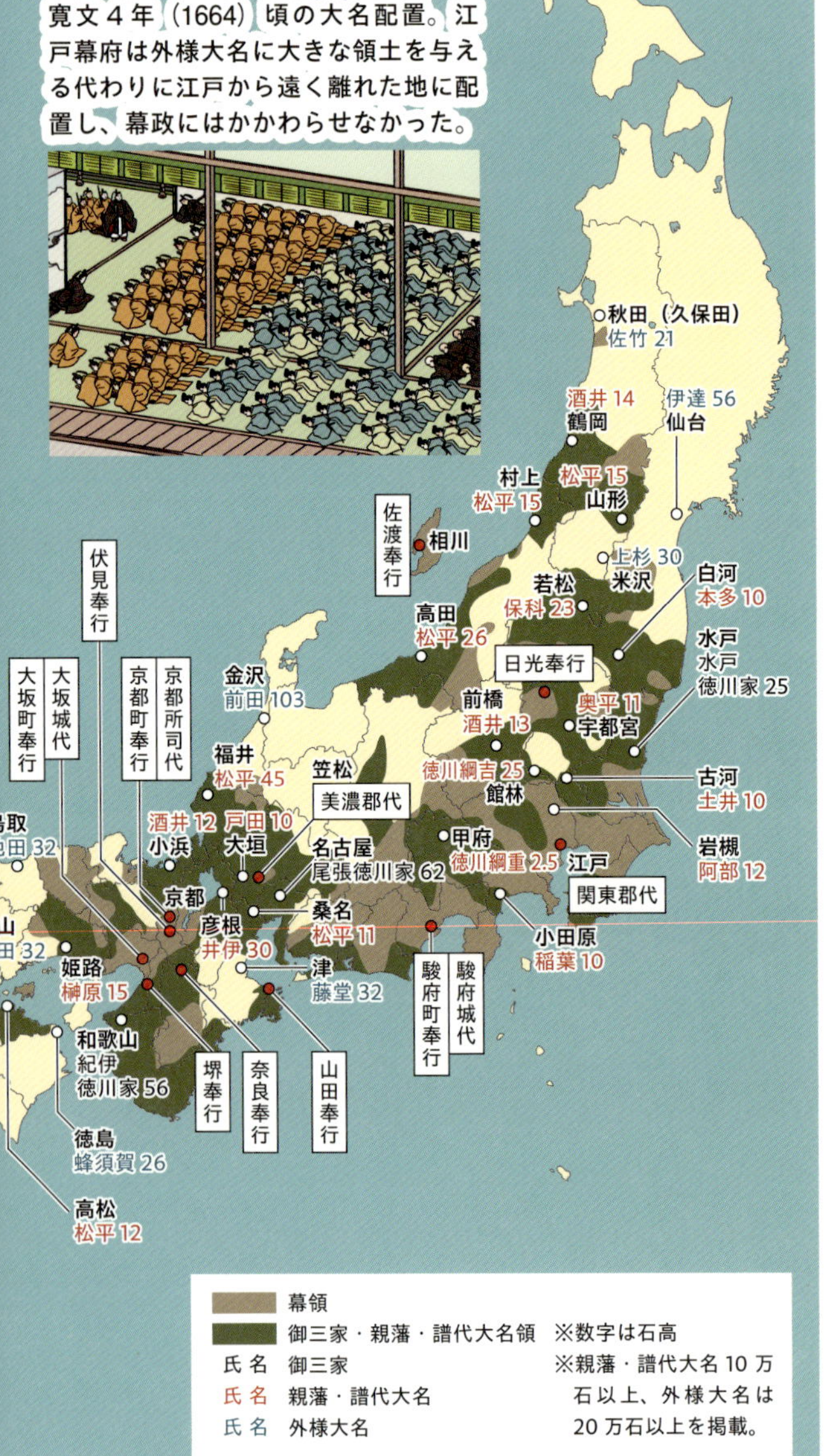

藩は独立国に近い存在 幕府も藩政にノータッチ

江戸時代の政治体制は、徳川幕府が中央政権として諸国を統べて、藩は地方政権として自身の領地や領民を治めていたため、**幕藩体制**と呼ばれている。

幕府が有しているのは軍事権、外交権、通貨発行権の3権のみであり、諸大名は幕府の法令さえ守っていれば、よほどの失政がない限り、藩政に口出しされることがなかった。加えて藩は幕府の許可さえ得れば、藩独自の通貨「藩札」を発行できた。つまり、藩は限りなく独立国家に近かったのだ。

一方で、自前の軍事力を有する藩をコントロールするため、幕府は諸大名の力を削減することに余念がなかった。江戸時代初期に多用されたのは、**改易・転封**であった。

改易とは領地を取り上げること、転封とは国替えである。豊臣恩顧の大名で、関ヶ原の合戦で徳川方の勝利に貢献した福島正則が、城の無断修築を理由に領地を召し上げられ、減封のうえに国替えを強いられたのはその一例である。

親藩・譜代・外様 諸大名に3タイプ

この一方で幕府は諸大名の配置にも工夫を凝らした。

まず、諸大名を徳川将軍家との関係の深さで**親藩**・**譜代**・**外様**に区別した。親藩とは徳川将軍家と血縁関係のある親類を藩主とする大名、譜代は関ヶ原以前から徳川家に仕えていた家臣を藩主とする大名、外様は関ヶ原の合戦以後に徳川家に従った大名の藩をいう。

このうち親藩と譜代大名を江戸の近くか諸国の要衝に配置する一方で、外様大名は江戸から遠い場所に置いた。外様大名は幕政に携わらせず、親藩・譜代の大名が幕府を支える体制を作ったのである。

●大名の割合（1664年）

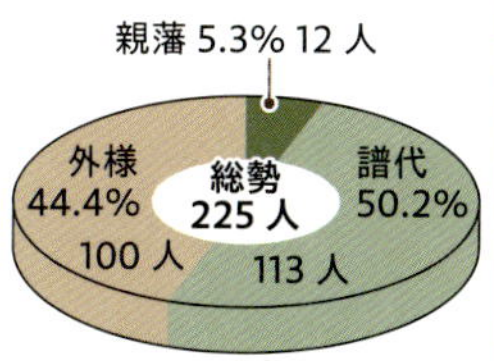

参勤交代（さんきんこうたい）

国許と江戸の往来の本質は、将軍への服属儀礼にありました。

参勤交代の経費と日数

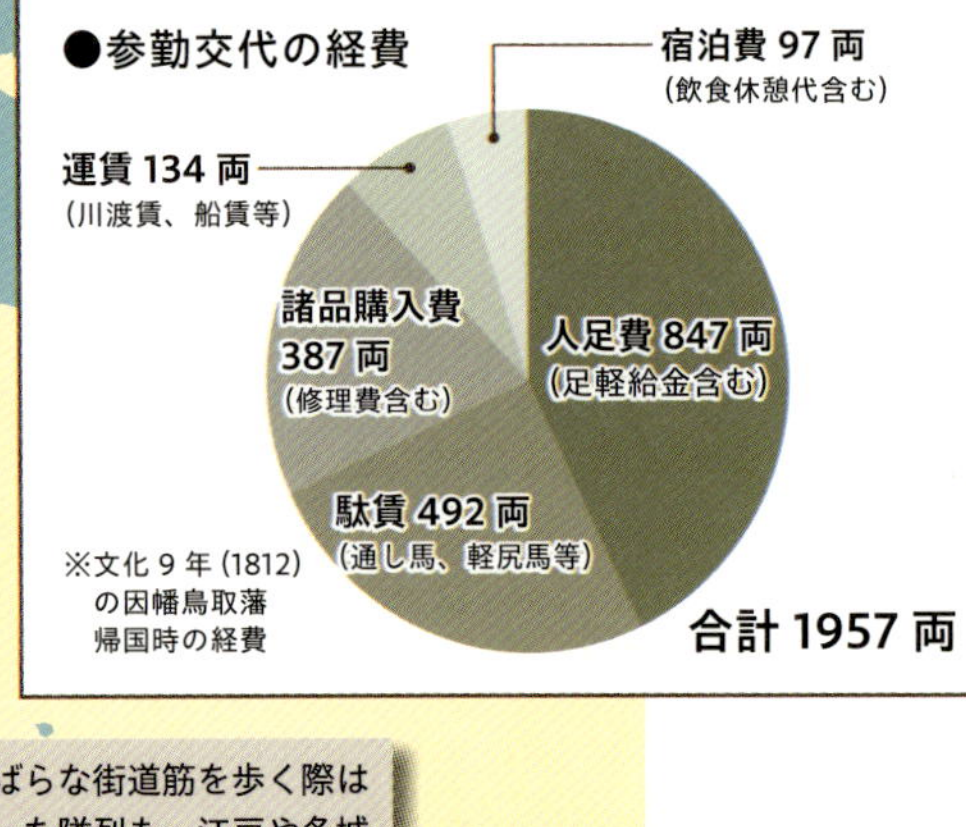

人気（ひとけ）もまばらな街道筋を歩く際は緩やかだった隊列も、江戸や各城下に差し掛かると正され、服装も整えたうえで堂々と入った。

10.1 10.2 見付　10.3 島田　10.4 府中　10.5 由比　10.6 三島　10.7 小田原　10.8 藤沢　10.9 川崎　10.10 江戸着

幕末期の『贈従一位池田慶徳公御伝記』から作成された因幡鳥取藩の例。地図は江戸へ上る際の日数で経費は帰国時のもの。1月近い旅程のなかで7割が人件費に割かれている。

大名行列を組んで江戸と領国を往復

参勤交代とは「**武家諸法度**」において制定された武家統制法である。

これは半数の大名が江戸にいる際、半数の大名が領国にいるというシステムで、**外様大名**の場合は交代時期となる4月に妻子を江戸に残して帰国し、翌年4月に再び江戸に上った。ただ、地理的関係から関東の諸大名は半年交代、対馬の宗氏（そうし）は3年に一度の出府などと決められていた。

参勤交代の際に組まれる大名行列は、合戦に動員される軍役と同じ意味があった。いわば地方司令官が最高司令官のいる江戸に赴き、一定の軍役をこなしたうえで帰国するようなものだった。

往復の出費は莫大だったが、**幕藩体制**の構成員であることを内外に示すのに加えて、民衆に対する示威行進の意

COLUMN
サムライこぼれ話
経費節約あれこれ

幕藩体制維持に必要な参勤交代であったが、諸大名は費用の捻出に苦労した。藩財政の２割ほどが参勤交代で消えると言っても過言ではなく、結果、大名は家臣に負担を強いた。

行列は大名とその家臣団、および家臣に仕える奉公人、足軽、中間、小者などから成るが、小者に至っては日雇いの人足を用いて江戸や領国近辺、宿場通過時だけ大行列に加えていた。人件費をできるだけ減らしたのである。

また道中も、１日40kmもの猛スピードで進むことで旅費を減らそうとした。だが、途中で旅費が尽きてしまい、領国から旅費が届くまで、宿泊地での滞在を余儀なくされた事例も少なくなかった。

味もあり、出し惜しみするわけにはいかなかった。よく参勤交代は諸大名の経済力を削ぐために定められたといわれてきたが、あくまで将軍に対する服属儀礼であり、むしろ幕府の方が無駄な出費を抑えるよう指示している。華美な演出をしたのは諸大名の側であった。

旅費は現金を持参し、日用品も持ち歩く

参勤交代の際、諸大名は経路について幕府の許可を得ると、宿泊や休息をする宿場を予約する。大名は**本陣**に、その他の家臣たちは旅籠（はたご）や近隣の農家に泊まった。武器類はもちろん、食料・衣類・日用品もすべて運んでいる。風呂桶まで持参したという。

人数は石高に応じて揃えられ、武士ばかりでなく、医師や料理人も含まれていた。旅費は金貨・銀貨・銭貨をすべて現金で持ち歩いたという。

見物してみよう！

参勤交代の大名行列

以下は大名行列の一例。藩の規模や時代によってその行列を構成する人数も様々で、100 万石を有する加賀前田家では５代藩主・綱紀のときには 4000 人に達したという。ただし、これほど壮麗な大行列を組める大大名はごく少数であった。人吉藩（２万 2000 石）の場合は享保 15 年（1730）で 303 人ほどであり、１万石クラスになると、元和元年（1615）の福江藩で 37 人という例がある。

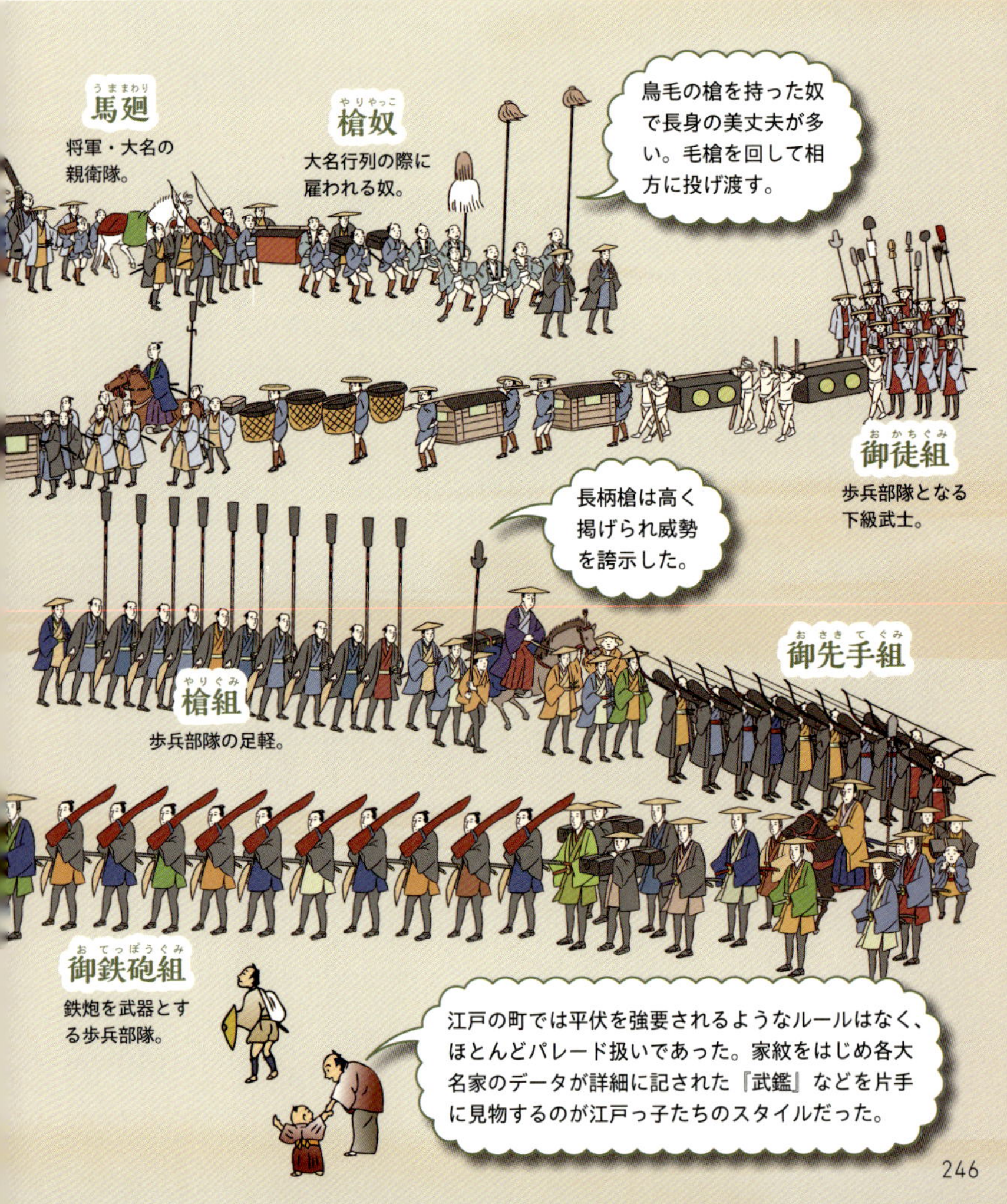

馬廻
将軍・大名の親衛隊。
槍奴
大名行列の際に雇われる奴。
鳥毛の槍を持った奴で長身の美丈夫が多い。毛槍を回して相方に投げ渡す。
御徒組
歩兵部隊となる下級武士。
長柄槍は高く掲げられ威勢を誇示した。
御先手組
槍組
歩兵部隊の足軽。
御鉄砲組
鉄炮を武器とする歩兵部隊。
江戸の町では平伏を強要されるようなルールはなく、ほとんどパレード扱いであった。家紋をはじめ各大名家のデータが詳細に記された『武鑑』などを片手に見物するのが江戸っ子たちのスタイルだった。

大名行列出立までの手続き

【参勤伺いの提出】
国元からの使者が江戸留守居役とともに老中に参勤伺いの書状を提出。

↓

【老中奉書の下賜】
老中連署の奉書により参勤の時期が指示される。

↓

【御参勤御供帳の作成】
国元で御供の責任者が決定され、御参勤御供帳が作成される。

↓

【御参勤御供触】

↓

【御発駕御祝儀】
参勤交代の出立を祝う儀式が行われる。

ほかの大名行列に遭遇すると、駕籠に乗ったまま目礼する。御三家の場合、大名は駕籠を降りてあいさつしなくてはならなかった。ただし、行列を止める手間がかかるため、御三家の行列が来ると脇道に入って遭遇することを避けた。

【発駕（はつが）】

御殿様

具足（ぐそく）

お先払い（さきはらい）
人払いなどを行う

諸家様々な作法があり、土佐山内家は「お通りい」→「下にいませ」×2→「下におれ」×2と声を出した。

お使番（つかいばん）
陣中の伝令役。

御三家と御三卿

将軍家存続のために、6つの家が創設されました。

将軍職は絶やさない 家康と吉宗が下準備

御三家とは江戸幕府中の**尾張**・**紀伊**・**水戸**の三藩をいう。いずれも徳川家康の子だが、**尾張徳川家**（61万9500石）は第9子の義直が、**紀伊徳川家**（55万5000石）は第10子の頼宣が、**水戸徳川家**（35万石）は第11子の頼房が藩祖となった。御三家は徳川将軍家に将軍後継者が生まれない際には、次の将軍を出す特別な役割を担った。8代**吉宗**と14代**家茂**は紀伊徳川家の、15代**慶喜**は水戸徳川家出身である。

徳川吉宗と続く家重の代にはここに**御三卿**が加わった。吉宗の第2子**宗武**を祖とする**田安家**、吉宗の第4子**宗尹**を祖とする**一橋家**、9代将軍家重の第2子**重好**を祖とする**清水家**の三家である。

吉宗父子が御三卿を新たに設立したのは、御三家を抑えるためだ。御三卿の家格は御三家より下であるが、将軍職を継ぐ資格を有していた。

この御三卿から将軍職に就任したのが、先にもあげた徳川慶喜である。水戸徳川家に生まれた慶喜は英邁の誉れ高く、将来を嘱望されて一橋家を受け継いだ。

幕末期には紀州藩主・徳川慶福（家茂）と将軍職を争って失脚するが、家茂の死後に徳川宗家を継承し、征夷大将軍に就任。**大政奉還**を行って徳川幕府最後の将軍となっている。

歴代正室と将軍生母

将軍	御台所（出自）	次期将軍生母
初代 家康	築山殿（武家） 旭（武家）	西郷局
2代 秀忠	お江（武家）	お江（崇源院）
3代 家光	鷹司孝子（公家）	お楽（宝樹院）
4代 家綱	浅宮顕子（親王姫宮）	※お玉（桂昌院）
5代 綱吉	鷹司信子（公家）	※お保良（長昌院）
6代 家宣	近衛熙子（公家）	お喜代（月光院）
7代 家継	八十宮吉子（皇女）	※お由利（浄円院）
8代 吉宗	真宮理子（親王姫宮）	お須磨（深徳院）
9代 家重	比宮増子（親王姫宮）	お幸（至心院）
10代 家治	五十宮倫子（親王姫宮）	※お富（慈徳院）
11代 家斉	近衛寔子（公家養女）	お楽（香琳院）
12代 家慶	楽宮喬子（親王姫宮）	お美津（本寿院）
13代 家定	鷹司任子（公家） 一条秀子（公家） 近衛敬子（公家養女）	※お美佐（実成院）
14代 家茂	和宮親子（皇女）	※有栖川吉子（貞芳院）
15代 慶喜	一条美賀子（公家）	

※当代将軍の正室、もしくは側室でない者

将軍家・御三家・御三卿の関係図

将軍家において、家康の直系は7代家継まで。その後は御三家および御三卿からの養子入りが続いている。

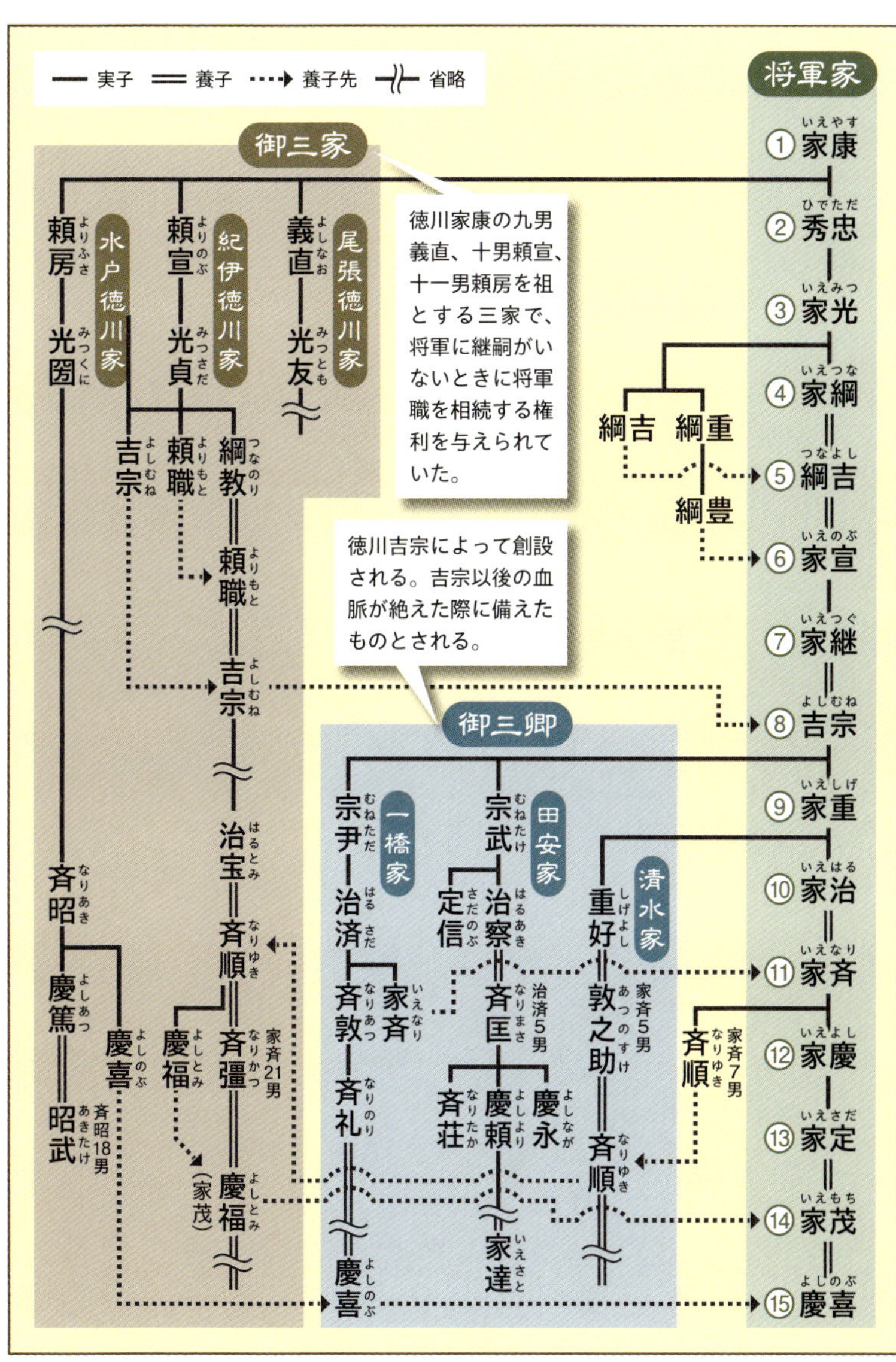

夜鷹　よだか　146
読売　よみうり　75
与力　よりき　208-209

ら

羅漢席　らかんせき　117
落語　らくご　123
両側町　りょうがわちょう　95
両国　りょうごく　34
両国の花火　りょうごくのはなび　35
両国橋　りょうごくばし　35
両国広小路　りょうごくひろこうじ　34
料理茶屋　りょうりちゃや　164
留守居役　るすいやく　197
老中　ろうじゅう　240
牢名主　ろうなぬし　218-219
浪人　ろうにん　45
牢屋敷　ろうやしき　218

わ

若旦那　わかだんな　49
若年寄　わかどしより　240
脇街道　わきかいどう　228
割長屋　わりながや　100

【人名さくいん】

青木昆陽　あおきこんよう　185
飯田新七　いいだしんしち　53
石出帯刀　いしでたてわき　218
市川團十郎（五代）　いちかわだんじゅうろう（ごだい）　119
市川團十郎（初代）　いちかわだんじゅうろう（しょだい）　119
井戸正明　いどまさあきら　211
伊能忠敬　いのうただたか　184
歌川国芳　うたがわくによし　71
歌川豊国　うたがわとよくに　71
歌川広重　うたがわひろしげ　71
大岡忠相　おおおかただすけ　210
笠森おせん　かさもりおせん　147
葛飾北斎　かつしかほくさい　70
勝山　かつやま　141
喜多川歌麿　きたがわうたまろ　72
紀伊国屋文左衛門　きのくにやぶんざえもん　52
曲亭馬琴　きょくていばきん　135
山東京伝　さんとうきょうでん　134
十返舎一九　じゅっぺんしゃいっく　135
杉田玄白　すぎたげんぱく　185
高尾太夫　たかおだゆう　140
高田屋嘉兵衛　たかだやかへえ　53
谷風梶之助　たにかぜかじのすけ　118
玉菊　たまぎく　141
月岡芳年　つきおかほうねん　73
蔦屋重三郎　つたやじゅうざぶろう　66
東洲斎写楽　とうしゅうさいしゃらく　73
遠山景元　とおやまかげもと　211
徳川家定　とくがわいえさだ　10
徳川家重　とくがわいえしげ　9
徳川家継　とくがわいえつぐ　8
徳川家綱　とくがわいえつな　7
徳川家斉　とくがわいえなり　9
徳川家宣　とくがわいえのぶ　8
徳川家治　とくがわいえはる　9
徳川家光　とくがわいえみつ　7
徳川家茂　とくがわいえもち　11
徳川家康　とくがわいえやす　6
徳川家慶　とくがわいえよし　10
徳川綱吉　とくがわつなよし　7
徳川秀忠　とくがわひでただ　6
徳川慶喜　とくがわよしのぶ　11
徳川吉宗　とくがわよしむね　8
長谷川平蔵　はせがわへいぞう　210
花扇　はなおうぎ　141
華岡青洲　はなおかせいしゅう　185
塙保己一　はなわほきいち　184
菱川師宣　ひしかわもろのぶ　72
平賀源内　ひらがげんない　134
三井高利　みついたかとし　53
淀屋辰五郎　よどやたつごろう　52
雷電為右衛門　らいでんためえもん　118

さくいん ▶▶▶

年貢　ねんぐ　226-227
農民　のうみん　44
鋸引　のこぎりびき　217
暖簾分け　のれんわけ　50-51

は

拝領屋敷　はいりょうやしき　16, 172
羽織　はおり　83
羽織袴　はおりはかま　200
袴着　はかまぎ　180
幕藩体制　ばくはんたいせい　243
旗本　はたもと　45
初御目見得　はつおめみえ　180
初登り　はつのぼり　51
初宮参り　はつみやまいり　106
初物　はつもの　166
噺　はなし　122
花火　はなび　156-157
花見　はなみ　154
花道　はなみち　117
花見弁当　はなみべんとう　154
張見世　はりみせ　143
番小屋　ばんごや　97
藩士　はんし　45
番頭　ばんとう　49, 51
番頭新造　ばんとうしんぞう　139
菱垣廻船　ひがきかいせん　230
東廻り航路　ひがしまわりこうろ　231
飛脚　ひきゃく　76
比丘尼　びくに　146
直垂　ひたたれ　198-199
兵庫髷　ひょうごまげ　86
評定所　ひょうじょうしょ　220
平田船　ひらたぶね　23
平土間　ひらどま　117
富士見櫓　ふじみやぐら　15
譜代　ふだい　243
札差　ふださし　26-27, 79
不定時法　ふていじほう　98
船饅頭　ふなまんじゅう　146
振り売り　ふりうり　58
振袖新造　ふりそでしんぞう　139
古着屋　ふるぎや　55
閉門　へいもん　181
弁天島　べんてんじま　31
布衣　ほい　198-199
奉書火消　ほうしょびけし　222
棒手振り　ぼてふり　58
墨堤　ぼくてい　155

ま

迷子石　まいごいし　151
増火消　ましびけし　222
町絵師　まちえし　68
町年寄　まちどしより　212
町名主　まちなぬし　212
町火消　まちびけし　222-223
町奉行　まちぶぎょう　208-209, 212
見合い結婚　みあいけっこん　112
三河万歳　みかわまんざい　123
三行半　みくだりはん　113
水茶屋　みずちゃや　147
見世売　みせうり　60
見世物小屋　みせものごや　120
御台所　みだいどころ　238-239
三井越後屋　みついえちごや　47
南航路　みなみこうろ　231
三橋　みはし　30
棟割長屋　むねわりながや　100, 102
目明し　めあかし　208-209
召し放ち　めしはなち　181
飯盛女　めしもりおんな　146
諸白　もろはく　170

や

八百善　やおぜん　165
八百屋　やおや　55
屋台見世　やたいみせ　60
矢場　やば　147
山本海苔店　やまもとのりてん　47
遣手　やりて　139
湯女風呂　ゆなぶろ　127
湯屋　ゆや　126
吉原　よしわら　136, 138-139
『吉原細見』　よしわらさいけん　32, 143
寄席　よせ　122

鈴ヶ森刑場　すずがもりけいじょう　216
須原屋市兵衛　すはらやいちべえ　25
炭売り　すみうり　58
駿河町　するがちょう　24
席次　せきじ　195
関所　せきしょ　229
石門神学　せきもんしんがく　132
切腹　せっぷく　220-221
瀬戸物屋　せとものや　55
背守り　せまもり　84
浅草寺　せんそうじ　28
浅草寺五重塔　せんそうじごじゅうのとう　29
洗濯屋　せんたくや　78
船頭　せんどう　76
総触　そうぶれ　234
側用人　そばようにん　241
ソメイヨシノ　そめいよしの　131
損料屋　そんりょうや　78, 103

た

太陰太陽暦　たいいんたいようれき　152
代官　だいかん　224-225
大工　だいく　56
大根売り　だいこんうり　59
大名　だいみょう　45
大名行列　だいみょうぎょうれつ　16, 21, 246
大名小路　だいみょうこうじ　16
大名火消　だいみょうびけし　222
大名屋敷　だいみょうやしき　16-17
大紋　だいもん　198-199
鷹狩　たかがり　235
敲　たたき　217
店子　たなこ　100, 212
樽廻船　たるかいせん　170, 230
団子屋　だんごや　61
蟄居　ちっきょ　181
茶舟　ちゃぶね　230
中間　ちゅうげん　201
町　ちょう　207
町人　ちょうにん　44
猪牙舟　ちょっきぶね　230
継裃　つぎかみしも　200
辻八卦　つじはっけ　78
辻番所　つじばんしょ　96
出合茶屋　であいちゃや　111
出職　でしょく　56
手代　てだい　48, 50, 225
丁稚　でっち　49
丁稚奉公　でっちぼうこう　50-51
寺子屋　てらこや　108
天下普請　てんかふしん　12
天下祭　てんかまつり　159
天守台　てんしゅだい　14
天麩羅屋　てんぷらや　61
転封　てんぽう　243
同心　どうしん　208-209
豆腐売り　とうふうり　59
時の鐘　ときのかね　99
床見世　とこみせ　60
外様　とざま　243
鳶　とび　57
富くじ　とみくじ　121
捕り物　とりもの　214
度量衡　どりょうこう　233

な

長崎屋　ながさきや　47
中店　なかだな　54
中登り　なかのぼり　51
仲見世　なかみせ　28
長屋　ながや　100
中屋敷　なかやしき　16
謎解き　なぞとき　123
七不思議　ななふしぎ　148
奈良茶飯　ならちゃめし　63
縄暖簾　なわのれん　63
煮売り屋　にうりや　62
西川　にしかわ　47
西廻り航路　にしまわりこうろ　231
二十四節気　にじゅうしせっき　152
二八蕎麦　にはちそば　61
日本堤　にほんづつみ　32
日本橋　にほんばし　20-21
日本橋通り　にほんばしどおり　24-25
猫の蚤取り　ねこののみとり　78

狩衣 かりぎぬ 198-199
瓦版屋 かわらばんや 75
寛永寺 かんえいじ 31
勧進 かんじん 114
神田上水 かんだじょうすい 36
神田明神天王祭 かんだみょうじんてんのうさい 158
勘当 かんどう 107
熈代勝覧 きだいしょうらん 25
吃度叱り きっとしかり 181
木戸 きど 96
着流し きながし 201
木屋 きや 25
京菓子 きょうがし 168
金魚売り きんぎょうり 59
勤番長屋 きんばんながや 197
吟味方与力 ぎんみかたよりき 215
口入屋 くちいれや 76
組屋敷 くみやしき 174
蔵前 くらまえ 26
郡代 ぐんだい 224
結婚 けっこん 107, 181
検見法 けみほう 227
元服 げんぷく 106, 180
小商 こあきない 54
高札場 こうさつば 21
講釈 こうしゃく 122-123
拷問 ごうもん 215
御開帳 ごかいちょう 151
五街道 ごかいどう 20, 228
獄門 ごくもん 217
御家人 ごけにん 45
御三卿 ごさんきょう 248
御三家 ごさんけ 248
小袖 こそで 80
小店 こだな 54
小塚原刑場 こづかはらけいじょう 216
小伝馬町牢屋式 こでんまちょうろうやしき 218-219
御殿山 ごてんやま 155
小者 こもの 201
御用絵師 ごようえし 68
衣替え ころもがえ 203
婚礼 こんれい 113

さ

魚売り さかなうり 59
左官 さかん 57
酒売り さけうり 58
桟敷席 さじきせき 117
座頭 ざとう 78
晒場 さらしば 21
座礼 ざれい 195
算額 さんがく 132
三貨制度 さんかせいど 232
参勤交代 さんきんこうたい 244
三題噺 さんだいばなし 123
三度登り さんどのぼり 51
山王祭 さんのうさい 158
地方書 じかたしょ 226
叱り しかり 181
自身番屋 じしんばんや 96-97
下谷広小路 したやひろこうじ 30
七五三 しちごさん 106
七福神巡り しちふくじんめぐり 150
不忍池 しのばずのいけ 31
地本問屋 じほんどんや 65
島田髷 しまだまげ 86
下屋敷 しもやしき 16
習字手本売り しゅうじてほんうり 59
首尾の松 しゅびのまつ 27
将軍 しょうぐん 45
定府 じょうふ 196
昌平坂学問所 しょうへいざかがくもんじょ 182-183
定免法 じょうめんほう 227
職人 しょくにん 44
書物問屋 しょもつどんや 65
白木屋 しらきや 47
新京枡 しんきょうます 226
新造 しんぞう 139
親藩 しんぱん 243
陣屋 じんや 224
新吉原 しんよしわら 32
西瓜の切り売り すいかのきりうり 60
水道橋 すいどうばし 37
鮨屋 すしや 61

さくいん ▶▶▶

※さくいんは語句と人名に分かれています。

【語句さくいん】

あ

浅草御蔵	あさくさおくら	27
足軽	あしがる	201
飛鳥山	あすかやま	154-155
仇討ち	あだうち	188-189
跡目相続	あとめそうぞく	190
油屋	あぶらや	55
飴売り	あめうり	60
ありんす言葉	ありんすことば	139
許嫁	いいなずけ	112
鋳掛屋	いかけや	77
筏師	いかだし	77
衣冠・束帯	いかん・そくたい	199
医者	いしゃ	77
居職	いじょく	56
井戸屋	いどや	77
居見世	いみせ	62
入墨	いれずみ	217
隠居	いんきょ	181, 192
隠居料	いんきょりょう	192
上野	うえの	30
魚河岸	うおがし	21, 22
浮世絵師	うきよえし	68
浮世噺	うきよばなし	123
丑三つ時	うしみつどき	98
鰻の辻売り	うなぎのつじうり	60
馬乗袴	うまのりばかま	201
裏店	うらだな	46
裏長屋	うらながや	100
回向院	えこういん	35
越後屋	えちごや	24
江戸勤番	えどきんばん	196
江戸城	えどじょう	14
エレキテル	えれきてる	133
遠島	えんとう	217
御家断絶	おいえだんぜつ	190
花魁	おいらん	139
花魁道中	おいらんどうちゅう	33
大江戸八百八町	おおえどはっぴゃくやちょう	94
大奥	おおおく	14, 234, 236
大木戸	おおきど	96
大店	おおだな	46, 100
大手門	おおてもん	15
大縄屋敷	おおなわやしき	174
大樋	おおひ	37
大門	おおもん	32
大家	おおや	76, 100
御陰参り	おかげまいり	125
岡っ引き	おかっぴき	208-209
岡場所	おかばしょ	146
押送船	おしおくりぶね	21
押し込め	おしこめ	181
白粉	おしろい	88
おすべらかし	おすべらかし	204
御茶ノ水	おちゃのみず	36
お長下げ	おながさげ	204
帯解	おびとき	84
おまたがえし	おまたがえし	204
表店	おもてだな	46
表長屋	おもてながや	100
音曲	おんぎょく	122
女髪結	おんなかみゆい	91

か

改易	かいえき	243
会所地	かいしょち	95
廻船	かいせん	230
鍵屋の辻の決闘	かぎやのつじのけっとう	189
陰間	かげま	146
駕籠舁	かごかき	76
火罪	かざい	217
傘屋	かさや	55
貸本屋	かしほんや	74
肩衣長袴	かたぎぬながばかま	198-199
片外し	かたはずし	204
月行事	がちぎょうじ	212-213
勝山髷	かつやままげ	86
家督相続	かとくそうぞく	190
鉄漿	かね	88
歌舞伎踊り	かぶきおどり	116
雷門	かみなりもん	29
上屋敷	かみやしき	16
髪結床	かみゆいどこ	91
禿	かむろ	139

参考文献

『将軍と側用人の政治』大石慎三郎、『江戸グルメ誕生―時代考証で見る江戸の味―』山田順子、『江戸のファーストフード』大久保洋子、『江戸の道楽』棚橋正博、『参勤交代』山本博文、『サラリーマン武士道―江戸のカネ・女・出世』山本博文、黒鉄ヒロシ絵（以上、講談社）／『ゼロからわかる江戸の暮らし―ビジュアル300点でわかる江戸の町と江戸っ子の生活』正井泰夫、『時代小説職業事典　大江戸職業往来』歴史群像編集部編・著、『図説吉原事典』永井義男、『決定版　図解江戸の暮らし事典―江戸時代の生活をイラストで解説』河合敦・橋場日月・古川敏夫、『図説江戸２大名と旗本の暮らし』『図説江戸３町屋と町人の暮らし』以上、平井聖監修、『図説大江戸さむらい百景』渡辺誠、『［決定版］図説大奥のすべて』（以上、学習研究社）／『図説江戸の学び』市川寛明・石山秀和、『図説浮世絵に見る江戸の歳時記』『図説浮世絵に見る江戸っ子の一生』『図説浮世絵に見る江戸吉原』佐藤要人監修、藤原千恵子編、『図説浮世絵に見る江戸の一日』佐藤要人・高橋雅夫監修、藤原千恵子編、『江戸入門　くらしとしくみの基礎知識』山本博文監修、『妖怪画の系譜』兵庫県立歴史博物館・京都国際マンガミュージアム編（以上、河出書房新社）／『江戸時代大百科６江戸時代の文化』小酒井大悟監修、『再発見！くらしのなかの伝統文化４町なみと日本人』市川寛明監修（以上、ポプラ社）／『ビジュアル・ワイド江戸時代館　第2版』竹内誠監修、大石学・小澤弘・山本博文編、『江戸の名所　お上り武士の見た華の都』田澤拓也（以上、小学館）／『三田村鳶魚　江戸生活事典』『三田村鳶魚　江戸武家事典』以上、稲垣史生編（青蛙房）／『参勤交代』『日本近世交通史の研究』以上、丸山雍成（吉川弘文館）／『ものと人間の文化史　花火』福澤徹三（法政大学出版局）／『画狂人北斎の世界』（洋泉社）／『詳説日本史研究』佐藤信・五味文彦・高埜利彦・鳥海靖編（山川出版社）／『絵図史料　江戸時代復元図鑑』本田豊監修（遊子館）／『御家人の私生活』高柳金芳（雄山閣）／『江戸の色町　遊女と吉原の歴史』安藤優一郎監修（カンゼン）／『江戸の釣り―水辺に開いた趣味文化』長辻象平（平凡社）／『図説見取り図で読み解く江戸の暮らし』中江克己（青春出版社）／『江戸衣装図鑑』菊地ひと美（東京堂出版）／『江戸時代の野菜の栽培と利用』杉山直儀（養賢堂）／『江戸切絵図で歩く広重の大江戸名所百景散歩：嘉永・安政江戸の風景百十九』堀晃明著、人文社第一編集部編（人文社）／『大江戸ものしり図鑑』花咲一男監修（主婦と生活社）／『地名で読む江戸の町』大石学（PHP研究所）／『朝日　日本歴史人物事典』朝日新聞社編（朝日新聞出版）／『日本史小百科・武道』二木謙一、入江康平、加藤寛共編（東京堂出版）／『日本死刑史』森川哲郎（日本文芸社）／『浮世絵に見る江戸の食卓』林綾野（美術出版社）／『別冊太陽　浮世絵師列伝』（平凡社）／『別冊歴史読本96徳川幕府のしくみがわかる本』（新人物往来社）／『歴史と人物９大江戸24時間』中央公論新社編（中央公論新社）

監修／**安藤優一郎**
（あんどう ゆういちろう）

1965年、千葉県生まれ。歴史家。文学博士（早稲田大学）。早稲田大学教育学部卒業、同大学院文学研究科博士後期課程満期退学。「JR東日本・大人の休日倶楽部」など生涯学習講座の講師を務める。主な著書に『蔦屋重三郎と田沼時代の謎』（PHP新書）、『大江戸の娯楽裏事情』（朝日新書）、『徳川時代の古都』（潮新書）、『東京・横浜 激動の幕末明治』（有隣新書）、『15の街道からよむ日本史』（日経ビジネス人文庫）、『新版図解 江戸の間取り』（彩図社）などがある。

編集	株式会社ロム・インターナショナル
原稿執筆	原遙平
本文デザイン	柿沼みさと
本文DTP	スパロウ（新井良子、和田秀樹、秦はるな 磯辺健一、塩川丈思、納屋楓）
図版制作協力	田村明彦
本文イラスト	ヤマデラワカナ、濱田優美香、Leia、cocoanco、t-room、みのりまる、PIXTA、Adobe Stock、illustAC
企画・編集	成美堂出版編集部（原田洋介、芳賀篤史）

見て楽しむ 江戸時代の暮らしと文化の絵事典

監　修　安藤優一郎（あんどう ゆういちろう）

発行者　深見公子

発行所　成美堂出版
〒162-8445 東京都新宿区新小川町1-7
電話(03)5206-8151 FAX(03)5206-8159

印　刷　広研印刷株式会社

ISBN978-4-415-33494-3

落丁･乱丁などの不良本はお取り替えします
定価はカバーに表示してあります